MISCELLANEA NEERLANDICA

VIII

OVER BRABANT GESCHREVEN

DEEL 1

MISCELLANEA NEERLANDICA

Gesticht door en onder hoofdredactie van
Drs. Frans HENDRICKX

Wetenschappelijk Bibliothecaris
Ruusbroecgenootschap (UFSIA)
Antwerpen

VIII

Reeds verschenen in deze reeks:

I. *Opstellen voor Dr. Jan Deschamps ter gelegenheid van zijn zeventigste verjaardag: Bio-bibliografie, Handschriftenkunde, Miniatuurkunst*, onder redactie van Elly COCKX-INDESTEGE & Frans HENDRICKX, 1987
II. *Opstellen voor Dr. Jan Deschamps (...): Geestelijke en wereldlijke literatuur, Vakliteratuur, Taalkunde*, onder redactie van Elly COCKX-INDESTEGE & Frans HENDRICKX, 1987
III. *Opstellen voor Dr. Jan Deschamps (...): Bibliotheek- en geestesgeschiedenis, Kunst- en cultuurgeschiedenis*, onder redactie van Elly COCKX-INDESTEGE & Frans HENDRICKX, 1987
IV. JAN VAN RUUSBROEC, *Un Miroir de l'Éternelle Béatitude ou du Saint Sacrement*. Traduction structurelle du moyen-néerlandais par sr. Francis Joseph LEGRAND, crw, 1991
V. Charles M.A. CASPERS, *De eucharistische vroomheid en het feest van Sacramentsdag in de Nederlanden tijdens de Late Middeleeuwen*, 1992
VI. *De Brieven uit 'Der rechte Wech' van de Oisterwijkse begijn en mystica Maria van Hout († Keulen, 1547)*, toegelicht, uitgegeven en vertaald door J.M. WILLEUMIER-SCHALIJ, 1993
VII. Alfons K.L. THIJS, *Antwerpen, internationaal uitgeverscentrum van devotieprenten (17de-18de eeuw)*, 1993
VIII. Jeroen M.M. VAN DE VEN, *Over Brabant geschreven: Handschriften en archivalische Bronnen in de Tilburgse Universiteitsbibliotheek*. Dl. 1: *Middeleeuwse handschriften en fragmenten*, 1994

Jeroen M.M. VAN DE VEN

OVER BRABANT GESCHREVEN HANDSCHRIFTEN EN ARCHIVALISCHE BRONNEN IN DE TILBURGSE UNIVERSITEITSBIBLIOTHEEK

DEEL 1

MIDDELEEUWSE
HANDSCHRIFTEN EN FRAGMENTEN

PEETERS
LEUVEN

1994

Uitgegeven met financiële steun van NWO

D/1994/0602/24
ISBN 90-6831-568-4
Doelgroep: belangstellenden in codicologie, kerk- en kloostergeschiedenis, geestelijke literatuurgeschiedenis.
Onderwerpen: middeleeuwse handschriften, religieuze literatuurgeschiedenis.

For Sjoerd. If he wants it.

TEN GELEIDE

Met het in beheer geven van de Bibliotheek van het Provinciaal Genootschap van Kunsten en Wetenschappen in Noord-Brabant te 's-Hertogenbosch in 1986 aan de Bibliotheek van de Katholieke Universiteit Brabant (KUB) te Tilburg kwam er een einde aan het sluimerend bestaan van de meest omvangrijke collectie zeldzame Brabantica, bestaande uit handschriften en zeldzame drukken in het bijzonder gericht op Brabants verleden. De bibliotheek was daarmee losgeweekt uit zijn oorspronkelijke context om in een nieuwe structuur van universitair onderzoek en met de faciliteiten van een moderne wetenschappelijke bibliotheek beter aan de functie te beantwoorden die de stichters voor ogen stond. Eén van de voorwaarden voor een herleven van de collectie was wel dat een nieuw instrumentarium moest worden opgebouwd dat afgestemd was op de behoeften van het moderne onderzoek om de kostbare collecties toegankelijk te maken. De nieuwe beheerder heeft terecht als eerste gekozen voor de verzameling handschriften die tot dan toe uiterst gebrekkig te bestuderen waren. Het gaat hier immers materieel om unieke bronnen, zij het ook dat daarbij een onderscheid naar aard en functie kan worden gemaakt. Het jongere materiaal omvat vooral de bouwstoffen van wat in de negentiende eeuw door pioniers op het gebied van de moderne geschiedenis van Brabant, in het bijzonder C.R. Hermans, was bijeengebracht. De middeleeuwse handschriften zijn, zoals in alle andere hier te lande door geleerde genootschappen bijeengebrachte verzamelingen, minder specifiek tot de regio beperkt. Is de eerste categorie daarom vooral van belang voor degenen die zich specifiek richten op de geschiedenis van Brabant, het vroege materiaal trekt een andere kring van onderzoekers en vraagt bovendien tegen de achtergrond van de huidige beoefening van de handschriftenkunde om een andere benadering die zijn weerslag heeft in het type beschrijvingen. Op grond van die overwegingen is bij de publikatie een scheiding aangebracht tussen beide categorieën en verschijnen er twee catalogi, de voorliggende en een catalogus van jonge handschriften en archivalische bronnen.

De Katholieke Universiteit Brabant was in de gelukkige omstandigheid dat zij een beroep kon doen op Drs. Jeroen M.M. van de Ven, die met zijn *Handschriften en Handschriftfragmenten in het Bezit van de Theologische Faculteit Tilburg* (1990) zijn sporen als beschrijver van handschriften van uiteenlopende aard had verdiend en bovendien bewezen had een dergelijk karwei in een beperkt tijdsbestek te kunnen voltooien. Want ook hier stelde het ongunstige

financiële klimaat beperkingen. Van de Ven kon aanvankelijk slechts een aanstelling voor twaalf maanden worden geboden om de catalogi te voltooien, waar later nog eens een jaar en drie maanden aan werden toegevoegd. Opnieuw werd besloten tot een samenwerking met ondergetekende waarbij de laatste vooral de functie had namens de Katholieke Universiteit Brabant het project te begeleiden, wat in de praktijk betekende dat deze nadat de opzet was vastgesteld met name de beschrijving van de middeleeuwse handschriften in een eerste redactie kritisch heeft doorgenomen.
Gegeven de tijdsdruk zijn van meet af aan beperkingen aan de opzet gesteld. Met name is bij de determinering van teksten vaak volstaan met een indicatie van de inhoud die voor de gespecialiseerde onderzoeker veelal voldoende is. Van bibliografisch onderzoek moest worden afgezien als dit te tijdrovend bleek. Anderzijds is met name aandacht besteed aan de herkomst van de stukken en in het bijzonder ook de weg waarlangs die in de collectie zijn terecht gekomen. De in de catalogus opgenomen foto's zijn een essentieel onderdeel van de beschrijvingen. Vaak immers geeft een afbeelding de deskundige meer informatie dan een vloed van woorden. Het was voor de bewerker een grote voldoening dat de in de literatuur al vaak als zoek opgegeven *Megense fragmenten* van Middelnederlandse literatuur bij de schifting van het materiaal konden worden herontdekt.
De vaak schamele literatuuropgaven bewijzen dat veel stukken slecht gekend of nog nauwelijks bestudeerd zijn. Des te welkomer was het dat Dr. J.M.M. Hermans van de Rijksuniversiteit Groningen (vakgroep Mediaevistiek) het materiaal, dat door een werkgroep van studenten was bijeengebracht, beschikbaar stelde. Het bleek een welkome aanvulling op de documentatie die in de BNM van de Leidse Universiteitsbibliotheek was bijeengebracht. Daarnaast kon gebruik worden gemaakt van de expertise van mevrouw Dr. A.S. Korteweg van de Koninklijke Bibliotheek in Den Haag met betrekking tot de decoratie van Noordnederlandse stukken. Drs. J.A.A.M. Biemans (Universiteit van Amsterdam, conservator Handschriften) las het manuscript van dit eerste catalogusdeel grondig door en adviseerde terecht enkele forse wijzigingen in de beschrijvingen door te voeren. Bovendien hielp hij, nadat hij door Van de Ven attent was gemaakt op de herontdekking van de Megense fragmenten (*Spiegel historiael, Der Leken Spieghel*), met de verdere identificatie en bewerking van genoemde fragmenten. C. Baarda, studente van Dr. J.M.M. Hermans, verstrekte op de valreep de auteur nog enige gegevens over Gerardus Golt, prior van het St. Agathaklooster te Cuijk. Een welgemeend dankwoord geldt tevens Drs. W.G.M. Krijbolder die, ondanks grote tijdsbeperkingen, toch een deel van de inleiding voor zijn rekening wilde nemen. Met Dr. C.M.A. Caspers (Theologische Faculteit Tilburg, Liturgisch Instituut) kon Van de Ven vele

malen inhoudelijke problemen en beslissingen bespreken en deze gezamenlijk wegen op hun wetenschappelijke waarde. De heren Drs. J. Schoolmeesters, Drs. J. Maessen, Drs. J. Kuijlen en Mr. H. Geleijnse (Bibliotheek van de Katholieke Universiteit Brabant) zorgden voor veel ruggesteun gedurende de werkzaamheden. Enthousiast gaven zij het startschot voor het Tilburgse handschriftenproject en bleven zij tot het einde toe zorgen voor een gunstig werkklimaat. Drs. J. Kuijlen las bovendien in de laatste fase van het persklaar maken van de teksten de manuscripten nog eens grondig door. Voor het maken van de foto's van de handschriften en handschriftfragmenten kon vele malen een beroep worden gedaan op dhr. B. Bergmans (Katholieke Universiteit Brabant, AVC). Drs. F. Hendrickx (wetenschappelijk bibliothecaris Ruusbroecgenootschap [Antwerpen, Ufsia]) bood de catalogus een gastvrij onderdak in de reeks *Miscellanea Neerlandica*. De laatste belemmeringen werden weggenomen doordat de Nederlandse Organisatie voor Wetenschappelijk Onderzoek (NWO) een subsidie voor de publikatie beschikbaar stelde.

Voor de Katholieke Universiteit Brabant is de publikatie van een catalogus van de handschriften een eerste stap op de weg die moet voeren naar een revitalisering van de collecties van het Provinciaal Genootschap van Kunsten en Wetenschappen in Noord-Brabant. Thans wachten de oude drukken en banden op een analoge benadering, waarbij in het bijzonder ook aandacht zal moeten worden besteed aan de herkomst van de exemplaren. Die bewerking belooft meer vruchten af te werpen als dit in samenhang gebeurt met de studie van de andere oude Brabantse collecties, met name die van de voormalige kerkelijke bibliotheken die in Tilburg een onderdak kregen (Theologische Faculteit Tilburg). Van de Ven heeft de weg gewezen hoe dat kan gebeuren. Het is te hopen dat de Katholieke Universiteit Brabant te Tilburg een weg ziet om deze pretentieuze opzet te realiseren. Tenslotte geldt met name voor het beheer van cultuur-schatten nog steeds het adagium: bezit verplicht.

P.F.J. Obbema

INHOUD

ALGEMENE INLEIDING

Op 8 maart 1837 vond in het Casino te 's-Hertogenbosch de officiële oprichting plaats van het Provinciaal Genootschap van Kunsten en Wetenschappen in Noord-Brabant. Onder auspiciën van dit genootschap werd de basis gelegd voor een Provinciale Brabantse Bibliotheek. Deze genootschapsbibliotheek zou vooral een grootse verzameling bronnenmateriaal moeten gaan bevatten met betrekking tot de geschiedenis van het oude hertogdom Brabant en de dan pas net ontstane provincie Noord-Brabant. Met al dat verzamelde bronnenmateriaal zou, in de ogen van de belangrijkste inspirator en oprichter Cornelius Rudolphus Hermans (1805-69), uiteindelijk definitief de geschiedschrijving van Brabant ter hand kunnen worden genomen. Reeds in 1853 bezat de genootschapsbibliotheek meer dan 14.000 boekdelen, handschriften en gedrukte werken. De uitbouw van deze Provinciale Bibliotheek zou vooral het belangrijkste levenswerk worden van haar bibliothecaris C.R. Hermans. Als geen ander bleef hij zich tot het einde van zijn leven vol toewijding inzetten voor 'zijn' bibliotheek. In december 1985 werd de gehele bibliotheekcollectie aangekocht door de provincie Noord-Brabant en in april 1986 in beheer gegeven aan de Bibliotheek van de Katholieke Universiteit Brabant te Tilburg (thans opgenomen in de Brabant-Collectie). In deze boekerij bevinden zich bij aankoop 25 laatmiddeleeuwse codices en enkele tientallen middeleeuwse fragmenten, 562 jongere handschriften en archivalische portefeuilles, c. 80.000 gedrukte werken en c. 15000 afbeeldingen.

Dit eerste deel van de catalogus bevat codicologische beschrijvingen van de middeleeuwse handschriften en fragmenten van handschriften. In onderstaande algemene inleiding wordt allereerst ingegaan op de ontstaansgeschiedenis van het genootschap en de Provinciale Bibliotheek. De heer Drs. Wim M.J. Krijbolder, die elders over dit onderwerp uitvoerig heeft gepubliceerd, werd bereid gevonden om dit gedeelte van de inleiding te verzorgen.[1] Vervolgens wordt in het eerste inleidende hoofdstuk een inhoudelijk overzicht gegeven van de laatmiddeleeuwse handschriften en fragmenten in de collectie. In het tweede inleidende hoofdstuk tenslotte wordt uitgebreid ingegaan op de inrichting van de catalogus als zodanig. Dit hoofdstuk moet feitelijk worden gezien als de

[1] Deze bijdrage is ten dele gebaseerd op: W.M.J. KRIJBOLDER, *C.R. Hermans (1805-1869) en De Oprichting van het Provinciaal Genootschap van Kunsten en Wetenschappen in Noord-Brabant*, Nijmegen 1987 (onuitgegeven doctoraalscriptie). In samenvatting is deze scriptie gepubliceerd in: *Noordbrabants Historisch Jaarboek*, vol. 6, 1989, 79-104.

wetenschappelijke verantwoording van het beschrijvingsschema. De lezer wordt als het ware voorgelegd hoe een beschrijving moet worden verstaan.
Het eerste gedeelte van de beschrijvingen in dit catalogusdeel bevat de Codices medii aevi (I). In het tweede gedeelte (II) worden de Fragmenten in boekbanden beschreven. Het derde gedeelte (III) van de beschrijvingen bevat alle Losgenomen fragmenten. Behalve dat de inleiding wordt gevolgd door een concordantie op plaatsnummers, worden de handschriftbeschrijvingen in dit eerste catalogusdeel verder gecompleteerd met een lijst van geciteerde handschriften en fragmenten, lijst van gebruikte afkortingen, bibliografie en registers op incipits, auteurs, overige teksten, plaats- en persoonsnamen, bezitters en verkopers, kopiisten, drukkers en boekbinders.

Ontstaansgeschiedenis van het Provinciaal Genootschap van Kunsten en Wetenschappen in Noord-Brabant en de Provinciale Bibliotheek

> 'Wij zullen bij het dankbare nageslacht nog al eens herdacht worden, vriend, zoo onze onderneming in alles slaagt: en wie is ongevoelig voor eene eervolle onsterfelijkheid?'[2]

Dit schreef de student C.R. Hermans vanuit Leiden aan H. Palier, boekhandelaar te 's-Hertogenbosch. Met '*onze onderneming*' doelde hij op het initiatief dat zij hadden genomen om een *Bibliotheek van Noord-Braband* op te richten. In deze algemene inleiding zal worden getracht de personen en de motieven achter het ontstaan van de Provinciale Bibliotheek, opgenomen in de tegenwoordige Brabant-Collectie, te beschrijven en te verduidelijken.
De Noordbrabantse historicus Cornelis Rudolphus Hermans was de oudste zoon uit het kinderrijke huwelijk (achttien kinderen) van Herman Gijsbert Hermans met Isabella van de Goor, en werd op 22 februari 1805 te Oss geboren. In 1819 ging Hermans naar het Klein-Seminarie te St. Michielsgestel. Tijdens zijn studiejaren aldaar en aan het Groot-Seminarie Herlaer in dezelfde gemeente — Hermans studeerde hier van 1825 tot 1830 — heeft hij zijn historische kennis over Brabant voortdurend uitgebreid. Er zijn een tweetal geschriften bekend die hoogstwaarschijnlijk al in zijn seminarie-tijd tot stand zijn gekomen. Als eerste kan genoemd worden een in verzorgd handschrift gesteld overzicht met de titel: *Schriften de Provincie Noord-Braband betreffende*. Hermans geeft hierin een opsomming van boektitels naar onderwerp uitgesplitst. Het bevat rubrieken die variëren van '*Noord-Braband in het algemeen sedert 1815*' tot '*lektuur aan de theetafel*', en eindigt met de aankondiging van een

[2] KHS B8, C.R. Hermans aan H. Palier, 20 december 1833.

Afb. 1. – Tilburg, KUB, Bibliotheek (THA), *portret H. Palier*, sign. P 13.2(1).
(*Copyright: B. Bergmans, AVC*)

'Beredeneerd Register eener uit te gevenene [!] letterkundige Geschiedenis der Provincie Noord-Brabant'. Het andere handschrift betreft een *Beknopte Geschiedenis van Noord-Braband voor de Jeugd.*[3]

Hermans zag het als zijn levenstaak om af te rekenen met het negatieve imago van Noord-Brabant door bestudering en ontsluiting van het in zijn ogen grootse verleden van dit gewest.[4] In 1830 werd hij tot conrector aan de Latijnse school te Eindhoven benoemd. Toen hij daar werkzaam was, werd zijn belangstelling voor de geschiedenis van Noord-Brabant nog meer geprikkeld door de omstandigheid dat de provincie naar aanleiding van de gebeurtenissen na 1830 voor het voetlicht van de publieke belangstelling kwam staan. Noord-Brabant was immers 'nieuws' in deze Status-Quo-jaren na de Belgische Opstand en de beeldvorming van de talrijke noorderlingen die in deze jaren hier ingekwartierd waren, was vaak negatief. Bovendien was er in de gangbare literatuur weinig tot niets over Brabant terug te vinden. Dit was Hermans een doorn in het oog omdat hij ervan overtuigd was dat zijn gewest wel degelijk een plaats verdiende in de vaderlandse geschiedenisboeken. Hij zocht daarom contact met andere *'mannen van smaak en kunde'* die zich ook zouden kunnen vinden in het doel

> 'ons nog weinig gekende gewest in een klaarder daglicht te stellen'.[5]

Via de gouverneur van Noord-Brabant, A.J.L. baron Van den Bogaerde van Ter Brugge — geletterd man, kunstminnaar en amateur-historicus —, en de gouvernementsambtenaar Jan Menu, kwam Hermans in contact met Hendrik Palier. Deze Hendrik Palier (1785-1853), telg uit een Hugenotengeslacht van boekdrukkers, dreef een grote boekhandel annex drukkerij in een zaak genaamd *De vijf Vocalen* aan de Markt te 's-Hertogenbosch. Hij was bibliofiel en hield er een particuliere (provinciale) bibliotheek op na. Palier mag gelden als het prototype van de negentiende-eeuwse verzamelaar: behalve boeken, collectioneerde hij verder handschriften, munten, penningen, kaarten, platen en portretten. Maar Paliers activiteiten gingen verder: sinds 1815 gaf hij jaarlijks de *Almanak voor de Provincie Noord-Braband* uit, en enige tijd tevens de *'s Hertogenbossche Courant*. In 1830 had hij de *Opgave van Beschrijvingen der*

3 Resp. KHS D37 en KHS D25. KHS D24 bevat een tweede versie van KHS D25.

4 Vgl. C.R. Hermans, *Geschiedkundig Mengelwerk over de Provincie Noord-Braband*, vol. 1, 's-Hertogenbosch 1841, 29.

5 J.G. Kikkert, Een onbekend Journaal uit 1831-'34, in: *De negentiende Eeuw*, vol. 3, 1979, 39. H.F.J.M. Van Den Eerenbeemt, en M.F.A. Linders-Rooijendijk, *Vreemde Militairen in een gesloten Samenleving*, Tilburg 1986, 104. KHS B8, C.R. Hermans aan H. Palier, begin december 1833(?) (ontvangen door Palier op 11 december). Ook in: C.R. Hermans, *Dissertatio inauguralis Literaria sive Introductio in Notitiam Rei literariae maxime Provinciae Brabantiae Septentrionalis*, Leiden 1834, 2. KHS B8, C.R. Hermans aan H. Palier, 10 april 1833.

Afb. 2. – Tilburg, KUB, Bibliotheek (THA), *portret C.R. Hermans*, sign. P H54(1).
(Copyright: B. Bergmans, AVC)

Gewesten, Steden, Plaatsen in het Koninkrijk der *Nederlanden* van J.F. Bodel Nijenhuis aangevuld met betrekking tot Noord-Brabant. Later had hij plannen voor een provinciaal woordenboek, terwijl hij ook A.J. van der Aa met diens *Aardrijkskundig Woordenboek der Nederlanden* ten dienste is geweest.[6] Toen Hermans hem berichtte

> 'de zoo moeijlijke taak' op zich genomen te hebben, 'om alle schrijvers, welke in deze provincie geboren zijn, of wegens dezelve iets hebben uitgegeven, bij een te verzamelen, en hunne levensberigten en boeklijsten onder den titel van letterkundige Geschiedenis van Noord-Braband uit te geven',[7]

was dit voor Palier het sein om hier gretig op in te haken. Beiden bleken — zij het met verschillend oogmerk — om dezelfde informatie verlegen te zitten: namelijk boektitels. Palier verzamelde al jaren behalve boeken ook titels van boeken. Zijn streven was om een chronologische lijst op te stellen van alle drukwerken die in het gewest waren verschenen sinds 1484. Veel van deze boeken en drukwerken bezat of kende Palier reeds, zeker sinds 1821. In dat jaar namelijk had hij opdracht gekregen de bibliotheek van C.G. Hultman, de gouverneur van Noord-Brabant, die in 1820 met achterlating van grote schulden gestorven was, te inventariseren en te verkopen. Hierin bevonden zich tal van 'bibliographische zeldzaamheden', met name een groot aantal vijftiende- en zestiende-eeuwse drukken.[8]

Een eerste produkt van de samenwerking tussen Hermans en Palier was een manuscript van Hermans, getiteld *Bouwstoffen tot eene volledige Geschiedenis*

[6] KHS B8, J. Menu aan H. Palier, 12 september 1832. Jan Menu, provinciale ambtenaar in de rang van commies, belast met politiezaken; statisticus. Was in de Status-Quo-tijd censor van de *Noord-Brabander*. Zie: E.R.M. HOFFMAN, *Noord-Brabant en de Opstand van 1830*, Tilburg 1974, 175. Zie ook: C.R. HERMANS, Levensberigt van Jhr. André Jean Louis Baron van den Bogaerde van Ter Brugge, in: *Handelingen der jaarlijksche algemeene Vergadering van de Maatschappij der Nederlandsche Letterkunde te Leiden*, Leiden 1858, 143. KHS B8, A.J.L. van den Bogaerde van Ter Brugge aan H. Palier, 13 augustus 1830; ibidem, J.F. Bodel Nijenhuis aan H. Palier, 5 mei 1836; ibidem, A.J. van der Aa aan Palier, 8 oktober 1836. Hendrik Palier leidde de drukkerij/ boekhandel H. Palier en Zoon in de jaren 1812-1840. Lijst van publicaties in: A.J. VAN DER AA, *Biografisch Woordenboek der Nederlanden*, 7 vol., Amsterdam 1852-78 (reprint: Amsterdam 1969); vol. 6, 11-12. Biografische gegevens over de familie Palier: A.R.M. MOMMERS, *Brabant van Generaliteitsland tot Gewest. Bestuursinrichting en Gezagsuitoefening in en over de Landen en de Steden van Staats-Brabant en Bataafs-Braband. 14 september 1629-1 maart 1796*, 2 vol., Utrecht-Nijmegen 1953 (vol. 2, 486-487). Veel manuscripten van zijn hand berusten in de voormalige Bibliotheek van het Provinciaal Genootschap van Kunsten en Wetenschappen in Noord-Brabant, thans: Katholieke Universiteit Brabant (Tilburg), Bibliotheek (Brabant-Collectie).

[7] KHS B8, C.R. Hermans aan H. Palier, ongedateerd (ná 12 oktober 1833, vóór 2 november 1833).

[8] A.J. VAN DER AA, *Biografisch Woordenboek der Nederlanden*, Amsterdam 1852-78, vol. 6, 11. A.F.J. VAN KEMPEN, *Gouvernement tussen Kroon en Statenfacties. De Positie van vier Gouverneurs in het politieke Krachtenveld van Noord-Brabant 1813-1830*, reeks *Bijdragen tot de Geschiedenis van het Zuiden van Nederland* nr. 76, Tilburg 1988, 128-131.

van Noord-Braband. Dit is een compilatie van zijn eerdere *Schriften de Provincie Noord-Braband betreffende* en zijn *Beredeneerd Register* aangevuld met de *Werken de Provincie Noord-Braband betreffende* van Palier, een inventaris van zijn boek- en boektitelbezit.
In de *Inleiding* van de *Bouwstoffen* bracht Hermans het plan te berde een Provinciale Bibliotheek op te richten. Dit plan was tijdens zijn ontmoetingen met Palier ontstaan. Hermans ergerde zich aan het feit dat hij voor het raadplegen van geschiedenisboeken steeds aangewezen was op de goedheid van een particuliere verzamelaar. Dat Noord-Brabant verstoken was van een officiële bibliotheek stoorde hem te meer, omdat er tijdens de Franse Overheersing al eens een provinciale boekerij had bestaan, toen enkele kloosterbibliotheken geconfisqueerd waren. Ook al eerder, in 1680, had de Bossche magistraat het initiatief genomen tot de oprichting van een openbare bibliotheek, maar ook deze onderneming was gestrand. Hermans achtte het geboden dit instituut nieuw leven in te blazen ten behoeve van de letterminnaars.[9]
Via Palier, Menu, de gouverneur en de inspecteur der Latijnse scholen, Mr. H. Wijnbeek, kreeg Hermans in 1833 de kans om te solliciteren naar de functie van rector aan de Latijnse school te 's-Hertogenbosch. Het Bossche stadsbestuur eiste echter dat hij eerst zijn doctorstitel zou behalen. Hermans werd nu met de medewerking van Wijnbeek en Van den Bogaerde van Ter Brugge in de gelegenheid gesteld om, met behoud van zijn salaris van conrector, te doctoreren in Leiden. Hij verwachtte met een vertaling in het Latijn van het *Beredeneerd Register* te kunnen volstaan om de begeerde titel te verkrijgen, en hij dacht binnen het tijdsbestek van zes weken zijn studie af te ronden.[10] Buiten de verplichte colleges besteedde hij zijn tijd voornamelijk aan het opsporen van zoveel mogelijk Brabantica. Enerzijds waren deze inspanningen dienstbaar aan zijn dissertatie, anderzijds vormde het verzamelen van literatuurtitels en bronnenmateriaal een prelude op de met Palier uit te geven letterkundige geschiedenis van Noord-Brabant. Gelegenheid om bronnen te onderzoeken, had Hermans volop. Op bezoek bij Wijnbeek in Den Haag, was hij in contact geraakt met rijksarchivaris J.C. De Jonge en met de secretaris der R.-K. Eerendienst, Van der Horst. Deze laatste bracht hem op zijn beurt in contact met hoofdbibliothecaris C.S. Flament van de Koninklijke Bibliotheek en met diens onderbibliothecaris en latere opvolger J.W. Holtrop. Vooral Holtrop heeft Hermans met raad en daad bijgestaan. Dankzij hem kon hij dag in dag uit in de Koninklijke

[9] KHS B8, C.R. Hermans aan H. Palier, 20 april 1833; F.J.M. Van De Ven, 125 jaar Provinciaal Genootschap van Kunsten en Wetenschappen in Noord-Brabant 1837-1962, in: *Varia Historica Brabantica*, vol. 1, 1962, 13-45. C.R. Hermans, *Dissertatio inauguralis Literaria sive Introductio in Notitiam Rei literariae maxime Provinciae Brabantiae Septentrionalis*, Leiden 1834, 78. Met dank aan Drs. H. Lucas voor de vertalingen.

[10] KHS B8, C.R. Hermans aan H. Palier, 19 september 1833.

Bibliotheek terecht, ook in de weekeinden, hoewel de bibliotheek officieel slechts drie dagen in de week geopend was.[11]
Naarmate Hermans langer in Leiden verbleef, drong het plan om een Provinciale Bibliotheek op te richten zich meer en meer op de voorgrond, zowel in zijn proefschrift als met betrekking tot de *Letterkundige Geschiedenis van Noord-Braband*. De provinciale boekerij ging hem tenslotte geheel in beslag nemen. In het voorjaar van 1834 maakten Hermans en Palier in een *Uitnoodiging tot alle Letterminnaars* het plan openbaar om

> 'alle zoo gedrukte als geschreven werken, die eenig licht kunnen geven aan de geschiedenis van Noord-Braband'

te verzamelen. Naar het voorbeeld van de 'Bibliothèque Historique de la France' van J. Lelong zouden de aldus verkregen geschriften in hun geheel worden afgeschreven, zodat uiteindelijk alle met betrekking tot Noord-Brabant bekende stukken op één centrale plaats verenigd zouden zijn.[12]
Het doel van de Provinciale Bibliotheek was om schrijvers met de aldus verzamelde bouwstoffen in de gelegenheid te stellen de geschiedenis van Noord-Brabant in een klaarder daglicht te stellen. Want slechts aan de onbekendheid met deze bronnen, aldus Hermans, was het te wijten geweest dat de door hem bewonderde geschiedschrijver J. Wagenaar zich in zijn *Vaderlandsche Historie* hoofdzakelijk tot de gewesten Holland en Zeeland had beperkt en dat de verdiensten van zijn eigen landslieden, waarop hij zo trots was, sterk onderbelicht waren. Bij de bestudering van de geschiedenis zou *De Letterkundige Geschiedenis van Noord-Braband* kunnen dienen als een beredeneerde bibliografie, waarin de waarde van elke bron zou worden getoetst. Hermans zag zichzelf niet als geschied*schrijver* — dat was niet zijn ambitie —, maar als geschied*vorser*. Hem was het er slechts om te doen, de kennis van het verleden te vermeerderen door 'bouwstenen' aan te dragen. Zijn hoogste doel was, de bijeengebrachte bouwstoffen *'bibliografisch en kritisch te doen kennen'*. De Provinciale Bibliotheek als verzamelpunt van alle gewestelijke geschiedbronnen vormde hiertoe een aanzet. Pas wanneer alle bronnen bijeengegaard zouden zijn en onderzocht, een onderzoek dat veel *'tijd, doorzigt en onpartijdigheid'* zou vergen, zou een

[11] C.R. HERMANS, *Geschiedkundig Mengelwerk over de Provincie Noord-Braband*, 2 vol., 's-Hertogenbosch 1841, vol. 1, 3. NNBW, vol. 1, k. 1144; KHS B8, H. Palier aan C.R. Hermans, 12 februari 1834; Johannes Willem Holtrop (1806-70), volgde in 1835 C.S. Flament op als bibliothecaris van de Koninklijke Bibliotheek. Hij maakte onder andere catalogi ten behoeve van Willem I en Willem II, met betrekking tot hun boekerijen ten paleize.

[12] *De Nederlandsche Staats-Courant*, 5 maart 1834. Afgedrukt in: *Brabantia*, vol. 7, 1958, 189-190. Jacques Lelong (1665-1721), Lid Oratoire, protestantse kerk te Parijs; bibliothécaire de la Maison de Saint-Honoré. De 'Bibliothèque historique de la France' kwam pas na zijn dood tot stand: 1768-1778. Zie: *Grand Larousse*, vol. 6, Paris 1962.

provinciale geschiedenis geschreven kunnen worden, waarbij de hele geschiedenis van het gewest *'in één tafereel'* bijeengevoegd zou moeten wezen. In een ver verschiet lag tenslotte het einddoel van *'eene Vaderlandsche Historie, onzer natie waardig'*. Zover was het echter nog lang niet. Zelfs een volledige geschiedenis van de provincie zou nog lang op zich moeten laten wachten:

> 'Voor als nog valt daar niet aan te denken, omdat de geschiedenis van dit gewest nog duizende punten aanbiedt, die eerst critisch behooren te worden toegelicht en verklaard, iets waartoe het verlicht en onbevangen oordeel van vele geleerden vereischt wordt, die niets voor waarheid aannemen, dan hetgeen blijkt de proef van een oordeelkundig onderzoek te kunnen doorstaan'.[13]

Hermans toont zich hier een trouwe volgeling van A. Kluit, voor wie hij een grote bewondering koesterde en stelt zich in de rij van negentiende-eeuwse historici, die eerder als geschiedvorsers dan als geschiedschrijvers getypeerd zijn, zoals G. Groen van Prinsterer, R.C. Bakhuizen van den Brink en R. Fruin.[14]

Met het plan tot oprichting van een Provinciale Bibliotheek, die alle bronnen met betrekking tot de geschiedenis van Noord-Brabant moest gaan herbergen, en met de daaropvolgende voorgenomen uitgave van de *Letterkundige Geschiedenis van Noord-Braband*, sloten Hermans en Palier aan bij de toenmaals actuele historiografische problematiek. Nog maar kort tevoren immers, in het Koninklijk Besluit van 23 december 1826, had Willem I de wens geuit een algemene Nederlandse geschiedenis gebaseerd op bronnen tot stand te brengen. De inzender van het doelmatigste plan daartoe — het K.b. was gesteld in de vorm van een prijsvraag — had men tot rijksgeschiedschrijver willen benoemen. De jury kwam echter niet tot het aanwijzen van een winnaar. In een begeleidend advies werd erop gewezen dat het nog te zeer aan door gedrukt werk toegankelijk gemaakt bronnenmateriaal van alle provincies ontbrak, om met vrucht een poging tot het schrijven van zo'n algemene geschiedenis te kunnen aanvangen. Hoewel niet tot de benoeming van een rijksgeschiedschrijver besloten werd, bleef het K.b. van 23 augustus 1826 niet geheel een dode letter. In artikel 1 was namelijk gesteld dat er middelen beschikbaar zouden worden gesteld om bronnenmateriaal te doen opsporen. Ook zouden er inventarissen moeten

[13] C.R. Hermans, *Geschiedkundig Mengelwerk over de Provincie Noord-Braband*, vol. 1, 's-Hertogenbosch 1841, 201.

[14] Voor A. Kluit: C.R. Hermans, *a.w.*, vol. 1, 's-Hertogenbosch 1841, 41; Voor G. Groen van Prinsterer: J.L. Van Essen, Groens uitgave van de 'Archives ou correspondance inédite de la Maison d' Orange-Nassau'. in: P.A.M. Geurts en A.E.M. Janssen (red.), *Geschiedschrijving in Nederland*, vol. 1: *Geschiedschrijvers*, 's-Gravenhage 1981, 181-196. Voor R.C. Bakhuizen van den Brink: G.W. Kernkamp, Bakhuizen van den Brink, in: *a.w.*, vol. 1, 209. Voor R. Fruin: P.L. Muller, Levensbericht van Robert Fruin, in: *a.w.*, vol. 1, 243.

komen van alle gemeentelijke, stedelijke en provinciale archieven. In 1829 werden per K.b. de archieven beperkt opengesteld. De ontsluiting van de archieven hield tevens de mogelijkheid van bronnenpublikaties in. Aan de reeks K.b.'s die de bevordering van de geschiedschrijving van Nederland beoogden, lag een consistente politieke gedachte ten grondslag. Het was de gedachte die Willem I ook op het gebied van de economie, van de taal- en onderwijsproblematiek en op het vlak van de godsdienst tot leidraad was, te weten het nastreven van een nationale politiek gericht op de totstandbrenging van een eenheidsstaat. Een algemene nationale geschiedenis zou in zijn optiek dit doel dienen.[15] Met de *Uitnoodiging tot alle Letterminnaars* was vanuit het onbetrouwbaar geachte Noord-Brabant nu de wens geuit in de annalen van de verengde nationale geschiedschrijving te worden opgenomen.
De reacties op het plan tot oprichting van de Bibliotheek van Noord-Brabant waren mager. De meeste respons was afkomstig van mensen die toch al contact hadden met hetzij Hermans, hetzij Palier. Van de in totaal zeventien door Palier aangeschreven tijdschriften en dagbladen had er slechts een handvol de oproep geplaatst. De meeste reacties kwamen uit de correspondentiekring van Palier, dat wil zeggen van de zijde der boekhandelaars, drukkerijen en uitgevers, of van verzamelaars. Van boekhandelaar J.L.C. Jacob uit Rotterdam, van de Haagse boekverkoper en -kenner A.D. Schinkel en van J.T. Bodel Nijenhuis, firmant van boekdrukkerij en uitgeverij Luchtmans te Leiden, kwamen nuttige bijdragen. Ze werden te koop aangeboden. Een collega-verzamelaar van Palier, de fanatieke S.H. van de Noordaa uit Dordrecht, getroostte zich grote moeite om materiaal bijeen te brengen. Hij kreeg hierbij de hulp van de jeugdige predikant G.D.J. Schotel die, zonder beroeping zijnde, zich op de geschiedenis van zijn geboortestad Dordrecht had gestort. Met het kopiëren van manuscripten heeft ook Paliers zwager Krul zich belast. Regelmatig toog hij vanuit zijn woonplaats Delft naar de Koninklijke Bibliotheek, waar hij dan door Hermans geselecteerde bescheiden overschreef of overtekende. Dit tekenwerk betrof meestal afbeeldingen van munten of penningen. Hiervan werden ook vaak gipsafdrukken gemaakt.[16]

[15] H.P.H. Jansen, *Nassau en Oranje in de Nederlandse Geschiedenis*, Alphen aan den Rijn 1979, 257. J.J.F. Noordziek, *Archiefwezen 1826-1852*, 's-Gravenhage 1853, 4.

[16] KHS B8, J.L.C. Jacob aan H. Palier, 25 oktober 1833; KHS A2, A.D. Schinkel aan C.R. Hermans, 19 april 1834. Zij kochten vaak boeken op aucties in commissie van Palier. Vooral Schinkel gold als een groot expert. Zijn particuliere bibliotheek moet van gargantueske omvang zijn geweest (NNBW, vol. 3, k. 1140-1141). Schinkel had bovendien zijn jeugd in Noord-Brabant doorgebracht, vandaar ook de interesse. (KHS B8, A.D. Schinkel aan H. Palier, 25 april 1834); KHS B8, S.H. van de Noordaa aan H. Palier, o.a. 16 februari 1834, idem, G.D.J. Schotel aan H. Palier, 13 september 1834. Voor Schotel: NNBW, vol. 3, k. 1146-1149; KHS B8, S.H. van de Noordaa aan H. Palier, 13 oktober 1834. Voor Krul: KHS A2, H. Palier aan C.R. Hermans, 5 oktober 1833 en 15 maart 1834.

Hermans was inmiddels ook druk doende om zoveel mogelijk Brabantica te kopiëren. Hij vond de stukken hiervoor behalve in de Koninklijke Bibliotheek ook in de bibliotheek van H. Wijnbeek, *'een onuitputtelijke mijn'*, en bij *'de grijze Ackersdijk'* te Rotterdam. Deze W.C. Ackersdijk, jurist, afkomstig uit een oude Bossche regentenfamilie, had zich na zijn pensionering geheel gewijd aan de geschied- en oudheidkundige studie van Brabant.[17] Palier intussen ging niets te ver om zijn verzameling Brabantica uit te breiden. Hij deed zelfs afstand van een buste van Bilderdijk (waar hij naar eigen zeggen zeer aan gehecht was) om er twee antieke landkaarten van Bodel Nijenhuis voor terug te ontvangen. In aan de natuur ontleende beeldspraak sprak de romanticus Palier over zijn verzameling als

> 'mijn korf (die) mooi vol raakt' en hij is vol blijde verwachting over Hermans' aanstaande terugkeer naar Den Bosch, 'hopende bij uw overkomst, wij als bijtjes elk onzen honig in den Korf stortende een rijke voorraad zoet voedsel over ons werk bijeen zullen hebben'.[18]

Op 26 juni 1834 promoveerde Hermans te Leiden. In zijn dissertatie ontvouwde hij zijn plannen om tot een alomvattende geschiedschrijving van elke provincie te komen. Op de eerste plaats zouden er provinciale bibliotheken moeten zijn met per provincie

> '1) historische boeken van elke soort; 2) boeken geschreven door landgenoten (lees: provinciegenoten); 3) boeken die in dezelfde provincie uitgegeven zijn'.

Zo'n bibliotheek zou zowel particulier als gemeenschapsbezit kunnen zijn,

> 'maar omdat het aanleggen van zo'n bibliotheek een te grote taak is voor het leven van één mens en verzamelingen vaak na de dood van de bezitter versnipperd raken en bovendien niet iedereen toegang heeft tot particuliere verzamelingen, eisen wij een openbare bibliotheek'.

Hermans memoreerde vervolgens Christophorus van Kampen, die het nut van openbare bibliotheken had ingezien en al zijn boeken had nagelaten aan de stad Breda. Zijn voorbeeld haalde hij speciaal aan

> 'om andere bibliophielen aan te moedigen boeken beschikbaar te stellen voor de op te richten bibliotheek'.[19]

[17] KHS B8, C.R. Hermans aan H. Palier, 6 april 1834.
[18] KHS A2, H. Palier aan C.R. Hermans, 12 februari 1834, 15 en 31 maart 1834.
[19] C.R. HERMANS, *Dissertatio inauguralis Literaria sive Introductio in Notitiam Rei literariae maxime Provinciae Brabantiae Septentrionalis*, Leiden 1834, 78.

Voorwaar een weinig subtiele hint in de richting van Palier.
Ter ondersteuning van de Provinciale Bibliotheek, en als onderdeel ervan, pleitte Hermans in zijn proefschrift en later in zijn *Geschiedkundig Mengelwerk* vervolgens voor de oprichting van een archief, waarin nog onbekende charters, particuliere manuscripten van historisch belang en archeologische overblijfselen uit de Romeinse tijd en de Middeleeuwen ondergebracht zouden dienen te worden. In tegenstelling tot veel andere provinciale hoofdsteden — zelfs Drenthe heeft zijn archief!, verzuchtte hij —, kende 's-Hertogenbosch nog geen provinciale boekerij, kabinet van penningen en oudheden of archief. De laksheid waarmee in dorpen over de provincie verspreid omgegaan werd met oorkonden en charters als

> 'uitgediend perkament en half versleten en onleesbaar scheurpapier',[20]

baarde hem grote zorgen. Aangezien volgens Hermans een dergelijk instituut pas nuttig zou worden als mensen met belangstelling voor geschiedenis de *'er opgeborgen schatten'* zouden gaan onderzoeken, pleitte hij tenslotte voor de oprichting van een literair genootschap ter bestudering van taal, geschiedenis en oudheden van Noord-Brabant. De leden van dit genootschap zouden lieden moeten zijn die uitblonken in *'eruditie en historische kennis'*.

> 'Ik hoop op geldelijke steun van lieden die door hun levenswijze, functie en rijkdom luister kunnen bijzetten aan de instelling'.[21]

Na de zomervakantie van 1834 keerde Hermans terug naar Brabant. Het duurde echter nog tot oktober alvorens de definitieve beslissing over zijn rectorsbenoeming viel en hij zich metterwoon in 's-Hertogenbosch kon vestigen.
De plannen rond de Provinciale Bibliotheek en de *Letterkundige Geschiedenis* werden niet direct verwezenlijkt. Wat betreft de Provinciale Bibliotheek toonde Palier grote terughoudendheid, omdat Hermans deze boekerij in een te vormen literair genootschap wilde opnemen. Dit zou inhouden dat Palier de zeggenschap over zijn dierbare collectie zou kwijtraken. Ook met betrekking tot de letterkundige geschiedenis had Palier zijn eigen plannen. Liever wilde hij een provinciaal woordenboek samenstellen. Van dit nieuwe idee liet hij echter Hermans onkundig. Steeds als Hermans aandrong op een eerste drukproef van de *Letterkundige geschiedenis* treuzelde Palier met het argument dat er eerst nog meer materiaal verzameld diende te worden. In maart 1836 tenslotte besloot Hermans de plannen niet langer voor zich te houden en richtte hij zich

[20] Genoemd *scheurpapier* was oud papier en werd vaak als toiletpapier gebruikt.
[21] C.R. HERMANS, *a.w.*, 84.

hiermee tot de gouverneur. Wegens het grote gewicht dat hij aan de onderneming hechtte en wetend dat van Palier geen concrete stappen te verwachten waren, heeft hij uiteindelijk zelf het initiatief genomen. Van den Bogaerde van Ter Brugge bleek direct enthousiast en drong aan op onmiddellijke tenuitvoerbrenging van het plan. Zo spoedig mogelijk wenste hij reglementaire statuten voor een Provinciaal Genootschap van Kunsten en Wetenschappen te zien opgesteld, die dan aan Gedeputeerde Staten ter goedkeuring konden worden voorgelegd. Deze krachtige stimulans van bovenaf bleek voldoende om de ontwikkelingen in een stroomversnelling te doen geraken.[22]

Op zaterdag 26 maart 1836 was er een bijeenkomst bij Hermans thuis, waar het voorlopig bestuur van het genootschap werd samengesteld. Dit zag er als volgt uit: *voorzitter* A.J.L. van den Bogaerde van Ter Brugge, *secretarissen* J.D.W. Pape en J. Menu, *penningmeester* H. Palier, *bibliothecaris* C.R. Hermans. De heren H.B. Martini van Geffen, verificateur der belastingen, woonachtig op het landgoed Piacenza te Vught, en C.W. Pape completeerden dit gezelschap, zonder dat zij een speciale bestuursfunctie hadden aangenomen. C.W. Pape was dominee te Heusden en een goede vriend van Palier. J.D.W. Pape, Justus, was zijn zoon en had zich juist als advocaat te 's-Hertogenbosch gevestigd.[23]

Nadat Gedeputeerde Staten het reglement hadden goedgekeurd, — bij die gelegenheid werd bovendien een subsidie van fl. 1000,= toegezegd —, en nadat door middel van een rondzendbrief leden waren geworven (231 personen, voor het merendeel afkomstig uit de maatschappelijke elite, meldden zich in eerste instantie aan als lid), kon overgegaan worden tot de plechtige oprichting van het Provinciaal Genootschap van Kunsten en Wetenschappen in Noord-Brabant. Op 8 maart 1837 opende de gouverneur als eerste voorzitter de oprichtingsvergadering in het Casino te 's-Hertogenbosch '*met eene toepasselijke redevoering*'.

Na het scheiden van de vergadering trad een stilte in rond het genootschap. Nagenoeg de enige die ook na enkele jaren daadwerkelijk actief bleef, was Hermans. Hij zette zich aan de taak het verleden van Noord-Brabant te ontsluiten en deed dit met een niet aflatende werklust. Na verloop van tijd was het

[22] KHS B8, H.B. Martini van Geffen aan C.R. Hermans en H. Palier, 23 maart 1836.

[23] KHS B8, H. Palier aan J.D.W. Pape (klad), 25 maart 1836; KHS A2, C.R. Hermans aan H. Palier (kopie), 22 april 1838; KHS B8, J.D.W. Pape aan H. Palier, 26 maart 1836. Voor Pape: A. VROON, *Carel Willem Pape (1788-1872). Een Brabants Predikant en Kerkbestuurder*, reeks *Bijdragen tot de Geschiedenis van het Zuiden van Nederland* nr. 91, Tilburg 1992. Pape beweerde al sinds 1818 met plannen rond te lopen om een genootschap op te richten (*a.w.*, 64). Hermans verweet Palier later Pape steeds te noemen als initiator van het Provinciaal Genootschap, terwijl hijzelf ervan overtuigd was de eigenlijke initiatiefnemer te zijn geweest. '*Waartoe dient het toch mij die geringe verdiensten te misgunnen, die mij waarlijk toekomen. Het nageslacht hoop ik zal regtvaardiger zijn...*' (KHS A2, C.R. Hermans aan H. Palier, 9 mei 1838).

Provinciaal Genootschap zijn spreekbuis geworden, een medium waardoor hij zijn resultaten aan de buitenwereld kenbaar kon maken. De bibliotheek van het Genootschap werd in 1840 volwaardig toen Palier uiteindelijk zijn boekerij afstond. Palier kampte met een zwakke gezondheid en had zich uit zijn werkzaamheden moeten terugtrekken:

> 'door een in 1839 mij terug aangetaste ziekte uit verstoppingen ontstaan en door een kamerleven het aanhoudend onafgebroken onderzoek van al hetgeen N-Brab. betrof veroorzaakt ik mij in 1840 met er woon naar hier in een boomrijk en daardoor gezond oord (lees: Oisterwijk), heb begeven; gedwongen af te zien van dat onderzoek en daaraan verbonden werkzaamheden welke mijne gezondheid verwoest hadden, doch door een zorgloos en vrij leven geheel hersteld heb ik in 1840 mijne Prov. Bibl. met alle deszelfs verzamelingen van platen, portr. zeldzaamh., penningen en munten aan het prov. gen. van K & W afgestaan...'[24]

De bibliotheek was op de eerste verdieping van de Latijnse school aan de Papenhulst gehuisvest, grenzend aan het woonhuis van de rector. In 1856 werd een nieuwbouw betrokken waar wederom de school, nu Stedelijk Gymnasium geheten, en de genootschapsbibliotheek in ondergebracht werden. Via een binnendeur waren school en bibliotheek verbonden met het woonhuis van de rector. Hermans beschikte zodoende over een riante werksituatie, waarbij hij zijn schoolwerk kon combineren met zijn historisch onderzoek. Gedurende zijn leven — hij bleef tot aan zijn dood in 1869 rector — heeft hij een indrukwekkende reeks boeken en artikelen gepubliceerd, die alle Noord-Brabant tot onderwerp hadden, een prestatie die onze waardering verdient omdat hij op deelterreinen als de archeologie en de numismatiek baanbrekend werk heeft verricht.[25]
Als bibliothecaris van het genootschap kon Hermans regelmatig handschriften en boeken aanschaffen die hij nuttig achtte voor de verzameling. Het Provinciaal Genootschap van Kunsten en Wetenschappen in Noord-Brabant fungeerde ook deels als archief en museum. In het *Tienjarig verslag* (1847) staat het als volgt omschreven:

> 'Door de aanzienlijke bijdragen uit de provinciale kas, gevoegd bij de geregeld ingekomene contributien, vond het Bestuur zich in de aangename gelegenheid, eene reeds vrij uitgebreide boekerij daar te stellen, en daarbij een kabinet van munten en gedenkpenningen en eene verzameling van ethnographische zeldzaamheden, naturalien en oudheden te voegen'.[26]

[24] KHS B8, H. Palier (klad) aan stadsarchivaris te Antwerpen, F. Verachter, 7 april 1843.
[25] F.J.M. Van De Ven, Dr. C. R. Hermans, in: *Brabantia*, vol. 7, 1958, 185. Dit artikel bevat ook een lijst met de gedrukte werken van C.R. Hermans (p. 230-232).
[26] Tienjarig Verslag wegens den Staat van het Provinciaal Genootschap van Kunsten en Wetenschappen in Noord-Braband, namens het Bestuur des Genootschaps gedaan aan de Edel Groot Achtbare Heeren Staten der Provincie Noord-Braband, in: *Handelingen van het Provinciaal Genootschap van Kunsten en Wetenschappen in Noord-Braband*, jrg. 1847, 43.

In 1865 werden de bibliotheeklokalen bestemd om onderdak te bieden aan de toen juist ingestelde Rijks-HBS. Tot grote ergernis van Hermans moest de bibliotheek ontruimd worden. Nadat een tijdelijk onderdak was gevonden in de voormalige korenbeurs aan de Orthenstraat, werd de collectie in 1868 ondergebracht in twee nieuwgebouwde verdiepingen boven de Boterhal welke gelegen was aan de Pensmarkt.
In 1869 stierf Hermans:

> 'een langdurige en slepende ziekte ondermijnde en sloopte eindelijk zijn ligchaam, dat door een zoo onvermoeid werkzamen geest werd bewoond; een geest, die gloeide voor de wetenschap, en die in ijver en liefde voor ons gewest kan worden geëvenaard, maar niet licht zal worden overtroffen. Daarvan getuigen de menigvuldige schrifturen, die hij in zijn leven ons mededeelde, maar daarvan getuigen ook nog de werken, welke hij achterliet en die hij, tot op zijn laatste ademtocht voor Noord-Brabant levende, nog in zijn laatste uren ons vermaakte, en welke wij dankbaar hebben aanvaard, in de hoop, dat de daaraan verbonden voorwaarden ook uwe goedkeuring zullen wegdragen, gelijk wij ons daarvan overtuigd houden, wanneer gij met den letterkundigen rijkdom van dat legaat kennis hebt gemaakt'.[27]

Hermans' overlijden betekende, afgezien van het legaat, een gevoelig verlies voor het genootschap en voor de bibliotheek. De orde van de collectie was reeds danig verstoord geraakt door de twee verhuizingen in korte tijd, de langdurige ziekte van Hermans had de wanorde alleen nog maar verergerd. Bovendien bleken de lokalen boven de Boterhal allerminst van deugdelijke kwaliteit te zijn. De zwakke bouwkundige constructie van deze bovenverdiepingen had zelfs zijn weerslag op de collectievorming van het genootschap. In de jaren na 1880 vreesde men dat de zoldering het onder het gewicht van de collectie zou begeven. Besloten werd de doubletten te verkopen, de museumcollectie sterk uit te dunnen en de aankopen tot een minimum te beperken. In een nieuw reglement, dat van 1885, werd bepaald dat nog slechts aanwinsten met betrekking tot Noord-Brabant opgenomen zouden worden in de collectie. Pas in 1922 diende zich een oplossing voor de huisvestingsproblemen aan. In dat jaar kreeg het genootschap een omvangrijk legaat van C.P.D. Pape, zoon van genoemde Justus Pape en voormalig bestuurder en secretaris van het genootschap. Met dit geld werd de voormalige St. Jacobskerk, die sinds 1752 dienst had gedaan als arsenaal van de St. Jacobskazerne, betrokken. Dit gebouw, 'het Arsenaal', was vanaf de verbouwing van 1924 tot 1948 het ruime onderkomen van het genootschap en van de bibliotheek.[28] Tussen 1975 en 1984 was de

[27] Voorzitter Mr. J. Versfelt bij de opening van de jaarlijkse algemene ledenvergadering, in: *Handelingen van het Provinciaal Genootschap*, 1870, 2.
[28] F.J.M. Van De Ven, 125 jaar Provinciaal Genootschap van Kunsten en Wetenschappen in Noord-Brabant 1837-1962, in: *Varia Historica Brabantica*, vol. 1, 1962, 36.

bibliotheek ondergebracht in het gebouw van de Bossche Openbare Bibliotheek. Tot aan de overname door de provincie Noord-Brabant in december 1985 was de bibliotheekcollectie nogmaals gevestigd op haar oude plaats in het gebouw van het Stedelijk Gymnasium.

DE MIDDELEEUWSE HANDSCHRIFTEN EN FRAGMENTEN IN DE COLLECTIE

Het laatmiddeleeuwse handschriftenbezit dat eertijds aan het Provinciaal Genootschap van Kunsten en Wetenschappen in Noord-Brabant behoorde, telde vóór de overname van deze bibliotheekcollectie door de provincie Noord-Brabant in december 1985, oorspronkelijk 24 nummers. In de voormalige genootschapsbibliotheek bevond zich ook een groot aantal oorkonden waarvan het merendeel dateert uit de Middeleeuwen. Deze oorkonden werden in de jaren 1950, 1954 en 1956 overgedragen aan het Rijksarchief in Noord-Brabant te 's-Hertogenbosch en beslaan de periode 1303-1845.[29] Een aantal handschriftfragmenten bevond zich, verspreid in mappen en portefeuilles en in oude drukken, op onbekende plaatsen in de collectie. Een kroniek van het hertogdom Brabant van de Bosschenaar Petrus van Os was sinds 1950 als bruikleen van het Rijksarchief in Noord-Brabant ('s-Hertogenbosch) ook in de boekerij opgenomen. De handschriftencollectie is in 1986 in beheer gegeven aan de Bibliotheek van de Katholieke Universiteit Brabant te Tilburg (Brabant-Collectie).[30] Recentelijk werd de verzameling middeleeuwse codices verder uitgebreid met twee handschriftjes. In mei 1991 werd in de magazijnen van de oude Bibliotheek van de Katholieke Universiteit Brabant bij toeval een geestelijke pelgrimage gevonden uit c. 1500 (KHS 1). En in december van datzelfde jaar werd door de laatstgenoemde Bibliotheek een zestiende-eeuws verzamelhandschriftje met de Regel van Augustinus en de onvoltooide tekst van het *Speculum Monasticum* van Arnulphus de Boeriis aangekocht.[31] Vervolgens werden door mij tijdens mijn onderzoekswerkzaamheden tussen 1990 en 1992 nog achttien fragmenten ontdekt die als bindmateriaal dienst doen in jongere manuscripten en gedrukte werken in de huidige collectie. Tenslotte werden door mij nog twaalf losse handschriftfragmenten toegevoegd aan de collectie. In het tweede deel van Losgenomen fragmenten wordt voorts in een voetnoot melding gemaakt van een pas enkele jaren geleden ontdekt veertiende-eeuws fragment van Jacob van Maerlant's

[29] De correspondentie en procesverbalen met betrekking tot de overdracht blijken zowel in het Bossche Rijksarchief als in de Bibliotheek van de Katholieke Universiteit Brabant nog maar ten dele behouden te zijn. Recente hersignaturering van de oorkonden in het Rijksarchief levert een aantal op van 1772 inventarisnummers (vriendelijke mededeling van Dr. J.G.M. Sanders, RANB). Als hoofdobject voor de ruil gold onder meer genoemde kroniek van Petrus van Os (KHS [2]). Zie ook noot 43.

[30] Besluit van Provinciale Staten van Noord-Brabant d.d. 18 april 1986.

[31] AUCTIE-Van Stockum, 4-6 december 1991, nr. 1312.

Rijmbijbel.[32] Daar het hier een bruikleen betreft van het Provinciaal Genootschap van Kunsten en Wetenschappen in Noord-Brabant aan het Rijksarchief in Noord-Brabant te 's-Hertogenbosch, en het fragmentje dus formeel nog deel uitmaakt van de voormalige genootschapscollectie, is de vermelding ervan hier gerechtvaardigd.

INHOUD. — De inhoud van de beschreven handschriften is overwegend religieus van aard te noemen. Slechts drie boeken zijn als strikt-liturgisch te bestempelen. Het eerste liturgische handschrift (KHS 7) behelst een Latijns *diurnale* (winter- en zomerdeel) en bevat alleen de volgens de kanonieke daggetijden geordende gebedsformulieren (zonder metten en lauden). Het werd, blijkens de colofon, op 7 november 1479 voltooid door zuster Dieuwer Pelgrims in een Noordhollands regularissenklooster, wellicht het Nazarethklooster te Beverwijk.[33] Het tweede handschrift (KHS 24) is een Latijns *obsequiale* van het kruisherenklooster St. Agatha te Cuijk waarin, behoudens een liber obitus voor de periode 1435-1723, de in het klooster voorgeschreven zieken- en dodenliturgie is opgenomen. Een derde liturgisch handschrift (KHS 22) betreft een vijftiendeeeuws Latijns *diurnale* (winterdeel) van hetzelfde klooster.
De kroniek van Petrus van Os wijkt inhoudelijk volledig af van de rest van het handschriftenbezit. Het merendeel van de handschriften in de collectie betreft voornamelijk Middelnederlandse devotieboeken uit de sfeer van het klooster of uit de particuliere en privésfeer. De volgende teksttypen zijn vertegenwoordigd: een geestelijke pelgrimage naar het Heilige Land (KHS 1); heiligenlevens van Catharina van Alexandrië (KHS 3), van Birgitta en Catharina van Zweden, alsmede Elisabeth van Thüringen (KHS 26); twaalf meditatie- en gebedenboeken (KHS 4, KHS 8, KHS 11, KHS 13, KHS 14, KHS 15, KHS 16, KHS 17, KHS 18, KHS 19, KHS 20, KHS 21); een birgittinessenbrevier (KHS 5); een *obituarium* (KHS 6); twee gecombineerde getijden- en gebedenboeken (KHS 10, KHS 12) en een genealogie van Jezus (KHS 25).
Daarnaast bevat de verzameling twee handschriftjes met enkele Latijnse traktaten. Zo bevat KHS 23 twee teksten die worden toegeschreven aan respektievelijk Bonaventura en Thomas Aquinas. KHS 27 is een verzamelhandschriftje en bevat de Regel van Augustinus en een onvoltooid traktaatje van Arnulphus de Boeriis, hier overigens toegeschreven aan Bernardus Claraevallensis.

32 's-Hertogenbosch, RANB, Archieven van de raad en rentmeestergeneraal, inv.nr. 289a.
33 Voor een overzicht van liturgische nomenclatuur wordt de lezer hier verwezen naar: V. FIALA en W. IRTENKAUF, Versuch einer liturgischen Nomenklatur, in: *Zeitschrift für Bibliothekswesen und Bibliografie*, Sonderheft nr. 1: *Zur Katalogisierung mittelalterlicher und neuerer Handschriften*, Frankfurt am Main, 1963, 105-137.

Zeven codices zijn voorzien van een kalender. Vier handschriften (KHS 4, KHS 6, KHS 7, KHS 13) hebben een kalender van het bisdom Utrecht; twee daarvan zijn uitgebreid met locaal Hollands eigen (KHS 7, KHS 13). Verder bezitten twee handschriften een Luikse kalender (KHS 6, KHS 16), terwijl in één manuscript een kalender van het bisdom Keulen is opgenomen. Drie handschriften bevatten zgn. computistica (KHS 7, KHS 12 en KHS 16).

DATERING/LOCALISERING. — Wat betreft de datering en localisering van de handschriften kan in de meeste gevallen periode en plaats van ontstaan worden vastgesteld. Alle handschriften zijn tot stand gekomen in de periode tussen het tweede kwart van de vijftiende eeuw en het einde van de zestiende eeuw. Het oudste handschrift (KHS 12) dateert van c. 1434, het jongste handschrift werd voltooid op 3 maart 1600 (KHS 25). Elf handschriften zijn met grote zekerheid afkomstig uit Brabant, uit 's-Hertogenbosch of uit de directe omgeving daarvan. Vier codices zijn vervaardigd in kloosters in de stad zelf: tertiarissenklooster Mariënburg (KHS 6), tertiarissenklooster Bloemenkamp (KHS 9, KHS 14) en het kruisherenklooster (KHS 25). Ook de kroniek van Petrus van Os (KHS 2) is, na 1523, in 's-Hertogenbosch tot stand gekomen. Een handschrift met de heiligenlevens van Birgitta en Catharina van Zweden, alsmede Elisabeth van Thüringen (KHS 26), en mogelijk ook een birgittinessenbrevier (KHS 5) zijn voltooid in het birgittinessenklooster te Mariënwater. Het heiligenleven van Catharina van Alexandrië (KHS 3) werd waarschijnlijk afgeschreven in het tertiarissenklooster St. Catharinaberg te Oisterwijk. Blijkens een colofon van de kopiist in handschrift KHS 19 werd dit gebedenboek door een kartuizer in het Vughtse Sophiaklooster vervaardigd. Een *diurnale* (KHS 22) en een *obsequiale* (KHS 24) zijn voltooid in het kruisherenklooster St. Agatha te Cuijk. Drie handschriften dienen, op grond van bandkarakteristieken (Broeders van het Gemene Leven, Gregoriushuis), te worden gelocaliseerd in 's-Hertogenbosch (KHS 8, KHS 16 en KHS 21). Ze zijn in ieder geval daar gebonden, maar kunnen elders geschreven zijn. Dertien handschriften werden elders geproduceerd. Handschrift KHS 17 kan alleen globaal als Zuidnederlands worden aangemerkt. Vier codices zijn van Oostnederlandse oorsprong. De handschriften KHS 10 en KHS 11 kunnen respektievelijk worden toegeschreven aan het Arnhemse Bethaniëklooster (op basis van de verluchting) en het St. Agathaklooster te Zwolle (op grond van formuleringen in de tekst). KHS 1 en KHS 20 zijn, vanwege taalkenmerken, Oostnederlands te noemen. Het hierboven reeds vermelde *diurnale* KHS 7 werd door zuster Dieuwer Pelgrims vervaardigd in een regularissenklooster, wellicht te Beverwijk. De verluchting (mengvorm Delftse schulpgroep met Zuidhollands radijsjespenwerk) van het fraai uitgevoerde getijden- en gebedenboek KHS 12 wijst wellicht op een Zuidhollandse oorsprong. Ook handschrift KHS 13 is in het Zuidhollandse ontstaan (reguliere kanunniken van Augustinus). Op grond van enkele verluchtingselementen (auberginepenwerk) kan pars I van het convoluut KHS 18 als Hollands worden bestempeld. Pars II daarentegen lijkt mij voorlopig te moeten worden gelocaliseerd in de Zuidelijke Nederlanden. Het onvoltooide verzamelhandschriftje KHS 27 werd afgeschreven in het regulierenklooster te Gaesdonck. Drie handschriften tenslotte blijven vooralsnog ongelocaliseerd (KHS 4, KHS 15, KHS 23).

FRAGMENTEN IN BOEKBANDEN. — De door mij opgespoorde fragmenten in boekbanden, i.e. tekstresten in andere handschriften en gedrukte werken, lopen qua inhoud en periode fors uiteen. Onder deze fragmenten bevinden zich een aantal Middelnederlandse fragmentjes, waaronder de overblijfselen van twee laat zestiende-eeuwse oorkonden en één vijftiende-eeuwse rekening. De overige Middelnederlandse membra disiecta dateren uit de vijftiende eeuw en zijn waarschijnlijk afkomstig uit meditatie- en gebedenboeken. De andere fragmenten in boekbanden stammen uit de periode van de dertiende tot en met de vijftiende eeuw en zijn grotendeels liturgisch of semi-liturgisch wat hun inhoud betreft.[34] Het handelt hierbij voornamelijk om tekstrestanten van *missalia*, *breviaria*, *antifonaria* en *gradualia*. Twee niet-liturgische fragmenten uit de veertiende eeuw zijn voorlopig geïdentificeerd als Romeins- en kanoniekrechtelijk. Het behoeft verder geen betoog dat de conditie waarin de fragmenten zich bevinden onderling sterk verschilt. Deze lijst van achttien fragmenten draagt slechts een voorlopig karakter. De jongere handschriften en gedrukte werken in de bibliotheekcollectie zijn door mij gecontroleerd op de aanwezigheid van handschriftfragmenten. Maar ik sluit geenszins uit dat nieuw onderzoek nog nieuwe fragmenten aan het licht zal brengen.

LOSSE HANDSCHRIFTFRAGMENTEN. — Alle losse handschriftfragmenten, twaalf in getal, zijn door mij tijdens catalogiseringswerkzaamheden gevonden en toegevoegd aan de collectie. Als belangrijkste bijdrage noem ik hier de herontdekking van de zgn. *Megense fragmenten*, i.c. drie vroeg veertiende-eeuwse fragmenten van Jacob van Maerlant's *Spiegel historiael* (fragmenten 1a-b, 2a-b, 3a-d) en een onbekend vroeg veertiende-eeuws fragment van Jan van Boendale's *Der Leken Spieghel* (fragment 4a-d). De fragmenten van de *Spiegel historiael*, in 1858 door A.F. Nieuwenhuizen O.F.M. aangetroffen in enkele boekbanden in het minderbroedersklooster te Megen, zijn tot aan het moment van herontdekking 130 jaar spoorloos geweest en werden reeds als verloren

[34] Voor het onderscheid direct-liturgische en indirect-liturgische handschriften wordt verwezen naar de inleiding op: P.C. BOEREN, *Catalogus van de liturgische Handschriften van de Koninklijke Bibliotheek*, m.m.v. A.S. Korteweg en G. Piket, 's-Gravenhage 1988, ix-xiv.

beschouwd. Het puissante fragment van *Der Leken Spieghel* werd eveneens in 1858 door Nieuwenhuizen in een Megense boekband gevonden, maar is in wetenschappelijke kring nooit bekend geraakt. Dat deze Megense fragmenten reeds in 1858 aanwezig waren in de Bibliotheek van het Provinciaal Genootschap van Kunsten en Wetenschappen in Noord-Brabant — Nieuwenhuizen heeft deze stukken met de bibliothecaris C.R. Hermans geruild tegen ander materiaal! — en ruim 130 jaar onopgemerkt konden blijven, vind ik uiterst merkwaardig.[35] Eveneens van aanzienlijk wetenschappelijk belang is de vondst van een fragment van een twaalfde-eeuws Latijns *missale* (fragment 9a-b) en een op perkament gedrukt Donatus-fragment (fragment 11) uit de jaren tachtig/negentig van de vijftiende eeuw. Vier andere fragmenten betreffen de restanten van drie vijftiende-eeuwse *missalia* (fragment 5-7) en één *breviarium* (fragment 8a-b). Twee overige fragmenten zijn afkomstig uit een veertiende-eeuws bijbelcommentaar (fragment 10) en een gedrukte Latijnse bijbel van 14 april 1478 (fragment 12).

COLLECTIONERING. — Omtrent de collectionering van de laatmiddeleeuwse handschriften door het Provinciaal Genootschap van Kunsten en Wetenschappen in Noord-Brabant kan nog het volgende worden gemeld. Van de 27 laatmiddeleeuwse handschriften zijn er maar liefst dertien afkomstig uit het boekenbezit van de collectioneur en numismaticus Gerrit van Orden (1774-1854).[36] Van Orden was tijdens zijn leven lid van verschillende Nederlandse genootschappen en had daaraan bij gelegenheid steeds handschriften, gedrukte boeken en andere voorwerpen geschonken. In 1855 werden door C.R. Hermans in zijn *Vlugtig Overzicht der Verzamelingen* dertien handschriften uit het privébezit van Van Orden als geschenk aan het Provinciaal Genootschap van Kunsten en Wetenschappen in Noord-Brabant genoemd.[37] De handschriften KHS 25 en KHS 24, een genealogie van Jezus en het Cuijkse *obsequiale*, werden door A.F.O. van Sasse van Ysselt respektievelijk tussen de jaren 1908-09 en in 1925 aan het genootschap geschonken. KHS 3 moet reeds voor 1876 in de boekerij aanwezig zijn geweest. Handschrift KHS 19 werd in 1925 door het genootschap verworven.

[35] Binnenkort zal van mijn hand een artikel over deze Megense fragmenten verschijnen.
[36] Het betreft hier de volgende handschriften: KHS 7 t/m KHS 16, KHS 20 t/m 22.
[37] C.R. HERMANS, Vlugtig Overzicht der Verzamelingen van het Provinciaal Genootschap van Kunsten en Wetenschappen in Noordbrabant, in: *Handelingen van het Provinciaal Genootschap van Kunsten en Wetenschappen in Noord-Brabant*, jrg. 1855, 25-54 (vgl. p. 33). Men vergelijke ook de portefeuille KHS D122. Voor wat Gerrit van Orden en zijn relatie met het Bossche genootschap betreft, verwijs ik hier naar de inleiding op de volgende tentoonstellingscatalogus: C. BAARDA en J.M.M. HERMANS, *Brabantse Handschriften. Gerrit van Orden (1774-1854) en zijn Schenking van Handschriften aan het Provinciaal Genootschap van Noord-Brabant*, Tilburg 1992, m.n. 13-17, 18-20 (overzicht schenkingen).

Voor wat deze laatste twee boeken betreft, is verder geen informatie voorhanden. De kroniek van Petrus van Os (KHS 2) belandde in 1950 door een bruikleenoverkomst met het Rijksarchief in Noord-Brabant in de boekerij van het genootschap. In 1973 werden op advies van pater Gerlach en J. Deschamps twee Mariënwaterhandschriften (KHS 5 en KHS 26) voor een totaalbedrag van fl. 5000,= aangekocht uit het bezit van A.H.M. Geurts, pastoor te Afferden. KHS 1 werd in 1991 gevonden in de magazijnen van de oude Bibliotheek van de Katholieke Universiteit Brabant, terwijl KHS 27 in datzelfde jaar door aankoop in de gedeponeerde handschriftencollectie werd opgenomen. Van de handschriften KHS 6, KHS 17 en KHS 23 is de herkomst feitelijk niet meer te herleiden. Wel staat vast dat deze manuscripten in 1900 en 1915 voorkomen op de inventarislijsten van A.F.O. van Sasse van Ysselt.[38] Handschrift KHS 18 moet in ieder geval na 1915 door het genootschap zijn verworven; het manuscript komt voor in een in 1959 bijgewerkt supplement op de inventarislijst van 1915.[39] Van handschrift KHS 4 is alleen bekend dat dit gebedenboek in 1983 is verworven door het Provinciaal Genootschap van Kunsten en Wetenschappen in Noord-Brabant.

INRICHTING VAN DE CATALOGUS

In dit eerste deel van de catalogus worden codicologische beschrijvingen gegeven van 27 laatmiddeleeuwse handschriften (CODICES MEDII AEVI). Daarnaast worden 30 fragmenten van handschriften beschreven die als *maculatuur* zijn verwerkt in andere manuscripten en in oude drukken (FRAGMENTEN IN BOEKBANDEN) of die tot voor kort in de Bibliotheek van de Katholieke Universiteit Brabant letterlijk doelloos 'rondzwierven' (LOSGENOMEN FRAGMENTEN).
Het beschrijvingsmodel waarvoor ik gekozen heb, is voor een groot deel gebaseerd op het schema dat gebruikt is in mijn catalogus van de handschriften en fragmenten van de Theologische Faculteit te Tilburg.[40] Nieuwe ontwikkelingen en publikaties in de handschriftenkunde maakten het noodzakelijk het beschrijvingsschema en de gebruikte terminologie hier en daar bij te stellen en

38 A.F.O. VAN SASSE VAN YSSELT, *Nieuwe Catalogus der Oorkonden en Handschriften berustende in de Boekerij van het Provinciaal Genootschap van Kunsten en Wetenschappen in Noord-Brabant*, 's-Hertogenbosch 1900 (KHS 17: nr. 645; KHS 23: nr. 650); A.F.O. VAN SASSE VAN YSSELT, *Nieuwe Catalogus der Oorkonden en Handschriften berustende in de Boekerij van het Provinciaal Genootschap van Kunsten en Wetenschappen in Noord-Brabant*. Eerste Supplement, 's-Hertogenbosch 1915 (KHS 6: nr. 338c).
39 E. KORVEZEE, *Supplement II*, 1959 (typoscript; Tilburg, KUB, Bibliotheek, z.s.).
40 J.M.M. VAN DE VEN, *Handschriften en Handschriftfragmenten in het Bezit van de Theologische Faculteit Tilburg*, reeks TFT-*Studies* nr. 14, Tilburg 1990.

aan te passen.[41] Voor de tweede keer behandel ik fragmenten van handschrift (en druk) doelbewust als zelfstandige boekhistorische voorwerpen. Ze zijn immers niet alleen te beschouwen als fragmentarisch overgeleverde middeleeuwse boeken, maar leidden als membrum disiectum ook een geheel eigen boekhistorisch leven.[42]

Een handschriftbeschrijving in de catalogus valt globaal steeds in vijf onderdelen uiteen: signalement, beschrijving en opgave van de inhoud, materiële aspecten van de codex, geschiedenis en literatuuropgave. Wanneer het handschrift een convoluut is, worden alle delen van het convoluut materieel afzonderlijk behandeld. De handschriftfragmenten worden apart en veelal kort besproken (zie boven); op deze wijze worden alle bovengenoemde aspecten, behalve de literatuur en in een enkel geval ook de geschiedenis, in één ongesegmenteerd beschrijvingsgeheel gepresenteerd.

TITEL. — Ieder handschrift wordt in een samenvattende titel kort qua inhoud gekarakteriseerd. De daarnaast geplaatste signatuur (KHS, gevolgd door een nummer[43]) is het huidige plaatsnummer van het beschreven handschrift. In één geval staat het nummer van het manuscript tussen vierkante haken [ ], hetgeen betekent dat het gaat om een bruikleen (i.c. KHS [2], Rijksarchief in Noord-Brabant te 's-Hertogenbosch). Alle middeleeuwse handschriften in de collectie zijn door mij recentelijk voorzien van een nieuwe signatuur (KHS 1-KHS 27). Voordat de catalogisering een aanvang nam, waren vrijwel alle handschriften nog uitgerust met de oude, thans onbruikbare nummers zoals die voorkomen op de inventarislijsten van 1875, 1900 en 1915, alsmede in het in 1959 bijgewerkte supplement op de lijst van 1915.[44] Bij de inrichting van de catalogus is nog wel enigszins rekening gehouden met de oude nummering. Zo is bijvoor-

41 Ik noem hier met name de tentoonstelling *Kriezels, Aubergines en Takkenbossen. Randversiering in Noordnederlandse Handschriften uit de Vijftiende Eeuw* in het Rijksmuseum Meermanno-Westreenianum/Museum van het Boek (30 oktober 1992-2 januari 1993) en de in 1992 gepubliceerde richtlijnen van het Belgisch-Nederlands Boekbandengenootschap voor het beschrijven van oude boekbanden. Zie hiervoor noot 49.

42 Illustratief hiervoor is de geschiedenis van de zgn. Megense fragmenten 1-4 (Losgenomen Fragmenten [cat. I,46-I,49]).

43 KHS: Kluis Handschriften.

44 Resp. P.J. VAN DER DOES DE BIJE, *Analytische Catalogus der Oorkonden met Opgave der Handschriften berustende in de Boekerij van het Provinciaal Genootschap van Kunsten en Wetenschappen in Noord-Brabant*, 's-Hertogenbosch 1875; A.F.O. VAN SASSE VAN YSSELT, *Nieuwe Catalogus der Oorkonden en Handschriften berustende in de Boekerij van het Provinciaal Genootschap van Kunsten en Wetenschappen in Noord-Brabant*, 's-Hertogenbosch 1900; en A.F.O. VAN SASSE VAN YSSELT, *Nieuwe Catalogus der Oorkonden en Handschriften, berustende in de Boekerij van het Provinciaal Genootschap van Kunsten en Wetenschappen in Noord-Brabant*, Eerste Supplement, 's-Hertogenbosch 1915; E. KORVEZEE, *Supplement II*, 1959 (typoscript; Tilburg, KUB, Bibliotheek, z.s.).

beeld handschrift KHS 9, oud nummer: 637, niet beschreven vóór KHS 8, oud nummer: 636. Wanneer er aanwijsbaar sprake is van een oud plaatsingsnummer wordt het laatst bekende nummer onder de huidige signatuur meegegeven (bijvoorbeeld: Olim: 338c). In de CONCORDANTIE zijn de nummers in de catalogus en de huidige signaturen parallel geplaatst met de oude nummers van 1875, 1900 en 1915 en het bijgewerkte supplement van 1959. Wat de membra disiecta betreft, wordt met een signatuur aangegeven in welke boekband in de Tilburgse bibliotheekcollectie zich een fragment bevindt (FRAGMENTEN IN BOEKBANDEN). Ook deze nummers zijn in de CONCORDANTIE terug te vinden. De losgenomen fragmenten zijn aangemerkt als fragment (bijvoorbeeld: fragment 1a-b).

SIGNALEMENT. — Het signalement, voorafgaand aan de inhoud, bevat het volgende: nadere typering (bijvoorbeeld autograaf, verzamelhandschrift en dergelijke), convoluut (met het aantal delen), schrijfmateriaal, bladformule, afmetingen, mise-en-page (aantal regels en kolommen), taalaanduiding, kopiist(e), plaats van ontstaan en/of provenance, en (globale) datering. Onder bladformule wordt verstaan: oude en/of moderne schutbladen voorin + aantal bladen + oude en/of nieuwe schutbladen achter het boekblok. Nieuw toegevoegde schutbladen worden aangegeven met ronde haken ( ). Dekbladen zijn alleen dan meegeteld in de bladformule daar waar het zgn. 'vliegende' bladen betreft. Behalve dat een handschrift (bijvoorbeeld in de colofon) zelf gegevens kan bevatten over plaats van ontstaan, provenance en datering, kunnen uitspraken hierover ook worden gedaan op grond van gegevens in de kalender, schriftkenmerken, decoratie-elementen, eigendomsmerken, boekband en dergelijke. Meteen na het signalement wordt vermeld welke (kleuren)afbeelding betrekking heeft op het beschreven handschrift. Alleen van de membra disiecta in boekbanden zijn geen afbeeldingen in de catalogus opgenomen. Ten overvloede zij hier nog opgemerkt dat de afgebeelde handschriftpassages een selectie zijn van de auteur.

INHOUD. — Na het signalement wordt, zo uitgebreid mogelijk, een beschrijving gegeven en opgave gedaan van de inhoud van het handschrift. De inhoudsbeschrijving bevat in ieder geval de volgende zaken: korte of langere aanduiding van de inhoud, zo mogelijk auteur en/of titel of toe- en omschrijving, commentaar, rubriek, incipit, explicit, parallelhandschrift(en) en beschikbare tekstuitgave(n). Afzonderlijke (gebeds)teksten zonder geïdentificeerde auteur(s) worden als voren beschreven. Foliumnummer(s) en/of paginanummer(s) worden alleen opgegeven voor een rubriek, incipit of explicit wanneer verwarring kan optreden. Kalenders worden, waar mogelijk, gelocaliseerd naar het betreffende bisdom. De vermelding in een Utrechtse kalender van bijvoorbeeld de heilige Jeroen van Noordwijk (17 augustus) biedt aanknopingspunten tot het verder localiseren van de kalender in het handschrift.

BOEKBLOK. — In het boekblok wordt verslag gedaan van diverse structuurelementen: schrijfmateriaal (perkament en/of papier) en daaraan opgelopen schade dan wel restauratie, foliëring(en) en/of paginering(en) en eventueel aanvullingen, eigenaardigheden aan dek- en/of schutbladen, katernformule (methode Ker[45]), liniëring, prikgaatjes, custoden en reclamanten. Watermerken zijn, voorzover mogelijk, geïdentificeerd met behulp van het bekende repertorium van Briquet.[46] In één geval (hs. KHS 17 [cat. I,17]) is sprake van het zeldzaam voorkomende fenomeen 'imposed manuscript', een handschrift waarin de tekst door de kopiist kop-aan-kop is geschreven op grote planovellen die pas nadien op formaat gevouwen en gesneden werden. Uiteraard wordt deze uitzondering uitgebreid en afzonderlijk (na het boekblok) beschreven.

SCHRIFT/VERLUCHTING. — Schrift en verluchting worden tezamen besproken. Onder schrift worden het volgende behandeld: schriftsoort(en), aantal handen, correctie(s), interpunctie en rubricatie. Wanneer een handschrift voorzien is van een standaardrubricatie bestaat die veelal uit de volgende basiselementen: rode of rode en zwarte opschriften, paragraaftekens in rood of afwisselend rood en blauw, aan- en onderstrepingen met rood of afwisselend rood en blauw, en éénregelige hoofdletters, voornamelijk aangebracht met zwart, rood, of afwisselend rood en blauw. Ook muzieknotatie behandel ik onder rubricatie. Verluchtingselementen met een hoger penwerkniveau worden daarna beschreven. Het gaat dan met name om initialen van het type lombarde (2-8 regels hoog), uitgevoerd in één kleur of, traditioneel, in afwisselend rood en blauw (littera simplex), of als littera duplex, veelal in de combinatie rood-blauw. De genoemde initiaaltypen kunnen op allerlei manieren verder zijn gedecoreerd door middel van uitsparingen, (geschilderde) initiaalvelden en (marginale) penwerkversieringen, in de diverse complementaire kleuren. Omvang en aard van de additionele penwerkdecoratie hangt evident af van de geledingsfunctie van de aangebrachte letters in de tekst. In de beschrijving worden steeds de plaatsen in het handschrift genoemd waar de initialen voorkomen. Het penwerk in de marges komt qua uiterlijke verschijningsvorm en stijl, voorzover mogelijk, uitvoerig aan bod. Voor wat betreft de in de catalogus gebruikte terminologie in de beschrijving van rubricatie, penwerkdecoratie en randversiering wordt de

[45] Cf. N.R. KER, *Catalogue of Manuscripts containing Anglo-Saxon*, Oxford 1957, xxii-xxiii.
[46] Ch.-M. BRIQUET, *Les Filigranes. Dictionnaire historique des Marques du Papier dès leur Apparition vers 1282 jusqu'en 1600*, 4 vol., Leipzig 1923 (reprint: Hildesheim-New York 1977).

lezer verwezen naar enkele recente publikaties.[47] Gehistorieerde initialen, geschilderde miniaturen en (opgeplakte) gedrukte devotieprentjes worden uitgebreid beschreven. Indien mogelijk wordt het zgn. 'Iconclass'-nummer bij de betreffende afbeelding meegegeven.[48] Als laatste element van schrift/verluchting wordt aangegeven of de tekst nog zichtbaar is uitgerust met representanten.

BAND. — Na schrift/verluchting volgt een beschrijving van de band.[49] Ten overvloede zij hier opgemerkt dat ook het aangeven van de fysieke uiterlijkheden van een (middeleeuwse) boekband berust op visuele waarneming. Derhalve kan men bijvoorbeeld steken, bindingen en rugbeleg soms alleen opmerken en beschrijven wanneer de rug openligt. De beschrijving van de boekbandconstructie bevat in ieder geval de volgende elementen: materiaal en bekleding van borden of omslagje en daaraan opgelopen schade of restauratie, afmetingen (hoogte x breedte x dikte, in mm), bewerking van platkernen, aanduiding van de versieringen van de bandbekleding (stempels en stempelpatronen), rug en rugbekleding, steken en/of bindingen, naaisels en naaiwijze, rugbeleg, sluitingen, inslag van het leer, beslag, rugtitel, leeshulpen en snede. Identieke stempels op handschriften in andere collecties worden voor zover bekend vermeld. In een enkel geval kon, op grond van bandkarakteristieken, ook een uitspraak worden gedaan over de herkomst van de boekband. Als de band werd gerestaureerd naar de oorspronkelijke boekband heb ik toch alle bandelementen beschreven.

MACULATUUR. — Alleen als sprake is van maculatuur in een besproken handschrift worden die tekstfragmenten ook daar beschreven.[50]

[47] Voor een overzicht van termen voor rubricatie en (marginale) penwerkdecoratie en de beschrijving van deze tekstgeledingselementen raadplege men vooral: M. HÜLSMANN, Codicologische Kanttekeningen rond een Gulden Legende van 1450. Het Decoratiesysteem in hs. 73 D 9, Koninklijke Bibliotheek, 's-Gravenhage, in: *Nederlands Kunsthistorisch Jaarboek*, vol. 35, 1986, 131-152; M. HÜLSMANN, Penwerk: een eigen Vorm van Boekdecoratie in vijftiende-eeuwse Noordnederlandse Handschriften, in: *Middeleeuwse Handschriftenkunde in de Nederlanden 1988. Verslag van de Groningse Codicologendagen 28-29 april 1988*, onder red. van J.M.M. Hermans, reeks *Nijmeegse Codicologische Cahiers* nr. 10-12, Grave 1989, 13-28. Voor randversiering en de daarin voorkomende stijlen kan men uitmuntend terecht in: *Kriezels, Aubergines en Takkenbossen. Randversiering in Noordnederlandse Handschriften uit de vijftiende Eeuw*, onder red. van Anne S. Korteweg. Catalogus van de tentoonstelling in het Rijksmuseum Meermanno-Westreenianum/Museum van het Boek 30 oktober 1992-2 januari 1993, Zutphen 1992.

[48] Vergelijk voor enkele opmerkingen over het 'Iconclass'-systeem: L.D. COUPRIE, Iconclass: an iconographic Classification System, in: *Art Libraries Journal*, vol. 8, 1983, 32-49.

[49] De technische beschrijving van boekbandconstructies is voor een groot deel gebaseerd op de richtlijnen die in 1992 zijn uitgevaardigd door het Belgisch-Nederlands Boekbandengenootschap: *Kneep en Binding: een Terminologie voor de Beschrijving van de Constructies van Oude Boekbanden*, 's-Gravenhage 1992.

[50] Dit betreft de handschriften KHS [2], KHS 3, KHS 5, KHS 19 en KHS 24.

GESCHIEDENIS. — In het onderdeel geschiedenis worden zoveel mogelijk gegevens aangedragen omtrent de historie van het handschrift door de tijd heen. Het gaat hierbij zeker niet alleen om encyclopedische wetenswaardigheden die buiten het handschrift om kunnen worden verzameld, maar eerst en vooral om de data die het manuscript bij diepere studie zelf aandraagt. Zo wordt bijvoorbeeld een (omgewerkt?) getijden- en gebedenboek op grond van de verluchting (KHS 10 [cat. I,10]) toegeschreven aan het Bethaniëklooster te Arnhem. Het beschrijvingsonderdeel geschiedenis bevat de volgende elementen: colofon, plaats en/of instelling van ontstaan, kopiist(e), einddatum, wijze van vervaardiging, bestemming, bezitters/gebruikers, eigendomsmerken, aantekeningen, wijze van verwerven en boekenveiling(en). Indien het handschrift door de (huidige) bezitter(s) is verworven op een veiling wordt dit gegeven als volgt vermeld: AUCTIE + eigenaar + veilingdatum + nummer in de veilingcatalogus. Wanneer het een algemene auctie betreft, wordt in plaats van de naam van een bezitter volstaan met de opgave van de naam van het veilinghuis. In een incidenteel geval wordt ook de auctiecatalogus opgegeven. In een paar handschriften is nog een uitgeknipt kavelnummer met omschrijving ingeplakt. De volledige tekst daarvan wordt enkel geciteerd als niet meer kan worden achterhaald welke veiling het betreft. Ook afwijkende aanduidingen in de Leidse BNM worden vermeld.[51]

SIGNATURERING. — Na het onderdeel geschiedenis worden oude signaturen en plaatsnummers vermeld. Ik spreek van *oud nummer* indien het een oud plaatsnummer betreft in de voormalige boekerij van het Provinciaal Genootschap van Kunsten en Wetenschappen in Noord-Brabant. Met signatuur worden de overige nummers aangeduid. Indien het handschrift een bruikleen betreft, wordt de oorspronkelijke collectie genoemd.

LITERATUUR. — Tenslotte volgt nog een literatuuropgave (lit.). Deze opgaaf valt in twee afdelingen uiteen. De literatuur die onder a) wordt opgesomd, heeft rechtstreeks betrekking op het handschrift zelf. Het manuscript wordt in die publikaties beschreven, besproken of tenminste geciteerd. Onder a) worden ook parallelhandschriften in andere collecties vermeld. De onder b) opgegeven literatuur bevat relevante artikelen, tentoonstellingscatalogi en studies over diverse andere (deel)aspecten (inhoud, [voorbeeld]teksten, decoratie, kloosters) en/of personen die direct of indirect met het handschrift zijn te verbinden (auteur[s], bezitter[s], andere personen etcetera). Afbeeldingen van handschriften in genoemde publikaties worden altijd vermeld. Ik heb er verder naar gestreefd

[51] Leiden, UB, Bibliotheca Neerlandica Manuscripta.

de onder b) genoemde personen zoveel als mogelijk te voorzien van de relevante personalia.

Voor wat het beschrijvingsschema van de Fragmenten in boekbanden en de Losgenomen fragmenten betreft, moeten hier nog enkele opmerkingen worden geplaatst. In de beschrijvingen is naar volledigheid gestreefd. Dit houdt in dat in iedere beschrijving van een membrum disiectum zoveel mogelijk gegevens over dat betreffende fragment zijn opgenomen. Voor alle ongeïdentificeerde Middelnederlandse tekstfragmenten wordt, voor zover na te gaan, aangegeven of er sprake is van een berijmd of onberijmd fragment. De gedrukte werken waarin door mij fragmenten zijn aangetroffen, worden ontsloten met behulp van de beschikbare repertoria. Daarnaast wordt ook vermeld of exemplaren van deze drukjes (al) zijn ingewerkt in de GGC en de STCN.[52]

De door mij herontdekte Megense fragmenten 1-3 (cat. I,46-I,49) van Jacob van Maerlant's *Spiegel historiael* en het daarbij behorende onbekende fragment van Jan van Boendale's *Der Leken Spieghel* worden als groep behandeld (MEGENSE FRAGMENTEN). Bij de ietwat bizarre geschiedenis van deze fragmenten wordt uitgebreid stilgestaan. Onder de verspreide fragmenten zijn ook twee gedrukte fragmenten opgenomen. Het eerste gedrukte fragment behelst een op perkament gedrukt blad van een bekende schoolgrammatica van Donatus. Het tweede fragment betreft twee bladen van een laat vijftiende-eeuwse gedrukte Latijnse bijbel waarin alle verluchting nog met de hand is aangebracht.

De catalogus is uitgerust met een lijst van beschreven handschriften en fragmenten, een lijst van in de beschrijvingen gebruikte afkortingen, een uitgebreide bibliografie (tot en met 1992) en registers. De registers zijn op de volgende ingangen raadpleegbaar: lijst van (Middelnederlandse en Latijnse) incipits, auteurs, overige teksten, plaatsnamen, persoonsnamen, bezitters en verkopers, kopiisten, drukkers en boekbinders.

Een handschriftencatalogus blijft altijd een momentopname. Ongetwijfeld zal nieuw wetenschappelijk onderzoek in de toekomst nog ongekende feiten over de handschriften en de collectie aan het licht brengen. Ik spreek de wens uit dat de resultaten van onderzoek die door mij in deze catalogus zijn neergelegd anderen zullen prikkelen tot verder onderzoek op dit terrein.

[52] GGC: Gemeenschappelijke Geautomatiseerde Catalogus (Pica); STCN: Short-Title Catalogue of the Netherlands.

CONCORDANTIE

Onderstaande concordantie geeft voor alle middeleeuwse handschriften en fragmenten in de voormalige collectie van het PGNB, behalve de thans gangbare signatuur en het resp. nummer in de catalogus, ook verwijzingen naar oude nummers in de volgende catalogi: *Cat. PGNB Oorkonden/Handschriften 1875*; *Cat. PGNB Oorkonden/Handschriften 1900*; en *Cat. PGNB Oorkonden/Handschriften 1915*. Oudere signaturen met een andere herkomst en ongebruikelijke nrs. van het PGNB zijn onder het kopje *ander nr.* geplaatst. Ook de nummers op het *Supplement II-1959* zijn in deze laatste categorie opgenomen (*). Recentelijk ontdekte manuscripten (vnml. RANB) alsmede bruiklenen werden ook opgenomen deze concordantie. De fragmenten in boekbanden worden ontsloten middels de resp. nrs. van de codices novi en boekbanden waarin deze zich bevinden.

signatuur	cat.nr.	1875	1900	1915	ander nr.
CODICES MEDII AEVI					
KHS 1	I,1				3
KHS [2]	I,2				339aH3, 57a,
	I,2				DIII5, 43
KHS 3	I,3				
KHS 4	I,4				
KHS 5	I,5				
KHS 6	I,6			338c	
KHS 7	I,7	476	635		
KHS 8	I,8		636		
KHS 9	I,9	478	637		E
KHS 10	I,10		638		4
KHS 11	I,11	480	639		
KHS 12	I,12	481	640		8, 277
KHS 13	I,13	482	641		D
KHS 14	I,14	483	642		
KHS 15	I,15	484	643		
KHS 16	I,16	485	644		
KHS 17	I,17	486	645		
KHS 18	I,18				645a (*)
KHS 19	I,19		646		
KHS 20	I,20	487	647		
KHS 21	I,21		648		
KHS 22	I,22				649
KHS 23	I,23		650		
KHS 24	I,24				668,VI.Hi.12,47

signatuur	cat.nr.	1875	1900	1915	ander nr.
KHS 25	I,25				670
KHS 26	I,26				672
KHS 27	I,27				
FRAGMENTEN IN BOEKBANDEN					
	I,28				
	I,29				
	I,30				
	I,31				
	I,32				
	I,33				
	I,34				
	I,35				
	I,36				
	I,37				
	I,38				
	I,39				
	I,40				
	I,41				
	I,42				
	I,43				
	I,44				
	I,45				
LOSGENOMEN FRAGMENTEN					
Megense fragmenten					
Fragm. 1a-b	I,46				
Fragm. 2a-b	I,47				
Fragm. 3a-d	I,48				
Fragm. 4a-d	I,49				
Verspreide fragmenten					
Fragm. 5	I,50				
Fragm. 6	I,51				
Fragm. 7	I,52				
Fragm. 8a-b	I,53				
Fragm. 9a-b	I,54				
Fragm. 10	I,55				
Fragm. 11	I,56				
Fragm. 12	I,57				

signatuur	cat.nr.	1875	1900	1915	ander nr.
HANDSCHRIFT- EN BOEKBANDSIGNATUREN					
KHS B46	II,213				
KHS [B142]	II,66				
KHS C162	II,64				
KHS D111	II,57				
KOD 19A15					
KOD 19C10					
KOD 19C20					
KOD 19C21					
KOD 19F25					
KOD 20A07					
KOD 21B23/1-2					
KOD 21B24/1-2					
KOD 21C22					
KOD 21F07					
KOD 27B04					
KOD 27B12					
KOD 1568 's Hert 2					
KOD 1586 's Hert 3					
KOD 1601 's Hert 2					

I

CODICES MEDII AEVI

I,1 GEESTELIJKE PELGRIMAGE KHS 1

Perkament. 32 ff. Afm.: c. 120x96 (92-93x66) mm. 22 regels, over de volle bladspiegel. Oost-Nederland. c. 1500. *Afb.* 3

MEDITATIEBOEK: geestelijke pelgrimage naar het Heilige Land (folia 1-30r^{0}). Pelgrimage voor lezers die om praktische redenen niet in staat waren om het heilige Land te bezoeken. De devotionele beschrijving is vormgegeven als een semi-liturgische tekst (antifonen, lectiones, versikels, collecten). In het Middelnederlands. Bezoeken aan bijbelse steden en plaatsen (waaronder: Jaffa, Emmaus, Ramatha, Jeruzalem, dal van Josaphat, de Olijfberg, dal van Syloe, berg Sion, Bethlehem, Bethanië, Jordaan, dal van Mambres [Jannes], Nazareth, berg Thabor, Capharnau, het meer van Tiberias, Tyrus, Damascus, Gaza). Inc.: *Wanneer du wilste vanden ende versoeken die steden die mitten duerbaren bloede ons lieven Heeren Ihesu Christi gheheilicht sijn...* Expl.: *Item daer was matiriziert sinte Marcus evangelista.*

¶ BOEKBLOK: Perkament, sterk beduimeld, vochtschade (m.n. 21v^{0}-23r^{0}). Vervaagde potloodfoliëring van een oudere hand, rechtsonder: 1-32. De f. 30v^{0}-32 zijn onbeschreven. Collatieformule: 1-4^{8}. Bladspiegel en liniëring aangebracht met inkt. Boekblok zwaar besnoeid, aan onderzijde schuin afgesneden.

¶ SCHRIFT/VERLUCHTING: Littera gothica textualis libraria. Eén hand. Below top-line. Correctie: doorhaling met rood.
Traditionele rubricatie. Rode opschriften. Rode en blauwe paragraaftekens. Hoofdletters met rood aangestreept. Onderstrepingen met rood. Rode hoofdletters.
Rode en blauwe initiaaltjes (2 rr. hoog). Eén opengewerkte blauwe J-initiaal in marge (27r^{0}).
F. 1r^{0}: opengewerkte blauw geschilderde initiaal (5 rr. hoog), gedecoreerd met rood. In het oog van de letter gestileerde (half)bladmotiefjes (met rode inkt, uitgespaarde ruimten ingekleurd met groen). Marginaal penwerk (linkerzijde en bovenmarge van de kolom): dubbele basislijnen en initiaal afgezet met geprikte parels in rode inkt, onderbroken door een dubbele knop (met groen gehoogd). In de marge 'tussen' de dubbele knoppen wordt de parelstreng verder omarmd door naar-elkaar-toe-gekeerde S-lijntjes, open ruimte opgevuld met rode, blauwe en groene bolletjes, kleine zonnetjes. Zie afb. 3.

¶ BAND: Gelijktijdige kopertband; perkament van slechte kwaliteit, sterk bevuild, kleine gaatjes. Afm.: 117-118x98 mm. Indirect gestrengelde omslag. Achterzijde van de omslag deels verloren door afsnijden. Boekblok bevestigd op twee perkamenten naaistroken. Volledig perkamenten rugbeleg.

¶ GESCHIEDENIS: Ontstaan in de sfeer van de Moderne Devotie. Datum op 22r^0: 'Dese dinghen (o.m. de verwoesting van de H. Geestkerk in Jeruzalem door de Saracenen) sijn ghesciet inden jaer ons Heren dusent vierhondert lv'. Provenance niet bekend. Inscriptie in dwarsrichting op f. 31v^0, geschreven in een late zestiende-eeuwse hand: 'Op den taback. O schaedelijck kruijt opt landt, in daempen nevel snoodt/bedwelemt het verstandt en brenght de magere doot'. Ook 32v^0 is door een zestiende-eeuwse hand beschreven (misformulier?), thans onleesbaar.
Olim: Nijmegen, bibliotheek Augustijnen (vgl. inscriptie op 31v^0). Handschriftje recentelijk ontdekt in Tilburg, KUB, bibliotheek (28 mei 1991).

¶ SIGNATUUR: Oude signatuur (?): 3 (voorplat, linksboven). Resten van een verwijderde moderne signatuur (?) op papier (binnenzijde voorplat).

LITERATUUR. — b) Over geestelijke pelgrimages en spirituele bedevaarten: VAN HERWAARDEN 1983, m.n. 421-426 (lit.). Een uitstekend overzichtsartikel over pelgrimsverslagen van Nederlandse Jeruzalemgangers in de vijftiende, zestiende en zeventiende eeuw is: WASSER 1991. Dit laatste artikel bevat als bijlage bibliografische notities op vele pelgrimsverslagen (1473-1664). Onderhavig handschriftje wordt overigens niet opgegeven. Vergelijk als voorbeeld van een geestelijke pelgrimage: JAN PASCHA 1576 (BCNI, nr. 3576).

I,2 KRONIEK VAN HET HERTOGDOM BRABANT (T/M 1523) KHS [2]

Autograaf, met aanvullingen van een jongere hand. Papier. (v)+445 ff. Afm.: 279xc. 206 (180-190xc. 115) mm. Wisselend aantal regels. 's-Hertogenbosch. Eerste kwart zestiende eeuw (na 1523). *Afb.* 4

PETRUS VAN OS (?-1542), KRONIEK VAN HET HERTOGDOM BRABANT (folia 1-396r^0). De kroniek loopt tot en met 19 apr. 1515. Tot aan het jaar vermeerderd met aanvullingen van een andere, jongere hand (Petrus van Os jr.?). De kroniek valt uiteen in drie delen. Het eerste deel behelst een opgave der kwartieren, steden, vrijheden, abdijen, kloosters en baanderijen. Deel 2 bevat een genealogisch register van de Brabantse hertogen. Het derde deel van de kroniek verslaat de gebeurtenissen in het hertogdom Brabant, in het bijzonder die met betrekking tot de stad 's-Hertogenbosch. De tekst bevat verwijzingen (i.e. folio-aanduidingen) naar een door Van Os samengesteld cartularium ('s-Gravenhage, KB, hs. 131 B 26); KUYER 1969, 13-14; JACOBS 1986, 5.[53]

[53] Voor teksten uit het cartularium (I, f. 17-22 en II, f. 483-486): CAMPS 1953, 464-476 (met lit.)

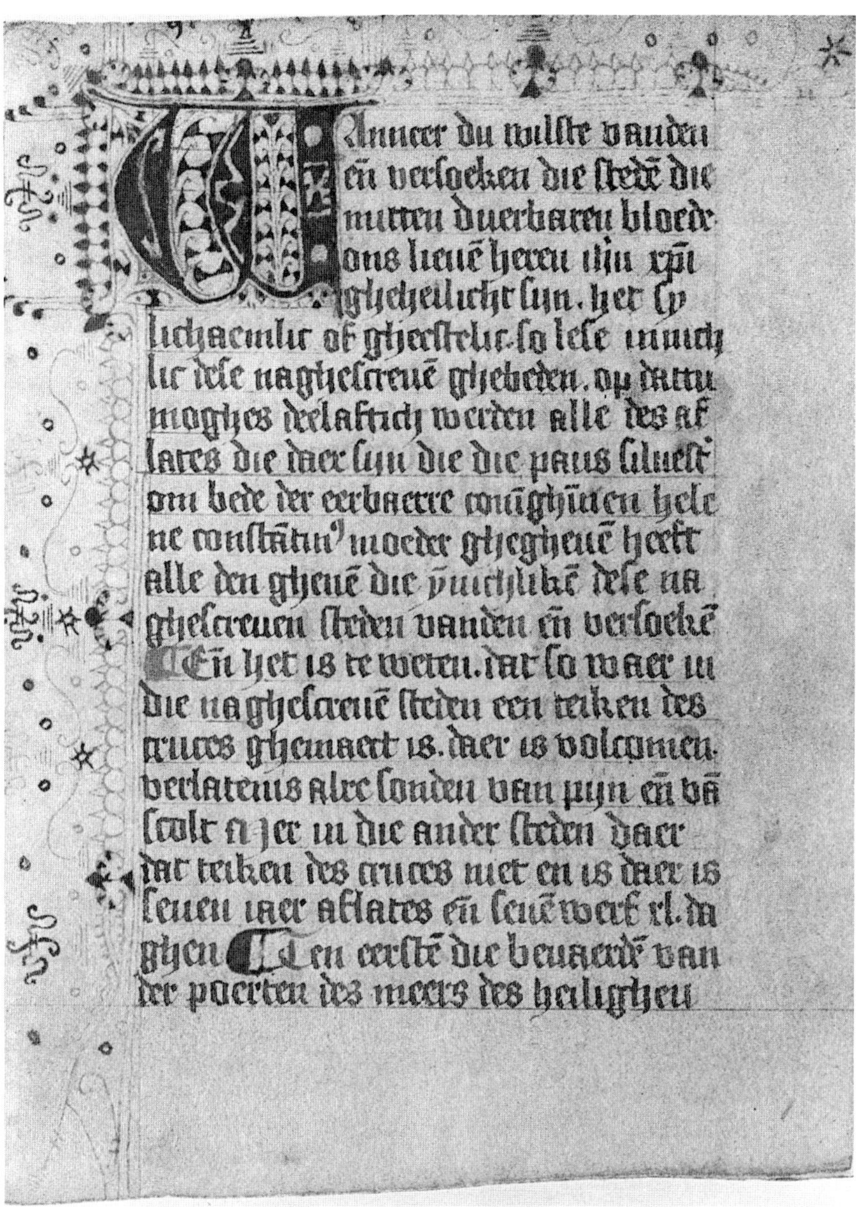

Wanneer du wilste vanden
ēn versoeken die stedē die
mitten duerbaren bloede
ons lieuē heren ihu xpi
ghehelicht sijn. het sy
lichaemlic of gheestelic. so lese innich
lic dese naghescreuē ghebeden. op datu
moghes deelachtich werden alle des af
lates die daer sijn die die paus siluest
om bede der eerbaerre coninghinnen hele
ne constantin' moeder ghegheuē heeft
alle den gheuē die vuerichlikē dese na
ghescreuen steden vanden ēn versoekē
En het is te weten. dat so waer in
die naghescreuē steden een teiken des
cruces ghemaect is. daer is volcomen
verlatenis alre sonden van pyn ēn vā
scult en jer in die ander steden daer
dat teiken des cruces niet en is daer is
seuen iaer aflates ēn seuē werf xl. da
ghen. Ten eerstē die beuaerdē van
der poerten des meers des heilighen

Afb. 3. – Tilburg, KUB, Bibliotheek, hs. KHS 1, f. 1r°.
(*Copyright: B. Bergmans, AVC*)

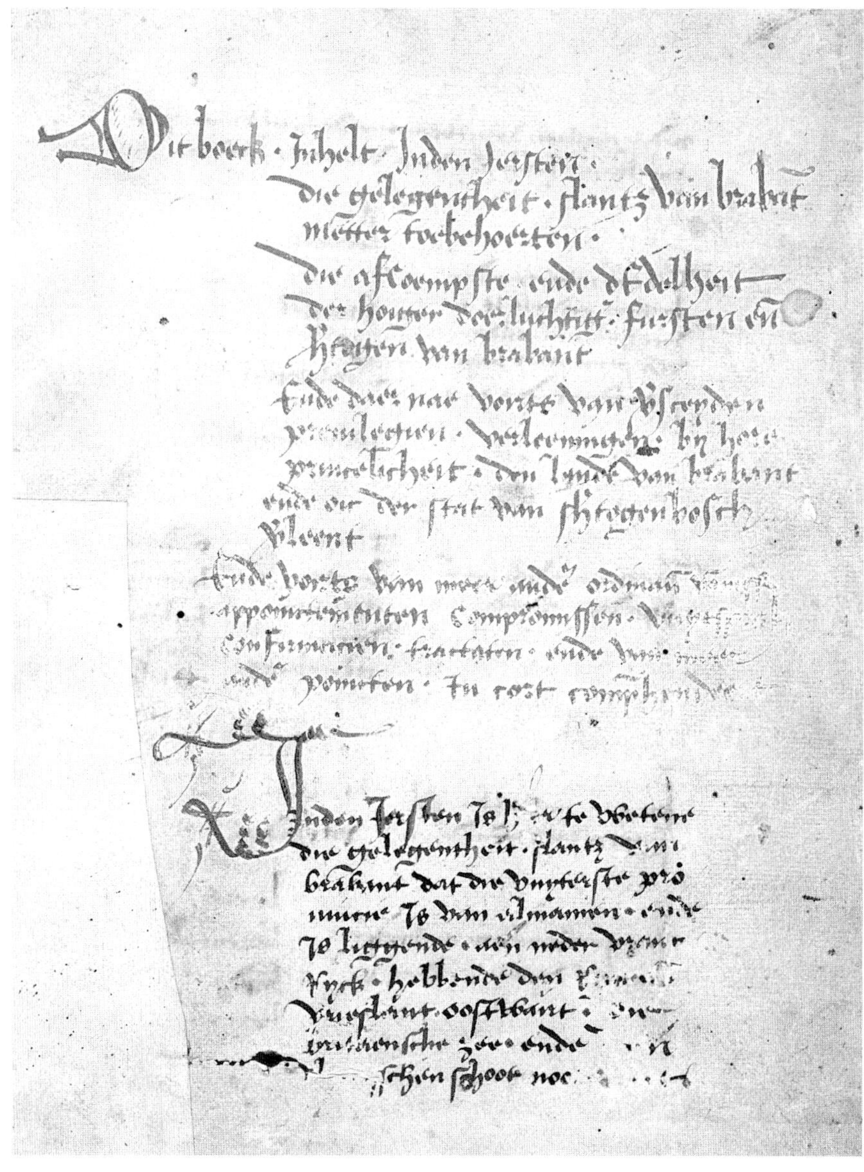

Afb. 4. – Tilburg, KUB, Bibliotheek, hs. KHS [2], f. 1r°.
(Copyright: D. Douma, fotodienst RANB)

Iedere jaaropgaaf begint binnen de octaaf van Remigius of Bavo (1 okt.); in 's-Hertogenbosch was men gewoon de nieuwe schepenen te benoemen binnen de eerste acht dagen van de maand oktober. Rubr.: *Dit boeck inhelt inden iersten die gelegentheit slants van Brabant metter toebehoerten; die afcoempste ende dedelheit der hoiger doerluchtigheit fursten ende hertogen van Brabant. Ende daer nae voirts van versceyden previlegien, verleeningen by here princelicheit den lande van Brabant ende oic der stat van sHertogenbosch verleent. Ende voirts van meer ander ordinancien, vonnissen, appoinctementen, compromissen, uuytspraken, confirmacien, tractaten ende van meer ander poincten, int cort comprehendeert.* Inc.: *Inden iersten is h[ie]r te wetene die gelegentheit slants van Brabant...* Expl.: *...ende die ander acht by composi[cie]n ende anderssins ontquamen.*[54]

¶ BOEKBLOK: Papier, in goede staat. Met uitzondering van f. 1: inkt vervaagd, afgebrokkelde randen, blad m.n. aan de linker- en ondermarge verstevigd met brede papieren stroken. Oudere potloodfoliëring: 1-396. Recentelijk met potlood verder aangevuld: 397-445. Vijf ongefolieerde schutbladen (1*-5*). Dek- en schutbladen vernieuwd in de negentiende eeuw. F. 104 ligt nagenoeg los in de codex. Katernen verstevigd met papieren stroken.
Collatie: 1^{8} (drie bladen op de binnenzijde van het voorplat opgeplakt: 1-3, met perkament verstevigd), 2^{4+2} (f. 1 en 8 zijn enkelbladen), $4\text{-}52^{8}$, 53^{6}, $54\text{-}57^{8}$. De f. 9 en 104 liggen vrijwel los in de codex.
Diverse watermerken, n.g. (geen 'running marks'). Opmerkelijke bladopmaak. Reclamanten, rechts onderaan op het laatste blad van ieder katern, goeddeels afgesneden. Resten van katernsignaturen. Besnoeid boekblok: ondermarge.

¶ SCHRIFT/VERLUCHTING: Littera gothica hybrida libraria. Twee handen; hand 1: 1-384; hand 2: $385r^{0}$-445.
Traditionele rubricatie; het gedeelte dat door hand 2 is geschreven, bleef echter ongerubriceerd. Rode opschriften en scheidingstekens. De marginale notities zijn hier en daar met rode inkt geschreven. Hoofdletters met rood aangestreept. Rode onderstrepingen. Rode en zwarte initialen (1 rr. hoog). De zwarte hoofdletters zijn met rode inkt gehoogd.

¶ BAND: Heel perkamenten boekband (achttiende eeuw). Afm.: 288x218x70 mm. Doorlopende horizontale rand, omgeklapt. Boekblok genaaid op vier dubbele leren bindriemen. De aanhechting van het boekblok aan het voorplat is bijna verbroken, zodat te zien is dat de rug verstevigd is met zes opgeplakte perkamenten stroken (zie: MACULATUUR). Achttiende-eeuwse rugtitel (kapitalen, zwarte inkt), deels afgesleten: *[Ha]ndschr[ift]/wegen[s]/Braband en 's Hertogenbosc[h]/door/Pieter van Os/secretaris te 's Bosch.* Rode spikkeling op snee. Striksluiting: resten van leren sluitkoorden.

¶ MACULATUUR: Zes perkamenten stroken zijn op de rug van het boekblok opgeplakt. (Devoot) Middelnederlands (n.g.). Onberijmd? Vijftiende eeuw. Littera gothica textualis

[54] Tekstuitgave in voorbereiding bij het RANB.

formata. Eén fragmentje aan de kop van de rug is geschreven in een kleiner schrijfformaat. Liniëring met zwarte inkt. Gerubriceerd. Rode aanstrepingen. Resten van een blauwe initiaal.

¶ GESCHIEDENIS: Geschreven te 's-Hertogenbosch. Provenance onbekend.
Olim: W.C. Ackersdijck. Het handschrift bevat vier papieren dubbelbladen met aantekeningen van zijn hand. Het betreft hier het volgende: 'Verslag van het handschrift van Petrus van Os, secretaris der stad s Hertogenbosch, begonnen omtrend 1483 en vervolgd tot 1523'. Met notitie over de aankoop van het handschrift: 'Op den 4e augustus 1816 in s Bosch zijnde zag ik daar eenen boekverzameling, die eerlang zou verkogt worden, en ontdekte daar onder dit boek, gaf er kommissie op en bekwam hetzelves vervolgens voor eenen gulden, daar het toch, en voor al voor Bosschenaars, meer waard is' (laatste alinea).
Aangekocht op de AUCTIE-C.A. Rethaan Macaré/G. Munnicks van Cleeff/W.C. Ackersdijck, 18-19 mei 1864, nr. 511; vgl. de inscriptie op 1*/r^0. Het handschrift werd in 1910 aangekocht door het RANB; vgl. EBELL 1911, 111-112.
Twee kleinere dubbelbladen met aantekeningen van C.C.D. Ebell (rijksarchivaris van Noord-Brabant).

¶ SIGNATUUR: Oude signatuur: 339aH3, 57a (rug). Deels onleesbare potloodinscriptie in de linkerbovenhoek van het voorplat: '1910. DIII5'.
Bruikleen RANB 1950 (Coll. Van Breugel, nr. 43).

LITERATUUR. — a) In HERMANS 1846-48, vol. 1, xliii, nr. 6; EBELL 1911, 98 en 111-112, nr. 5; CAMPS 1953, 460; GERLACH 1967, 60 en 64, noot 9; KUYER 1969, 13-14; VAN DIJCK 1973, 200 en noot 25; GERLACH 1978, 34-35; HENS/VAN BAVEL/VAN DIJCK/FRANTZEN 1978, xi en passim; BOSSINK 1978, 20; BOSSINK 1979, 267, 250-252 en noot 16 en 24.
b) Voor Petrus van Os (?-1592) [sedert 1483 ingrossator (klerk), stadssecretaris 's-Hertogenbosch (1498), gezworene Bossche Illustre Lieve Vrouwe broederschap (1496-97), notaris van het hof van de Luikse bisschop]: CARASSO-KOK 1981, 379, nr. 350; GERLACH 1967; VAN DIJCK 1973, 200 en noot 25; GERLACH 1978, 34; SANDERS 1992, 126-127. Op 299r^0-v^0 van hs. KHS [2] noteert hij over zichzelf: 'Anno lxxxiij. predicto ego Petrus de Os filius Johannis Rutgerss incepi ingrossare litteras scabinales de Buscoducis et in illa practica procedere ad promotionem magistri Franconis de Langel secretarij dicti opidi cuius anima requiescat in pace'. Vervolgens: 'In dicto scabinatu xi. augusti anno xcviii obijt Bruxelle magistri Godefridus de Dommelen secretarius presentis opidi de Buscoducis et in loco eius ego Petrus de Os filius Johannis Rutgerss institutus sum et prestiti iuramentum super secretariatus in die Exaltationis sancte Crucis [immediate] dicta undecimam diem augusti sequente' (231v^0).
Voor W.C. Ackersdijck (1760-1864) [jurist, lid PGNB (1838)]: VAN DER AA 1852-78, vol. 1, 13; NNBW, vol. 1, k. 16-17. En eveneens: *Over Brabant geschreven*, vol. 2 (Codices novi), cat. II,342 (1-5r^0).
Voor baron R. van Breugel Douglas (1727-1809): VORSTERMAN VAN OIJEN 1875; MOMMERS 1953, vol. 2, 370-371.

I,3 Leven van Catharina van Alexandrie KHS 3

Papier en perkament. (i)+iv+(i)+320+iii+(i) ff. Afm.: 206-207x143 (c. 135x85-95) mm. 23-24 regels. St. Catharinaberg, Oisterwijk? Laatste kwart vijftiende eeuw (na 1478). *Afb.* 5

Leven, Passie, Translatie en Mirakelen van Catharina Van Alexandrie (folia 6-326). Teksten over en gebeden tot Catharina van Alexandrië. In het Middelnederlands.

F. 6-118: afstamming, leven en lijden van Catharina. In 35 hoofdstukken. Rubr.: *Hier beghijnt dat boeck vander gheboerten ende vanden leven ende passyen der alre waerdichster maghet ende conynghynne ende mertelaerster santa Katherina. In wel[x] yerste capittel wort ghetrachteert hoe die conync Costus een feestelijc offerhande dede om een erfgenaem.* Inc.: *Het was een groet philosopus in Gryeken die van oetmoedicheit synen naem hie[r] niet ghescreven en hevet.* Expl.: *Wyen is eer ende ende glorie ende moghentheit tot inder ewicheit doer die oneyndelike werelt der wereltden* (eerste *ende* doorgehaald met rood).

F. 119-181r[0]: legende van Catharina. Verdeeld in 26 hoofdstukken. Rubr.: *Hier beghijnt die legende der gloriose conynghynne maghet ende mertelaerster santa Katherina. In wel[x] yerste capittel wort ghetrachteert van Constantynus haren ouden vader. Hoe en waer om hi ghereynt wort van [De]dyonclesyano ende Maximyano in Gryeken ende hoe hi des conyncs dochter vanden Gryexse lande te wijf nam.* Inc.: *Constantynus was een Romeyn edel van geslechte ende mechtich mer voel edelre in wysheyde ende van gueden seden.* Expl.: *Nochtans keerden hi weder om totten ghelove overmyds verdienten der glorioser maghet ende mertelaerster santa Katherina welx doot wrac hi in Maxencyus* (181r[0]).

F. 181r[0]-182: mirakelen van Catharina. Rubr.: *Hier beghynnen die myerakelen int ghemeyn vander heiligher maghet ende mertelaerster santa Katharina.* Inc.: *Hoe heilich dat dese gloriose maghet was...*

F. 183-194v[0]: translatie van Catharina. Zes hoofdstukken. Rubr.: *Hier beghynt hoe dat den duerbaren scat dat precyose licham vander glorioser conynghynne ende bruut Christi santa Katherina ghevonden wort opten berch van Synaij dat ierste capittel.* Inc.: *Dat heilighe lichaem van santa Katherina dat vanden enghelen Gods ghevoert opten berch van Sijnaij...* Expl.: *...welke die monyken die daer Gode dienen noch ghebruken.*

F. 194v[0]-203r[0]: over de gewijde rustplaats van het lichaam van Catharina op de berg Sinaï. Gedeeltelijke vertaling van Thietmar's *Iter in Terram sanctam.* Parallelteksten in: 's-Gravenhage, KB, hs. 71 H 65; Leiden, UB, MNL, Ltk. 272; Laren, privé-collectie, hs. 'Sinaï' (z.s.); Brussel, KB, hs. IV 269; Düsseldorf,

UB, hs. C23; vgl. JANSEN-SIEBEN 1989, 454, T30. Rubr.: *Hier navolct vanden berch van Sijnaij daer dat waerdighe gloriose licham vander heiligher maghet santa Katherina rustende is. Dat yerste capittel.* Inc.: *Int iaer ons Heren mcc ende xxvij was ic geteykent metten cruce ons Heren in verlatenisse mijnre sonde.* Expl.: *...ende also voert in die heilighe stat van Iherusalem.*[55]
F. 203r^0-206r^0: vijf deugdzame punten van Catharina. Rubr.: *Hier beghynnen vijf punten in welke die gloriose conynclike maghet ende bruut Christi santa Katherina.* Inc.: *Het is te mercken dat die gloriose maghet sante Katherina wonderliken is in vijf punten.* Expl.: *...ende bruut Christi santa Katherina alle alleen alsmen vynt bescreven in hare legenden.*
F. 206r^0-216v^0: Christus' liefde voor Catharina, in twaalf punten. Rubr.: *Hier na volghen xij uutnemende sonderlynghe prevelegyen of teyken der mynne die onse lieve Heer Ihesus Christus heeft bewijst op eertrijc der waerdighe maghet ende martelaerster santa Katherina.* Inc.: *Men mach merken die eerste prevelegie of waerdicheit...*
F. 216v^0-240: twee sermoenen. Rubr.: *Hier beghynt dat yerste sermoen vanden heilighe maghet ende bruut Christi santa Katherina.* Inc.: *Sta[it] op o myn vryendyne haesty o mijn duve ende coemt o mijn scoen.* Expl.: *Welc ons moet gonnen die Vader ende die Soen ende die Heilige Gheest amen.*
F. 241-288v^0: Geestelijke Fonteinen. Rubr.: *Hier beghijnt dat perlogus vander gheesteliker fontynnen daermen dese edel gloriose conynghynne santa Katharina u ghelijct wort uut welker groter fonteynen vloeyen noch seven ander fonteynkens als ghi hier bescreven sult vynden.* Inc.: *Alre liefste vryenden ons Heren u ghelieft te weten...* Expl.: *...die nu regnerende is met haren lieven brudegom inder ewecheit sonder eynde amen.*
F. 288v^0-293: Twaalf Geestelijke Parels aan de kroon van Catharina. Rubr.: *Hier beghynnen xij gheestelike peerlen daermen af maken sal santa Kathaerina een gheestelike croen. Dat yerste capittel.* Inc.: *In desen boeke is met ordenancyen te bescryven een gheestelike croen.* Expl.: *...mer eerst dat sy haer pelgrymagye hebben ghedaen. Deo gracias.*
F. 294-326: mirakelen en openbaring van Catharina. Rubr.: *Hier beghynnen sommyghe merakelen vander glorioser conyncliker maghet santa Katherina welke God heeft laten gescyen overmyds verdienten sijnre liever bruut.* Inc.: *Het was een helich bisscop van Melanen Sabynus ghenaemt.* Expl.: *...dat alle die gruwelijcheit des doot te niet ghync met my.*

¶ BOEKBLOK: Papier (verstevigd), perkament met vochtschade, m.n. in de kneep. Oude, niet-contemp. foliëring met inkt, onregelmatig. Jongere potloodfoliëring: 1-2, 3-108, 109-330. Recentelijk met potlood aangevuld: 2bis en 108 bis. Foliumnummers (?) in

[55] Tekstuitgave van de f. 194v°-203r°: HEZENMANS 1876.

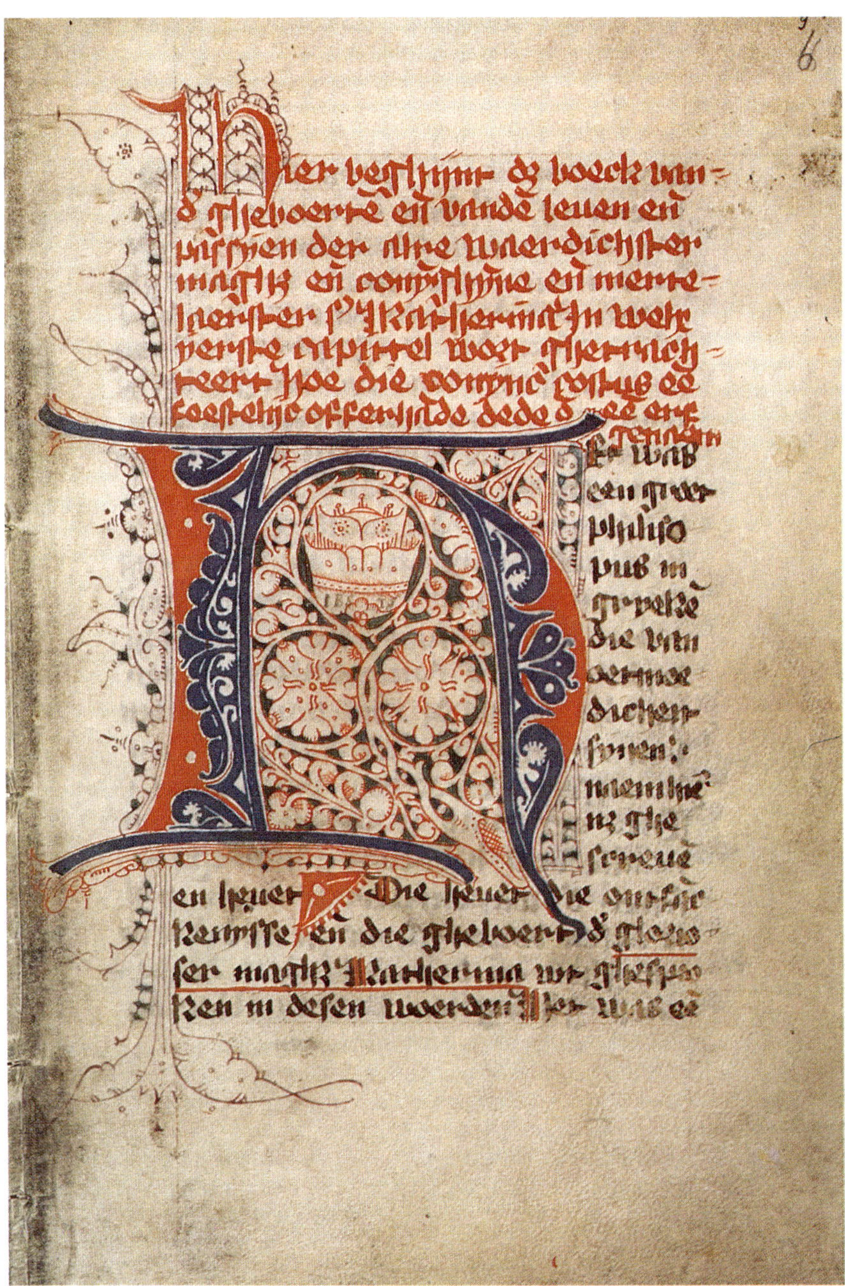

Afb. 5. – Tilburg, KUB, Bibliotheek, hs. KHS 3, f. 6r°.

(Copyright: B. Bergmans, AVC)

Romeinse cijfers, rechtsonder, alleen op de perkamenten bladen (xix [40r^0], xxxxij [89r^0], lxxx[...] [183r^0], c [206r^0], cxvi [241r^0]). De f. 1-2, 2bis, 3r^0, 4v^0-5 en 328-330 zijn blanco. Vernieuwde papieren dek- en schutbladen. F. 2, 2bis, 3-4 en 327-329 zijn contemp. schutbladen.
Collatie: 1^{4+2}(1 en 6 zijn moderne papieren schutbladen, in de kneep van 2r^0 en 4v^0), 2^{10}(1 en 10 vormen een perkamenten dubbelblad), 3^{10+1}(toegevoegd perkamenten enkelblad na 6), 4^{10}, 5^{10+1}(toegevoegd perkamenten enkelblad na 3, geplakt op 44v^0), 6^{10}(1 en 10: perkamenten dubbelblad), 7-8^{10}, 9^{10+1}(perkamenten enkelblad na 5), 10^{12}(1 en 12: perkamenten dubbelblad), 11^{8+1} (f. 106 behelst de helft van een toegevoegd papieren enkelblad), 12^{10}(1 en 10: perkamenten dubbelblad), 13^{10}(1 en 10: perkamenten dubbelblad), 14^{12}, 15^{10+2}(1 en 12: perkamenten dubbelblad, papieren enkelblad na 3, toegevoegd perkamenten enkelblad na 7 [kim op 146r^0]), 16^{10}, 17^{10+1}(toegevoegd perkamenten enkelblad voor 1), 18^{8}, 19^{10+2}(papieren en perkamenten enkelblad voor 1), 20^{10+2} (perkamenten enkelblad voor 1 en 11), 21^{10+2}(perkamenten enkelbladen voor 1 en na 10), 22^{8+2}(toegevoegd papieren enkelblad na 6, perkamenten enkelblad voor 8), 23^{12+1}(2 en 12: perkamenten dubbelblad, toegevoegd papieren enkelblad voor 12), 24^{10+1}(perkamenten enkelblad voor 1), 25^{10}, 26^{8+1}(papieren enkelblad na 8), 27^{10}, 28^{10+1}(perkamenten enkelblad na 6), 29^{10+1}(perkamenten enkelblad na 1), 30^{12}(1 en 12: perkamenten dubbelblad), 31^{10}, 32 vier (samenstelling onduidelijk).
Watermerken: eenhoorn; overeenkomsten met BRIQUET 1923, nr. 10028 (periode: 1478-82). Bladspiegel en aflijning met loodstift. Prikgaatjes voor de liniëring bewaard, deels afgesneden. Katerncustoden, met zwarte inkt. Besnoeid boekblok.

¶ SCHRIFT/VERLUCHTING: Littera gothica hybrida formata. Eén (vrouwen?)hand. Eerste regel below top-line. Correcties van de kopiist: doorhaling met rood en zwart, gecorrigeerde tekst bijgeschreven in de marge, rasuur. Enkele correcties van een zestiendeeeuwse hand (vgl. 11r^0).
Gerubriceerd. Rode opschriften. Rode paragraaftekens (driehoekje, met getande rand). Onderstrepingen met rood. Eén onderstreping met blauw (307r^0). Zwarte hoofdletters met rood aangestreept, gedecoreerd met zwarte penmotiefjes. Kopjes (steeds naar links gewend), hoging met zwart, rood, geel, bruin en paars.
Rode en blauwe initialen (2-3 rr. hoog), evt. met resp. sober paars of rood penwerk. Opengewerkte rood-blauwe initialen (3-7 rr. hoog), littera duplex, versierd met uitlopend rood en/of paars, met geel en groen gehoogd. Veldzwikken en oog van de letter met florale en arabeske motiefjes. Penwerkkader of initiaal evt. afgezet met een gegolfde of geboogde rand, kleine bolletjes, geprikt, met groen gehoogd, of: strikrand (parelrand, tussenruimten [bolletjes] opgevuld met groen tot het effect van een strikje). Typen penwerkdecoratie: a. dubbele enkelvoudige basislijn, uitlopend in een generfd blad, met 'losse' krommen, strikrand of parelstreng erop vastgehecht; b. decoratie als a., maar nu gecombineerd met een sierrand met groene en gele ogen (vgl. 16r^0); c. basislijn met kleine bogen, groene bolletjes, uitwaaierende penwerkstaartjes, in de marge verder twee soorten symmetrische bloemen (vgl. 13r^0). Het laatste penwerk kan ook voorkomen als tegenhanger van decoratie a. (vgl. 13r^0). De penwerkdecoratie op 126v^0 en 130v^0 wijkt enigszins af.
Opengewerkte rode, blauwe en rood-blauwe fleurronnée-initialen (9-12 rr. hoog), resp. littera simplex en duplex, penwerkkader, gedecoreerd met rood en/of paars uitlopend penwerk, hoging met geel en groen (6r^0, 22v^0, 40v^0, 83v^0, 119r^0, 183r^0, 194v^0, 206v^0, 216v^0, 226r^0, 241r^0, 288v^0 en 294r^0). Kroonmotiefje in het lichaam van de letter.

Veldzwikken en oog van de letter versierd met arabeske en gestileerde (half)bladmotieven. De initiaal op 6r⁰ bevat in het oog van de letter een kroonachtige bloem met daarin het volgende monogram (loodstift): IBS TS. Zie afb. 5. Is dit wellicht de signatuur van de kopiist of rubricator? Penwerkdecoratie: a. basislijn (evt. eindigend in naar links en rechts gekantelde generfde bladeren) met aangehechte krommen, strikrand of parelstreng; b.: als a., maar gecombineerd met een plooirand met paarse of groene ogen. Eén opengewerkte rood geschilderde initiaal op 148v⁰, uitsparing in de letter in de vorm van forse bladmotieven, zonder enige penwerkdecoratie. Het penwerk van de initiaal op 119r⁰ bevat enkele oogbladbladeren.
Opengewerkte rode en blauwe initialen in margine (penwerk als boven). Representanten in margine, met zwarte inkt.

¶ BAND: Gelijktijdige boekband. Rug vernieuwd (in de negentiende eeuw?). Afm.: 213x143x87 mm. Overstekende afgeschuinde houten borden, (deels opnieuw) met leer overtrokken en versierd met blindstempeling. Het leer van het voor- en achterplat is bij restauratie behouden gebleven.
Kaders met fileten. Bandvlak: middenveld met filets door driedubbele diagonale lijnen in ruiten en/of driehoeken verdeeld. Buitenmarges onversierd. Losse velden versierd met blinde stempels: bloempje, breedte: 4 mm; roset, met vijf blaadjes en centraal knopje, breedte: 5 mm; Franse lelie, in cirkel met dubbele omlijsting, diam.: 9 mm. Vier ribben, met koorden geprofileerd. Bestoken kapitaalbindingen. Klampsluitingen: twee pijlvormige penmuiters, twee klamparmen, twee pijlvormige borgplaten. Perkamenten klaviertjes (knopjes, geverfd [resten van rood]). Geverfde snede (saffraan).

¶ MACULATUUR: Op 3r⁰ bevindt zich in de bovenmarge een afdruk (in spiegelbeeld) van een thans verloren middeleeuws (muziek)fragment. Schutblad? Eén rode initiaal met blauw penwerk. Resten van rode paragraaftekens.

¶ GESCHIEDENIS: Provenance: tertiarissenklooster St. Catharinaberg te Oisterwijk? Een eigendomsmerk van dit klooster op 3v⁰ (ingeplakte perkamenten strook; gesneden uit een [verloren] schutblad?): 'Dit boeck behoort den convent van susteren van Oosterwyck'.
Datum (1478) in de tekst op 320r⁰: 'Int iaer ons Heren mcccc ende lxxviij doen na dat hertich Kaerl van Bourgongen inden velde verslaghen was'.
In de hand van de kopiist met rood in de bovenmarge van 187r⁰: 'S. Katherina'.
Getuige de bijgeschreven tekst op 327r⁰ en v⁰ ook in het bezit geweest van de zusters regularissen van Augustinus van het Bossche St. Annaburg. Opschrift van de tekst (in rood): 'Van Sint Katharinengilde waer af die bulle Sint Annenborch'.
Olim: Dr. Van Lierop. Aangekocht op een n.g. veiling, vermoedelijk uit de negentiende eeuw, getuige de volgende kavelbeschrijving, opgeplakt op 4r⁰: 'Hier beghijnt dat boeck vander geboerten ende vanden leven ende passyen der alre waerdichster maghet ende conynghynne ende mertelaerster sinte Katherina. Hier beghijnt die legende der gloriose conynghynne maghet ende mertelaerster santa Katherina. Ms. néerl. de l'année 1475 environ, écrit d'une main très lisible, sur papier. 338 ff. Av. de belles lettres initiales en rouge et bleu qui sont souvent très remarquables. 8v⁰. Dans une ancienne reliure monastique, ais en bois, recouv. de veau estamp. (dos endomm.). 300, =. Ms. remarquable, contenant la vie de Ste Cathérine d'Alexandrie en deux différ. rédactions. A la tête de la p. 1 on trouve une petite pièce de vél., portant en ms. contemporain:

"Dit boeck behoort den convent vanden susteren van Oosterwijck". De très grandes et belles lettres initiales comme dans ce ms. se rencontrent très rarement dans des mss. néerlandais'.

LITERATUUR. — a) In: HEZENMANS 1876 (bevat enkele codicologische gegevens); DESCHAMPS 1972, 205-206, nr. 72; JANSEN-SIEBEN 1989, 454, T30 (abusievelijk vermeld als hs. 673); IMDC, 45.
b) St. Catharinaberg (mons s. Catharinae): SCHUTJES 1870-1876, vol. 5, 394-397; *Monasticon Batavum 1941-42*, vol. 1, 157-158; *Monasticon Batavum Suppl. 1942*, 123, nr. 1; *Analecta Gysberti Coeverincx 1905-07*, vol. 2, 393-395; TEN CATE 1953-55. Voor Annaburg (arx burgis Annae): SCHUTJES 1870-76, vol. 4, 453-457, vol. 5, 604-607; *Analecta Gysberti Coeverincx 1905-07*, vol. 2, 237-276; HOEKX 1983, 33.

I,4 GEBEDENBOEK, MET ENKELE TRAKTAATJES KHS 4

Gebruikshandschriftje. Papier. 264 ff. Afm.: 144x105 (105-110x70-80) mm. 17-19 regels. Eerste kwart zestiende eeuw. *Afb.* 6

GEBEDENBOEK, MET ENKELE TRAKTAATJES OVER DE GEESTELIJKE MINNE, in het Middelnederlands (folia 1-257).
F. 1-9: kalender van het bisdom Utrecht; zie afb. 6. De geboorte van Johannes de Doper (24.6; in rood) is abusievelijk op 25 juni geplaatst en doorgehaald met rood. De naamdag van de martelaar Pantaleon (28.6) is, vanwege de verkeerde datum, met zwart doorgehaald; in een andere, contemporaine hand is op 27 juli *Panthalioen* weer bijgeschreven.
F. 10r^0: inleidend gebed. Rubr.: *Die dit gebedt spreckt verdient vergiffenisse van alre die versuymenis inden dienst geschient.* Inc.: *Der overheiliger ende onverscheyden drievoldicheit ons gecruysten Heer...* Expl.: *Ende salich syn die borsten die gesoocht hebben Christum onsen Heer.*
F. 10v^0-14v^0: gebeden op de Paternostergetijden. Rubr.: *Een suverlijcke oeffeninge op die getiden ten iersten te metten tyt.* Inc.: *Te mettentyt dat ierste pater noster dat die hoge mogende Godt geboren waert...* Expl.: *...seggende vreden sy met u.*
F. 15r^0-16v^0: opoffering op vijf getijden. Inc.: *O suete Heer Ihesu Christi ick offer u mijn hert...* Expl.: *Ende met alle [heilichen] ewelyck loven mach.*
F. 16v^0-18v^0: gebed op de uren van de dag. Rubr.: *Die uren van den dage om te offeren.* Inc.: *Te iiij urer [waer] myn ziel richt...* Expl.: *Dat gi dien dach soe quaellyck toe gebracht hebt.*
F. 18v^0-23r^0: gebeden voor biecht en penitentie. Rubr.: *Als gi ter biechten gaet soe gaet ierst inder kerkcken ende bidt den Heer om gracien ende vergiffenis.*

Inc.: *O ontfermhertige Heer Ihesu Christi bloed[en]de bruydegom mijnder sielen...* Expl.: *...dat gi my wilt verenigen met uwer heiliger verdienten amen.*
F. 23r^{0}-v^{0}: Zeven punten van Eeuwige Wijsheid. Inc.: *Dat yerste punt is denckt om dyn sonden...* Expl.: *...op dat gi in geen mystroest en valt amen.*
F. 24-26: *offeringe van seven dagen* (rubr.), gevolgd door enkele overwegingen (26r^{0}-31r^{0}). Inc.: *Onse Heer spreckt werckt die wil dat dach is.* Expl.: *...om te wederstaen die sonde der toernicheit.*
F. 31v^{0}-42v^{0}: gebed voor de dagen van de week, van Arnulphus Lovaniensis (Salve meum salutare)? Hier toegeschreven aan Bernardus Claraevallensis. Rubr.: *Hier begint sante Bernardus gebet.* Inc.: *Ghegruet systu myn salycheit...*
F. 42v^{0}-49v^{0}: twee sacramentsgebeden. Rubr.: *Hoe die siel genoet wo[r]t totten Heiligen Sacrament.* Inc.: *Wyldy u selven o mensche te gronde vertyen...* Expl.: *...inden Cruijs dy behagelijck sy ende aengenaem.*
F. 49v^{0}-54r^{0}: communiegebeden. Inc.: *Dan salmen overdencken dye almogende wyscheit goedertierenheit ende edelheit.* Expl.: *Ende waer achtige kijnderen vanden hemelschen Vader.*
F. 54v^{0}-74r^{0}: vier oefeningen op de Navolging van Christus. Rubr.: *Dit syn vier oeffeninge die Christus aent Cruys volbracht heeft. Daer sullen wi ons in offenen inder misschen of als wi ten Heilichen Sacrament gaen. Dom. voer ende dom. nae.* Inc.: *Dat ierste werck was versoeninge van die heel werelt...* Expl.: *Ende sijn geboeden altyt te volbrengen.*
F. 74r^{0}-96r^{0}: smeekgebeden, met aanroepingen van God. Inc.: *O hemelschen Vader ontfanck uw voer my dijnen enijgen Soen...* Expl.: *...ende onrecht is daer dick maels storm af op staet in my.*
KLEINE TRAKTATEN OVER DE GEESTELIJKE MINNE. Enkele korte overwegingen en exempelen, n.g. (96r^{0}-98r^{0}, 98r^{0}-98v^{0}, 98v^{0}-99r^{0}, 99r^{0}-100v^{0}). Gevolgd door allerlei kleinere traktaatjes, met de volgende rubrieken: *Van stillicheit des herten ende ledicheit alre creatueren* (100v^{0}-107r^{0}); *Van een stadich waernemen God ende syns selfs* (107r^{0}-111v^{0}); *Hoemen inden uutweyndige wercke God inder herten houden sal* (107v^{0}-119v^{0}); *Een schoen leerynge vander afgescheidenheit* (119v^{0}-134v^{0}); *Van menicherhande lyden der vrinden Gods* (134v^{0}-140v^{0}); *Hoemen alle dinck bloet vander hant Gods nemen sal* (140v^{0}-143v^{0}); *Van eenen stadigen ingekeerden leven* (143v^{0}-148v^{0}); *Hoe die mensche van synen gebreken weder keeren sal tot God* (148v^{0}-154v^{0}).
F. 155-190v^{0}: Regel van Minne. Rubr.: *Hier beghint den regel der mynnen int geestelyck.* Inc.: *Allen die van den Heiligen Geest gedreven werden tot enen ingekeerden leven...* Expl.: *Ende dese myn begint hier ende sal dueren inder ewicheit amen.*

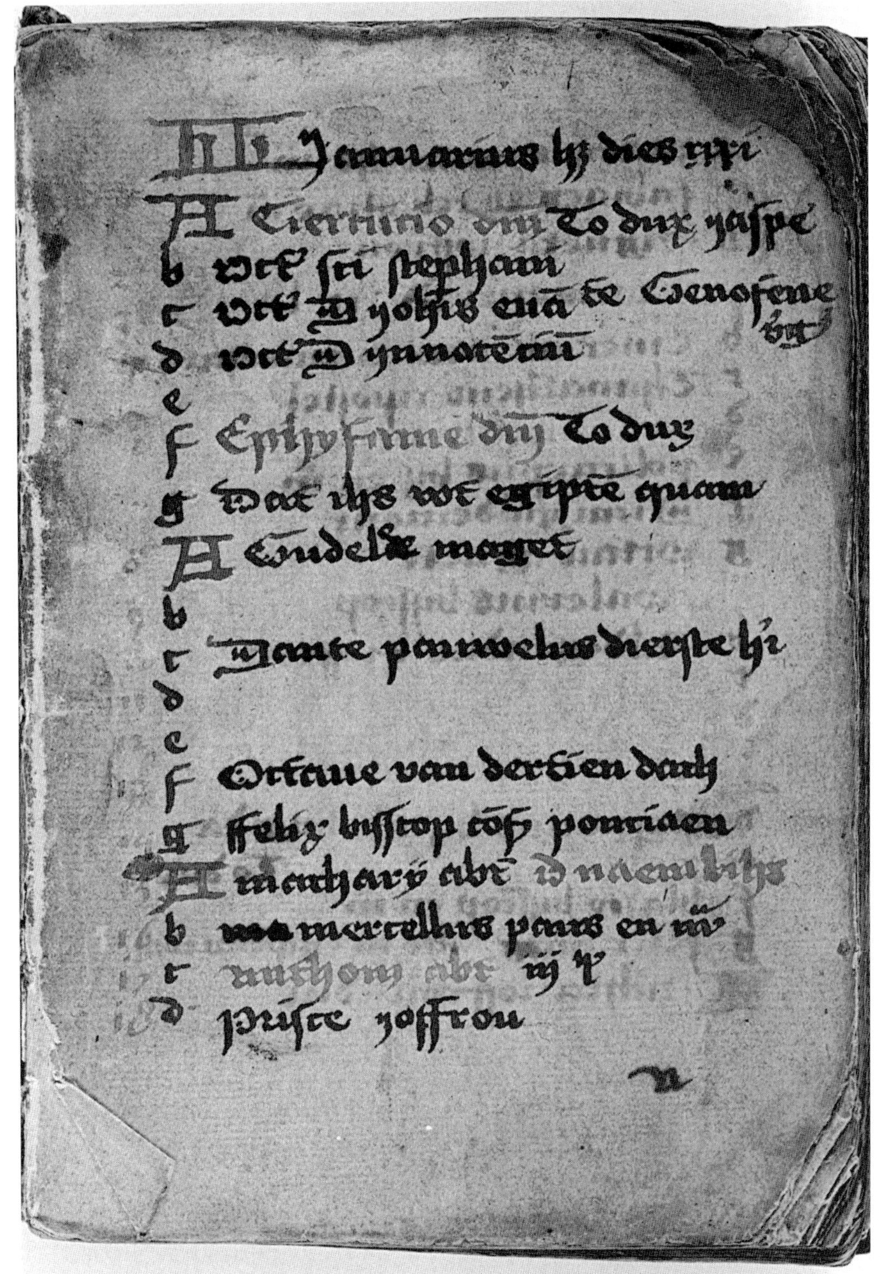

Afb. 6. – Tilburg, KUB, Bibliotheek, hs. KHS 4, f. 23r°.
(Copyright: B. Bergmans, AVC)

Geestelijke minne-oefeningen. De eerste oefening (190v^0-191r^0) bevat het volgende opschrift: *Die dese oeffeninge wil houden die moet alteyt [vuerich]lyck bidden ende nerstelycke al arbeyden sonder dese twee en salse nyemant crygen.*
F. 191-233r^0: Trap van Minne, in dertien oefeningen: *Hoe hem een mensch offenen inder lyefden Gods* (rubr.). Expl.: *...ende tot salicheit van mynder zielen amen.*
F. 233r^0-256v^0: gebeden op de Twaalf Artikelen van het Geloof. Inc.: *Ick gelove in God den Vader almechtich scepper hemelrijck ende aertrijck...* Expl.: *Ende sullen hem eewelijck daer meden verblyden.*
F. 256v^0-257: Opoffering op de Drie Geloften. Rubr.: *Een opofferinge op die drie geloeften.* Inc.: *O alre getrouwen vrient ende ewige liefhebber.* Expl.: *Ende die geboeden mijnre overste amen.*
Op 257v^0-261r^0 zijn door een andere, contemporaine hand nog twee gebeden toegevoegd. Het eerste gebed (257v^0-258v^0) bevat het volgende opschrift: *Dit gebedt is gevonden int Heijlich Graft tot Jerusalem ende heeft dese naervolgende [m]acht.* Inc.: *[S]oen yemen die dit gebet sal vuer hem dragen oft devotelyck leesen...* Expl.: *...dat sij vergeven alle mijne sonden amen amen.* Het tweede gebed (258v^0-261r^0) betreft een aflaatgebed van keizer Maximiliaen, *geconfirmeert* door paus Alexander VI (1492-1503). Inc.: *O almogende Godt gelooft gedanckt ende gebenedijt...* Expl.: *...met alle uwen lieven heyligen eeuwelijcke sonder eynde amen.*

¶ BOEKBLOK: Papier, aangetast door inktvraat en vochtschade. Moderne potloodfoliëring: 1-22, 22-98, 98-262.
Collatie: 1-21^8, 22^{4+2}(169 en 170 zijn enkelbladen), 23^2, 24-34^8. F. 10 is sterk beschadigd door inscheuren.
Watermerken: letter B in een gekroond wapenschild, boven de kroon een bloempje; gekroond wapenschild, met drie Franse lelies, eronder de letter B. Katernsignaturen, op het eerste en derde blad van het katern; met letters: a-f, a-i/k-o/o-s; met Romeinse cijfers: i-xxxxii. Resten van een bladspiegel met loodstift.

¶ SCHRIFT/VERLUCHTING: Littera gothica hybrida. Eén hand.
Rubricatie, van slechte kwaliteit. Oxydatie van het rubrum. Rode opschriften. Zwarte rubrieken worden hier en daar met rode inkt afgekaderd. Hoofdletters met rood aangestreept.
Rode en blauwe initiaaltjes (1-2 rr. hoog), hier en daar opengewerkt.
Representanten.

¶ BAND: Open rug. Boekblok op vier opliggende naaibanden (touwen). Naaiwijze: rondslag. Bestoken kapitaalbindingen aan de kop en de staart, niet meer geheel intact. Rood (?) geverfde snede.

N.b.: het boekblok steekt los in een niet bijpassende zestiende-eeuwse perkamenten boekband. Afm.: 151x100 mm. Aan de binnenkant van het voorplat van deze band zijn de restanten te zien van een verdwenen (perkamenten) binding, beschreven. Resten van drie leren bindingen. Overblijfselen van leren sluitkoorden.

¶ GESCHIEDENIS: Geschreven in en voor een vrouwenklooster? Vgl. 77r^0: 'Ende wil uwen heer ende bruydegom tegen coemen ende segge...'
Vroeg negentiende-eeuwse eigendomsinscriptie met inkt op 261v^0, geïmiteerd naar middeleeuwse voorbeelden: 'Dezen boek hoordt toe aan Jan Smolders te Westelbeers. Die hem vind en wedergeeft die toond dat hij regtvaardig leeft en die dat niet en doet die houd onregtvaardig goed'. Daaronder: 'Memento domini. Weest uwe diennaar gedachtig'. Op het achterplat is vagelijk nog een bezittersinscriptie te lezen (inkt, in dwarsrichting): 'Dit boek hoort [] Antoni []'. Verworven door het PGNB in 1983.

I,5 MIDDELNEDERLANDS BREVIER KHS 5

Papier. (v)+i+204+(iii) ff. Afm.: 145x102 (90x65) mm. 15-19 regels, over de volle bladspiegel. Birgittinessenklooster Mariënwater? Overgang vijftiende/zestiende eeuw. *Afb.* 7

BREVIER VOOR BIRGITTINESSEN (folia 7-211r^0). De tekst werd samengesteld door BIRGITTA VAN ZWEDEN. In het Middelnederlands en Latijn.
F. 7-181v^0: psalter, voor de dagen van de week, deels in overeenstemming met de niet-numerieke Romeinse weekordening, voor de nacht- en daggetijden, met antifonen, versikels, responsoria, hymnen, absoluties, lessen en collecten. Uitgebreide rubriekaanduidingen (Middelnederlands en Latijn). Op iedere dag van de week staat een specifiek Mariathema centraal. Het invitatorium van de metten wordt geopend door het Venite exsultemus (ps. 94). Rubr.: *Hier beghint den brivier der nonnen van sante Salvatoris orden in duitschen ten iersten die metten des son daechs me lau.* Inc.: *O gheheilichde maghet ghewerdicht mij...* Expl.: *Doet ons die weide des ewigen levens te vercrighen alleluia.*
F. 181v^0-192r^0: lofprijzingen op Maria, te lezen in de Advent, voor alle dagen van de week, en op Maria-Ontvangenis, Maria-Hemelvaart, Maria-Geboorte, O.L. Vrouw van Zeven Smarten en Pasen. Rubr.: *Onser vrouwen lof inden Advent.* Inc.: *O maghet dat van di die salichmaker der werelt solde geboren werden...* Expl.: *...ende onse stede uwen Soen o maghet Maria moeder Gods.*
F. 192v^0-199v^0: Maria-mis, integraal. Rubr.: *Hier beghint onser liever vrouwen misse in duitsche salve sancta.* Inc.: *Weest ghegruet heilige moeder lanc winnende maghet.* Expl.: *...doer ghinck doer den selven onsen Heer.*
F. 199v^0-207r^0: Maria-sequenties voor de hele week en op Maria-Hemelvaart. Rubr.: *Hijer beghinnen die sequencien van der heelre weken ierst des sonnendaghes.* Inc.: *Ghi sijt te mael scoen vriendinne des conincks der engelen...* Expl. (op Maria-Hemelvaart): *In Christo den Heer in ewicheit amen.*

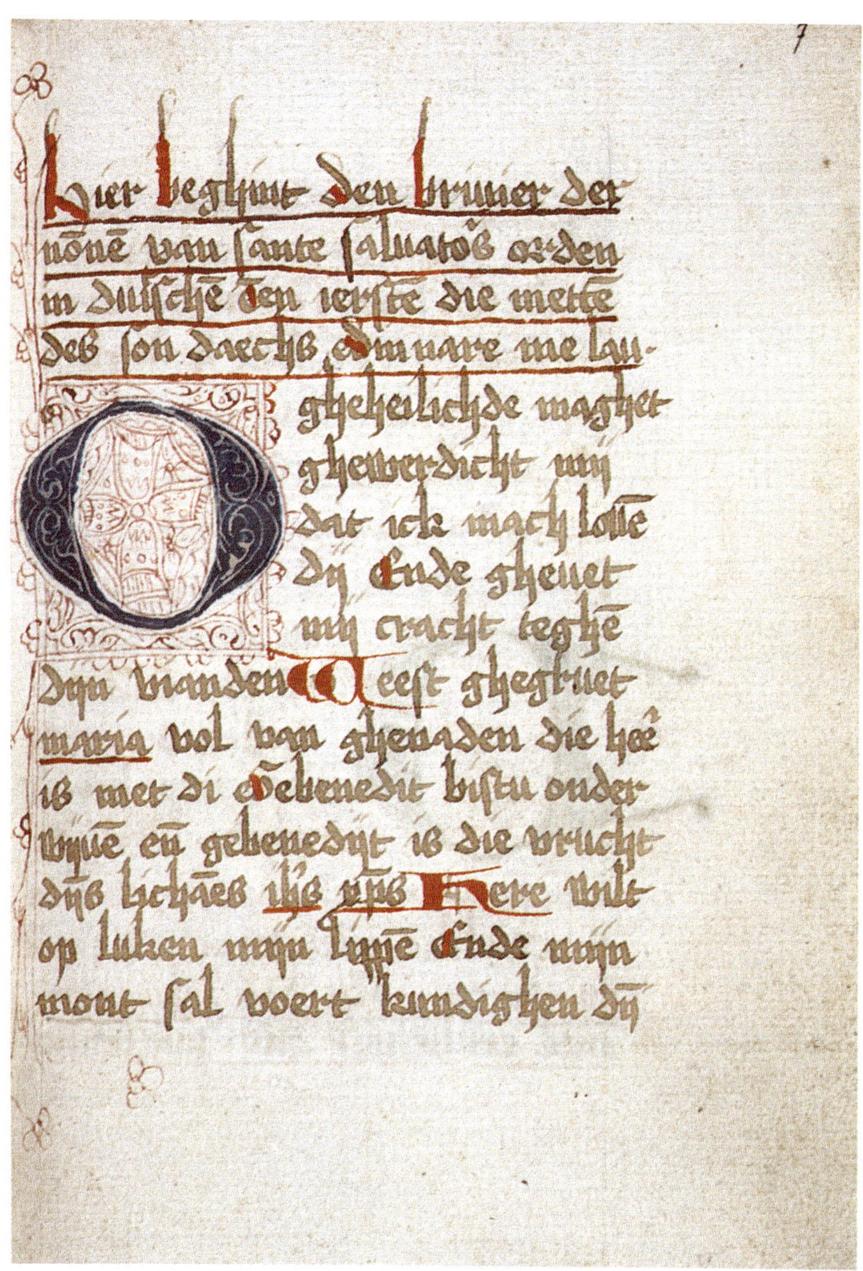

Afb. 7. – Tilburg, KUB, Bibliotheek, hs. KHS 5, f. 7r°.

¶ BOEKBLOK: Papier, aangevezeld, enige vochtschade. Oudere foliëring met potlood, onvolledig: 1-207, recentelijk met potlood aangevuld. Vernieuwde dek- en schutbladen, aangebracht in 1980 bij de restauratie van de boekband. F. 6 is een oorspronkelijk papieren schutblad. De schutbladen 1-6 en 212-213 zijn blanco. Perkamenten hartstrookjes.
De samenstelling van de katernen is niet meer vast te stellen (te strak gebonden boekblok).
Watermerken: deel van een handje. Resten van een afkadering met loodstift. Prikgaatjes voor de bladspiegel bewaard. Reclamanten op het verso van ieder laatste blad van een katern.

¶ SCHRIFT/VERLUCHTING: Littera hybrida cursiva formata. Eén (vrouwen)hand. Below top-line. Correcties: doorhaling met zwart en rood.
Gerubriceerd (zwak). Opschriften met zwarte inkt, met rood onderstreept. Hoofdletters met rood aangestreept. De namen van de auctoritates zijn met rood onderstreept: *Maria*, *Ihesus* etc. Rode hoofdletters.
Rode initialen (2 rr. hoog), onversierd. Opengewerkte rode initialen (4 rr. hoog).
Blauw geschilderde initialen (3-5 rr. hoog), littera simplex, aan begin van iedere dag, evt. in het lichaam van de letter met wit filigraan gehoogd, versierd met uitlopend paars penwerk ($7r^0$, $38v^0$, $59r^0$, $83v^0$, $105v^0$, $130r^0$, $192v^0$). De blauwe initiaal op $192v^0$ is opengewerkt. Initiaalveld en oog van de letter met arabeske en florale motieven. De initiaal kan ook alleen door een paarse penwerkrand zijn omgeven. Penwerkuitstraling: eenvoudige driespitsbladeren gestoken op de rand van de initiaalafzetting; of: strakke stralenbundels, semi-florale motieven; basislijn, aangehechte krommen met kleine driespitsbladeren ($7r^0$). Zie afb. 7.
Eén blauw-paars geschilderde initiaal (5 rr. hoog) op $7v^0$, littera duplex, hoging van het lichaam van de letter met wit filigraan, gedecoreerd met paars penwerk (stralenbundels, semi-florale motieven). De splitsing van de letter is uitgewerkt in een kroonmotiefje. In het oog van de letter florale motieven. Eén blauw geschilderde J-initiaal in margine ($156v^0$), bij het begin van de zaterdagse metten.
Representanten met zwarte inkt.

¶ BAND: Vernieuwde boekband. In 1980 gerestaureerd door het Kunstatelier St. Catharinadal (Oosterhout). Afm.: 156x118x46 mm. Leer over houten borden.
Platten versierd met blindstempeling. Driedubbele buitenkaders met fileten. Middenveld verdeeld in driehoeken en ruiten. Drie ribben. Bestoken kapitaalbindingen (vernieuwd). Vernieuwde klampsluitingen. Rood op snee.

¶ MACULATUUR: Na de f. 5 en 211 bevinden zich twee perkamenten fragmenten (overdwars). Het fragment voorin is op papier opgeplakt. Oorspronkelijk gebruikt als scharnieren. Gesneden uit één blad. Eerste helft veertiende eeuw. Middelnederlands. Oorkonde. Afm.: 26-31x141 mm. Littera gothica cursiva. Klerkenschrift.

¶ GESCHIEDENIS: Geschreven en vervaardigd in een birgittinessenklooster (Mariënwater?). Het handschrift was eertijds in het bezit van H.A Geurts (1865-1933), oud-directeur van Rolduc. Derhalve door De Vreese in de BNM te Leiden vroeger aangeduid als: Rolduc, H.A. Geurts, hs. 1. Door vererving in 1933 in het bezit gekomen van A.H.M. Geurts, pastoor te Afferden. In 1973 door pater Gerlach (1901-73) en J. Deschamps voor fl. 5000,=, tezamen met hs. KHS 26, van Geurts voor het PGNB aangekocht (bron: aantekeningen en correspondentie pater Gerlach [Tilburg, KUB, bibliotheek, z.s.]).

LITERATUUR. — a) In: GERLACH 1974, 119-120; OLSEN 1977, 106-107, nr. 112.
b) Over het birgittinessenbrevier wordt verwezen naar: *Tent. Cat. Birgitta van Zweden 1303-73*, 58-60.
Voor Mariënwater: *Tent. Cat. Birgitta van Zweden 1303-73*, passim; OLSEN 1977 (kloosterbibliotheek).

I,6 OBITUARIUM, EN OMGEWERKTE KALENDER KHS 6

Olim: 338c

Perkament. (i)+38+(i) ff. Afm.: c. 233x170-171 (c. 184x130) mm. F. 3 en 41 met de volgende afmetingen: 226-227x166 mm. c. 43 regels. Mariënburg, 's-Hertogenbosch. Eerste kwart zestiende eeuw, aanvullingen van zestiende- en zeventiende-eeuwse handen.
Afb. 8

'LIBER OBITUM CONVENTUS CASTRI MARIAE SORORUM 3.e REGULAE SANCTI FRANCISCI AD LOCUM. *Dictum den Ulenborch. Sylvae-Ducis*' (contemp. inkttitel). In het Nederlands. Namenlijst van overleden conventzusters van het Bossche tertiarissenklooster Mariënburg. Met de data van afsterven, in een kalender voor het gehele kerkelijke jaar.
Omgewerkte kalender van het bisdom Luik. De kalender bevat aanwijzigingen voor de afwijkende feestgraden van de eigen congregatie: Antonius (17.1), Gabriël (24.3), Marcus (25.4), Franciscus (25.5), Anna (25.7 [=26.7]), Portiuncula van O.L.V. ter Engelenkerk (2.8 [kerkwijding van de moederkerk der franciscanen]), Lodewijk ep. (19.8), Franciscus van Assisië (4.10; in rood), Daniël et socii (13.10), Hubertus (3.11; in rood), Elisabeth (19.11), Barbara (3.12 [=4.12]; in rood). Vermelding van Servatius (13.5), door de eerste hand rood genoteerd, later duplexrang toegevoegd.

¶ BOEKBLOK: Oudere potloodfoliëring: 3-39, 41. Te oordelen naar deze foliëring ontbreken (sinds de restauratie?) de folia 1-2 en 40. F. 41r^0 is blanco. Moderne dek- en schutbladen.
Collatie: 1^{10+1}(1 ingevoegd [titel]blad voor 4 [=f. 3]), 2^{10}, 3^8, 4^{8+1}(1 blad na 8 [=f. 41]). Bladspiegel en aflijning met inkt. Prikgaatjes voor de bladspiegel en liniëring bewaard gebleven. Besnoeid boekblok, m.n. rechterzijde.

¶ SCHRIFT/VERLUCHTING: Diverse (ongeoefende) zestiende-eeuwse hybrida-achtige schriften. Aanvullingen met zeventiende-eeuwse cursieve boekschriften. Meerdere onderscheiden handen. Correctie door rasuur.
Gerubriceerd. Rode opschriften. De dagletter A in de kalender is uitgevoerd in afwisselend rood en blauw. Rode paragraaftekens, aangebracht door een andere, contemporaine

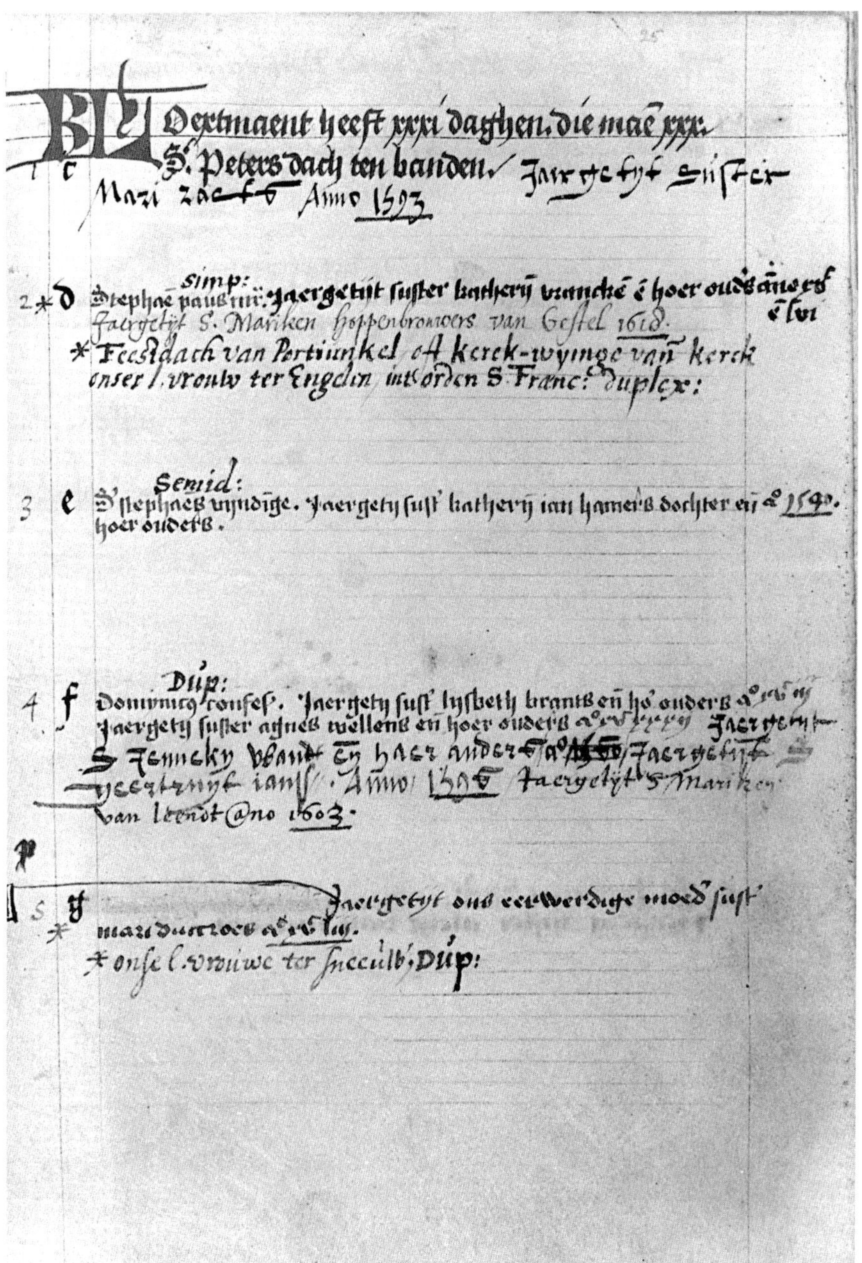

Oextmaent heeft xxxi daghen. die mae xxx.
1 c S. Peters dach ten banden. Jaergetyt suster Mari [illegible] Anno 1593

simp:
2 d Stephae paus.mr. Jaergetijt suster katheryn vrancke e hoer ouders ao xv e lvi
Jaergetyt S. Mariken hoppenbrouwers van Gestel 1610.
* Feesdach van Portiunkel off kerck-wyinge van kerck onser l. vrouw ter Engelen int orden S Franc: duplex:

Semid:
3 e S stephaes vijndinge. Jaergetij suster katheryn ian hamers dochter en ao 1540. hoer ouders.

Dup:
4 f Dominicus confes. Jaergetij suster lysbeth brants en ho ouders ao [illegible] Jaergetij suster agnes wellens en hoer ouders ao [illegible] Jaergetyt S Jenneky [illegible] en haer ouders ao [illegible] Jaergetyt [illegible] ians Anno 1595 Jaergetyt S. Mariken van leenot anno 1603.

5 g Jaergetyt ons eerwerdige moeder suster mari [illegible] ao [illegible]
* onse l. vrouwe ter sneeuw. Dup:

Afb. 8. – Tilburg, KUB, Bibliotheek, hs. KHS 6, f. 25r°.

(Copyright: B. Bergmans, AVC)

hand (slecht gemengde inkt, overdadige hoging). Zwarte paragraaftekens, eveneens van een andere zestiende-eeuwse hand.

¶ BAND: Geheel vernieuwde boekband. Afm.: 250x178x23 mm. In 1967 ingebonden naar de oorspronkelijke band door het Kunstatelier St. Catharinadal (te Oosterhout). Overstekende houten platten met leer overtrokken. Klep met overslagsluiting. Eén sluitstuk op het voorplat. Kaders met filetlijnen. Bandvlak met behulp van filets in ruiten verdeeld.
Het rugleer is aan kop en staart van het boek omgeslagen. Vier ribben, met koorden geprofileerd.
Op 42v⁰ staat met een rood stiftje het volgende genoteerd (vijftiende- of zestiendeeeuwse hand): xxxij. Moet dit getal wellicht worden geïnterpreteerd als een aanwijzing voor de binder?

¶ GESCHIEDENIS: Geschreven en vervaardigd in het tertiarissenklooster Mariënburg te 's-Hertogenbosch.
Op 3r⁰ staat de volgende inscriptie (vroeg zestiende-eeuwse hand), met rood onderstreept: 'Item didt convent van Marienboerch is geconformeert int jaer ons Heere cccc ende lix op Sancti Johannis geboerten dach' (24 juni 1459). Daaronder in dezelfde hand het volgende: 'Item alsmen processi gaet om die stat salmen altijt vij sallem met die letanijn lesen in ons convent. Item den groten brant ten Bosch was anno m.ccc.lxiij'.

¶ SIGNATUUR: Oud nummer: 338c.

LITERATUUR. — a) In HPGNB, jrg. 1902-03, 198; *Cat. PGNB Oorkonden/Handschriften 1915*, 407, nr. 338c; GERLACH 1935-1, 67, noot 73, en afb. van 36v⁰; *Monasticon Batavum Suppl. 1942*, 83.
b) Voor Mariënburg: SCHUTJES 1870-76, vol. 4, 491-498; *Analecta Gysberti Coeverincx 1905-07*, vol. 2, 347-363 (1469-1583); *Monasticon Batavum 1941-42*, vol. 1, 111; *Monasticon Batavum Suppl. 1942*, vol. 1, 82-83; HOEKX 1983, 22-25. Een lijst met namen van conventzusters in: SCHUTJES 1870-76, vol. 4, 493-499.

I,7 DIURNALE-HYMNI KHS 7

Olim: 635

Perkament en papier. (i)+i+181+ii+(i) ff. Afm.: 189-190xc. 130 (c. 118x81-83) mm. 30 en 27 regels. Twee kolommen. Diewer Pelgrims. Regularissenklooster Nazareth, regulierenklooster Sion te Beverwijk (band)? 1478-79; voltooid op 7 nov. 1479 (vgl. colofon). *Afb.* 9

DIURNALE; HYMNI (folia 2-180). In het Latijn.
Kalender van het bisdom Utrecht (=Windesheim), met Hollandse karakteristieken. Bevat uitgebreide liturgische aanwijzingen (2-11). De kalender bevat de Hollandse heilige Jeroen van Noordwijk (17.8), in rood. Traditionele gulden getallen (iii/xi/xix etc.); vgl. OBBEMA 1991, 132.

F. 12-21: computistica. Directorium (12-21r^{0}); bevat het volgende: tabel ter berekening van Septuagesima op basis van het gulden getal (13v^{0}), tabel om de octaaf van Trinitas te berekenen op basis van de kalender (16r$^{\circ}$-v$^{\circ}$; idem op 20v^{0}-21r^{0}), tabel ter berekening van de Paasdag met en zonder schrikkeldag, twee computistische cirkels met het jaartal 1478 als uitgangspunt (resp. 19v^{0}-20r^{0}).

F. 22-55v^{0}b: Proprium de Tempore, winterdeel, gaande van Adventszaterdag tot en met Goede Vrijdag. Gevolgd door het Sanctorale (55v^{0}b-62r^{0}), winterdeel, beginnend met Andreas (30.11) en eindigend met Ambrosius (4.4). Hymne van Ambrosius en Augustinus. Rubr. op 62r^{0}: *Hymnus beatorum Ambrosij et Augustini episcoporum*; RH nr. 20138 (*Tu lucis ante terminum*)? Toegeschreven aan Ambrosius. De tekst van deze hymne ontbreekt.

F. 63-94r^{0}b: Psalterium per hebdomadam, in de niet-numerieke Romeinse weekordening, voor lauden, priem en vespers. Met Cantica Biblica en hymnen. Tekstverlies: de psalmen 92, 99 en 62-65 ontbreken. F. 76r^{0}a-77r^{0}b: geloofsbelijdenis *Quicumque vult salvus esse* (Ps. Athanasius).

F. 93r^{0}b-v^{0}a: Canticum Simeonis (*Nunc dimittis servum domine*). F. 94v^{0}b-97v^{0}b: Septem Psalmi Poenitentiales (ps. 6, 31, 37, 50, 101, 129 en 142), gevolgd door de Litanie (97v^{0}b-99r^{0}b), preces minores en maiores (99r^{0}b-v^{0} [tekstverlies]), Dodenvigilie (defect) met negen lectiones (100-104v^{0}a). F. 104v^{0}a-105v^{0}b: dodengebeden, met negen lectiones minores (105v^{0}b-107r^{0}).

F. 108-120: Hymnarium de Tempore et de Sanctis pro totum annum. F. 121-127v^{0}a: Commune Sanctorum, het begin ontbreekt.

F. 127v^{0}b-153: Proprium de Tempore, zomerdeel, gaande van de vigilie van Pasen tot en de 23ste zondag na de octaaf van Pinksteren. Defect (overgang op 127v^{0}-128r^{0}).

F. 154-180: Proprium Sanctorum, zomerdeel, defect. In het Proprium de Tempore wordt op 13 mei (156v^{0}b) melding gemaakt van het vrij zeldzaam voorkomende feest van Maria ten Martelaren; vgl. KRONENBURG 1904-11, vol. 2, 16, 124, noot 2.

¶ BOEKBLOK: Perkament, hier en daar in de kneep verstevigd met papier. Potloodfoliëring: 1-186. Recentelijk met potlood aangevuld: 187 (oorspronkelijk dekblad). De f. 175 en 177 zijn verminkt door uitknippen. F. 1v^{0}, 107v^{0} en 186-187 zijn onbeschreven. Papieren dek- en schutblad.

Collatie: 1^{6}, 2^{4+1}(enkelblad voor 1 [f. 7]), 3^{10}, 4$^{8-1}$(mist 1; wederhelft van 8 is uitgescheurd), 5$^{6-3}$(1 en 6 ontbreken geheel; wederhelft van 2 is uitgescheurd), 6$^{8-1}$(mist 2, wederhelft van f. 37, uitgescheurd), 7^{8}, 8^{8}, 9$^{8-2}$(mist 2 en 7), 10$^{8-3}$(2, 4 en 7 ontbreken, wederhelften van f. 61, 63 en 65), 11$^{8-1}$(mist 1, wederhelft van f. 72, uitgescheurd), 12$^{8-1}$ (mist 8, wederhelft van f. 73 ontbreekt), 13$^{6-2}$(2 en 3 ontbreken, wederhelften van f. 83 en 84), 14$^{8-1}$(mist 8, wederhelft van f. 86), 15$^{8-1}$(mist 8, wederhelft van 93),

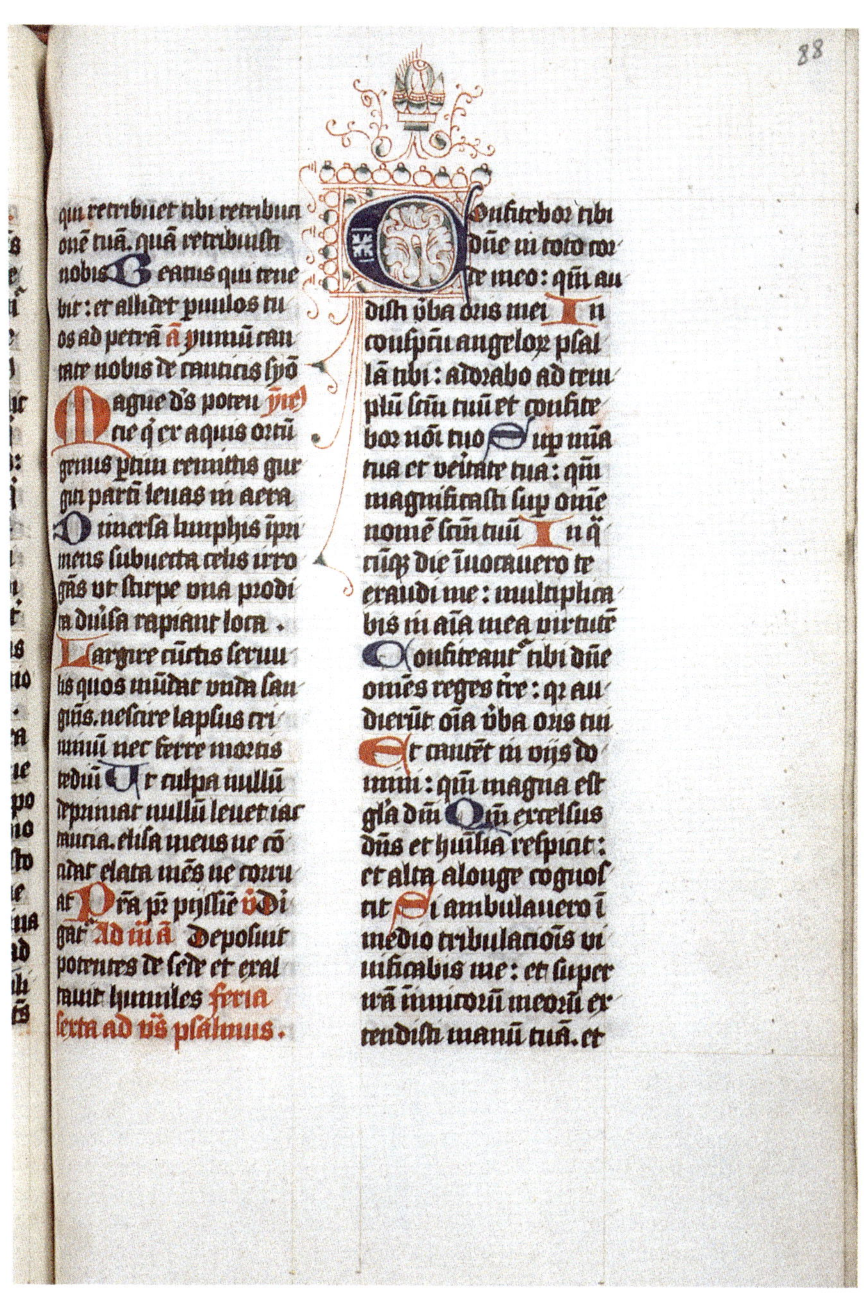

Afb. 9. – Tilburg, KUB, Bibliotheek, hs. KHS 7, f. 88r°.
(Copyright: B. Bergmans, AVC)

16^8, 17^{8-1}(mist 1, wederhelft van f. 114), 18^{8-2}(mist 6 en 8), 19^{8-1}(mist 1, wederhelft van f. 127), 20^{8-2}(mist 1 en 3), 21^{8-1}(mist 4), 22^{8-1}(mist 1, wederhelft van f. 147), 23^{8-1}(mist 7, wederhelft van f. 149), 24^{8-3}(mist 3, 5 en 6, wederhelften van f. 156, 157 en 158), 25^{8-2}(mist 6 en 8, wederhelften van f. 160 en 162), 26^{8-2}(mist 3 en 8, wederhelften van f. 166 en 170), 27^{8-1}(mist 2, wederhelft van f. 177), 28^{6+3}(twee bladen voor 1, 1 blad na 6; 179 en 180 zijn enkelbladen, f. 187 is toegevoegd enkelblad [=oorspronkelijk dekblad]).
Katernsignaturen, ten dele afgesneden: a1-a4, etc. Bladspiegel en aflijning met zwarte inkt. Prikgaatjes voor de bladspiegel en liniëring bewaard. Besnoeid boekblok.

¶ SCHRIFT/VERLUCHTING: Littera gothica textualis formata. Eén hand. Aanvullingen in margine van een andere, contemporaine hand (littera gothica hybrida [38v^0, 42v^0, 175v^0]). Below top-line. Gecorrigeerde tekst bijgeschreven in de marge (vgl. 42v^0). Gerubriceerd. Hoofdletters met rood aangestreept. Onderstrepingen met rood. Rode opschriften. Rode en blauwe hoofdletters. Rode en blauwe paragraaftekens.
Verluchting: Noordhollandse stijl (verwant aan de 'bonte basis'). Afwisselend rode en blauwe initialen (2 rr. hoog). Opengewerkte blauw en rood geschilderde initiaaltjes (3-5 rr. hoog), versierd met complementair uitlopend resp. rood en/of paars penwerk (aangehechte krommen, semi-florale arabesken), eindigend in gehaakte lussen met groen bezinksel, evt. met rijgsteekjes. Initiaalveld afgezet met parelstreng (parels met kleine bolletjes). Veldzwikken en oog van de letter met gestileerde (half)bladmotieven (o.a. gekrulde acanthusbladeren), uitgespaarde ruimten ingekleurd met groen. De blauwe initiaaltjes zijn gedecoreerd met paarse penwerkuitstraling (143r^{0}b, 146r^{0}a, 147r^{0}b, 148r^{0}b, 150v^{0}a, 151v^{0}a, 151v^{0}b en 152v^{0}b).
Opengewerkte rood-blauwe initialen (5 rr. hoog), littera duplex, vierkant penwerkkader, versierd met uitlopend rood penwerk (aangehechte krommen, semi-florale arabesken, parelranden met bolletjes), eindigend in gehaakte lussen met groen bezinksel, hoging met groen en, incidenteel, blauw (94v^{0}b, 134v^{0}b, 139r^{0}a). Veldzwikken en oog van de letter met (half)bladmotieven, uitsparing ingevuld met groen.
Rode en blauwe J-initialen in margine, hier en daar opengewerkt (o.m. 14v^0).
Representanten met inkt.

¶ BAND: Opgelapte boekband. Wellicht gebonden door de reguliere kanunniken van het klooster Sion te Beverwijk; cf. VERHEYDEN 1954, 232-236, type IIIC, en afb. 12. Afm.: 205x145x50 mm. De overstekende houten platten zijn met leer overtrokken. Oorspronkelijk voor- en achterplat behouden, versierd met rol- en paneelstempeling, blinde stempels. Bandvlak: kaders met fileten. Tussen de dubbele horizontale en verticale kaderlijnen versierd met blinde stempels: rozenkransje, geschaard in een groepje van zes gestempelde kleine zesbladige bloempjes, diam. van het stempeltje: 3 mm. Middenveld gedecoreerd met het zgn. Lamspaneel, type IIIc, het Beverwijkse (93x59 mm): het Lam Gods in een mandorla, tussen bloemen en heesters naar rechts stappend, één poot opgeheven, omkijkend naar het Kruis met uitwaaierende Lentevlag (kruisje en vier stippen). Spreukband om de mandorla, met geparelde buitenrand: *Siet dat Lam Goedes dat boert die sonden d'verl.* Vier medaillons met de Evangelistensymbolen zijn gestempeld over een deel van de spreukband. Identieke paneelstempels op: 's-Gravenhage, KB, hs. 74 G 1, Maastricht, minderbroedersklooster, hs. 2; Brussel, KB, hs. 15085; Rome, BAV, cod. Otoboniani, Latini, hs. 2916; en Wenen, ÖNB, hs. 2734. Vgl. VERHEYDEN 1954, t.a.p.

Bestoken kapitaalbindingen, (nieuw) aangebracht bij restauratie. Klampsluitingen: twee pijlvormige penmuiters, twee borgplaatjes (vierkant, ingeslepen tot een bloem met vier blaadjes), resten van leren sluitlippen.

¶ GESCHIEDENIS: Geschreven en vervaardigd in een Windesheimer regularissenklooster van Augustinus (vgl. in de kalender op 28.8 [8r^0]: 'Augustini...patris nostri'). In aanmerking komt het Beverwijkse (tertiarissen)klooster Nazareth dat in okt. 1430 onder bestuur van de reguliere kanunniken van het eveneens te Beverwijk gevestigde Sionklooster werd gesteld en de regel van Augustinus aannam.
Kopiiste: zuster Dieuwer Pelgrims. Colofon op 180v^{0}b (gedateerd: 7 nov. 1479): 'Finitus anno millesimo quadringentesimo lxxix^0 per manus sororis Diewaris Peregrini in festo sancti Willibrordi confessoris et maxima pars scripta est in celebribus festis orate pro ea'.
Contemp. eigendomsinscriptie in de bovenmarge van 1r^0: 'Liber magistro Garlaci de Scoten ad usum Adriane Pauli monialis in Beverwijck ad cuiusdem vitam a prefato magistro Adriane concessus cum parte estivali'. Dit bezittersmerk is, in de negentiende eeuw (?), eveneens bewerkt met een reagens, en thans zeer bedorven (de chemische stof heeft doorgewerkt naar de f. 2-4).
Een eigendomsmerk van een onbekende bezitter is in de late vijftiende en vroege zestiende eeuw met inkt deels weer onleesbaar gemaakt en vervolgens, aangevuld, opnieuw gebruikt voor een inscriptie van het Amsterdamse Agnesklooster (derde orde van St. Franciscus). De tekst van de eigendomsinscriptie luidt als volgt (180v^{0}b): 'Pertinet conventum monialium [in] [] (doorgehaald) Amstelere[] sancte Agnetis'. De notitie is in de negentiende eeuw bewerkt met een agressief reagens en is thans bijna volledig onleesbaar geworden. In de kalender zijn de volgende feesten met zwarte inkt door twee laat vijftiende-eeuwse of zestiende-eeuwse handen bijgeschreven (Agnesklooster?): 'Apollonie virginis et martiris duplex' (9.2), 'Translatio Augustini duplex' (na 27.2 [sic]); hand 2: 'Thome de Aquino confessoris duplex' (6.3), 'Patricij episcopi et confessoris duplex' (17.3, Trier), 'Theobaldi episcopi et confessoris duplex' (16.5), significant is de toevoeging op 8r^0: 'Translatio sancte Agnetis patrone nostre duplex' (2.9); voorts: 'Johannis Anglicani confessoris duplex' (12.10), 'Jeronis martyris duplex' (30.10), 'Malachie episcopi et confessoris duplex' (5.11).
Toegevoeging van hand 2: misformulieren voor Agnes, Trinitas, Monica, Anna, Elizabeth, Presentatio b. Maria Virgo (181-185v^{0}a). Wisselend aantal regels. Bladspiegel in twee kolommen. Bladspiegel en aflijning met inkt. Rubricatie: opschriften met rood, rode aanstrepingen, rode initiaaltjes (2 rr. hoog).
In het bezit geweest van Gerrit van Orden (1774-1854); door hem gelegateerd aan het PGNB; vgl. HPGNB, jrg. 1855, 33, nr. 1.

¶ SIGNATUUR: Oude nummers: 476, 635.

LITERATUUR. — a) Hs. vermeld in: Tilburg, KUB, bibliotheek, beschr. PGNB, hs. KHS 7. Vergelijk notities van C.R. Hermans m.b.t. KHS 7 in hs. KHS D122; vgl. *Over Brabant geschreven*, vol. 2 (Archivalische Bronnen), cat. II,544, nr. 1. Verder in: *Cat. PGNB Oorkonden/Handschriften 1875*, 125, nr. 476; *Cat. PGNB Oorkonden/Handschriften 1900*, 248, nr. 635; KRONENBURG 1904-11, vol. 2, 16, 124, noot 2 (het hs. wordt daar abusievelijk geïdentificeerd als antifonarium); VERHEYDEN 1954, 232-233, type IIIC, nr. 1; HPGNB, jrg. 1855, 33, nr. 1 (=HERMANS 1855); CMD-NL 2, nr. 328, ook vermeld

in de inleiding (p. 9) i.v.m. de computistische cirkels; IMDC, 43; BAARDA/HERMANS 1992, 34-37, cat. 1 (afb. 8 [141v^0], 11 [180v^0], 12 [1r^0]); *Tent. Cat. Brabant te Boek 1992*, 5, cat. 1.
b) Over de 'bonte basis'-decoratie raadplege men: KORTEWEG 1986, 241, noot 17 en afb. 5; *Tent. Cat. Noordnederlandse Randversiering 1992*, 84-95.
Een overzicht van Noordhollandse (en Haarlemse) boekbanden (o.m. Beverwijk) in de collecties van het Rijksmuseum Het Catharijneconvent in: WÜSTEFELD 1989, 119-130, bijlage v.
Voor het Beverwijkse klooster Sion (domus s. Maria in Sion. Nazareth. Sion): ACQUOY 1875-80, vol. 3, 94-96, nr. 37; *Monasticon Batavum 1941-42*, vol. 2, 33; MW, vol. 3, 159-174.
Voor het Amsterdamse Agnesklooster: VAN EEGHEN 1941, 83-94, nr. 1.
Voor G. van Orden [=lid Staten van Holland (1837-49), lid PGNB, collectioneur en numismaticus] m.n. VAN DER AA 1852-78, vol. 5, 58-59; BAARDA/HERMANS 1992, 13-20. In BAARDA/HERMANS 1992, 18-20 wordt een overzicht gegeven van de schenkingen van Van Orden aan het PGNB ('s-Hertogenbosch, RANB, inv.nr. 09103, nr. 351). Een ex-libris van Van Orden met diens familiewapen in: BAARDA/HERMANS 1992, 13, afb. 3, verder in hs. KHS 20 (binnenzijde voorplat). Vergelijk ook het eerste inleidende hoofdstukje op de catalogus, m.n. noot 37. Verder: *Over Brabant geschreven*, vol. 2 (Codices novi), cat. II,14.

I,8 LEKENBREVIER: MEDITATIE- EN GEBEDENBOEK KHS 8

Olim: 636

Perkament en papier. 207 ff. Afm.: c. 140x107 (95-100xc. 80) mm. 20 regels. Zuidelijke Nederlanden ('s-Hertogenbosch e.o.?). Overgang vijftiende/zestiende eeuw.

Afb. 10

MEDITATIE- EN GEBEDENBOEK (folia 1-207r^0). In het Middelnederlands.
F. 1-14r^0: oefeningen voor de Adventstijd, o.a. tot Maria. Met gebedshouding (bv.: *Ten eersten selmen neder vallen ende cussen die aerde...* [1r^0], of: *Ende leest dit staende* [2v^0]). Rubr.: *Inden Advent selmen lesen alle daghe elf pater noster mit gloria patri. Dat maect opten korsavont twee hondert ende lxxv pater noster also menighen dach seitmen dat onse lieve Here rustede in sijnre glorioser moeder lichame om onse salicheit. Ende voer elc pater noster selmen lesen dit ghebet.* Inc.: *Ghebenedijt die ure ende die tijt...* Expl.: *Ghif mi dijnre ewicheit deelachtich te worden inder ewicheit die levet amen.*
F. 14r^0-35v^0: kersthymne en gebeden op gebeurtenissen uit de Kindheid van Jezus en het leven van Maria. Bevat excerpten uit Hubertinus de Casale, Bernardus Claraevallensis, Anselmus Cantuariensis en Augustinus. Rubr.: *Ymmen op Kers dach.* Inc.: *Verbliden wi ons...* Expl.: *O alre waerachtichste overste ewighe heilighe drievoudichste Vader Soen ende Heilighe Gheest amen.*

F. 35v^{0}-39: oefeningen op Maria-Boodschap. Rubr.: *Hier beghint die oeffeninghen van Onser Liever Vrouwen Annunciacio.* Inc.: *Die enghel ghinc in tot Maria ende sprac...* Expl.: *...ende sijn beschermer wesen teghen alle verveernisse sijnre vianden amen.*

F. 40-43r^{0}: diverse oefeningen voor de Paastijd, met de Vijf Blijdschappen van de Verrezen Christus (41r^{0}-43r^{0}). Rubr.: *Op enen Heilighen Paessche dach selmen dese souter beghinnen inder eren der heiligher verrisenisse ons Heren ende alt iaer doer opten sonnedach selmen drie psalmen lesen vervolghende uut Davids souter ende die vierde sal altoes wesen confitemini.* De aanduiding *souter* is hier volkomen misplaatst; er worden slechts enkele verwijzingen naar psalmteksten gegeven. Inc.: *Verblide hem nu dijn onweerdige dienre...* Expl.: *...voer die vijfste dat vrolike gheselscap sijnre heilighen.*

F. 43r^{0}-59r^{0}: Mariagebeden; losse gebeden, gebeden voor de periode tussen Hemelvaart en Pinksteren, en voor drie Mariafeesten (Maria-Visitatie, Maria-Geboorte en Maria-Ontvangenis). Rubr.: *Van onser liever vrouwen.* Inc.: *O coninghinne der ontfermherticheit...* Expl.: *...ende in enen goeden wille amen.*

F. 59r^{0}-71r^{0}: oefeningen op Allerheiligen. Rubr.: *Hier beghint die oefeninghe van allen heiligen ende eerst vander drievoudicheit.* Inc.: *O du hemelsche Vader almachtighe God...* Expl.: *...ende te verwinnen amen.*

F. 72-127v^{0}: gebeden voor het liturgische jaar (winterstuk), van Adventszaterdag tot en met de 24ste zondag na de octaaf van Pinksteren, indeling naar de monastieke getijden. Inc.: *Die hem seit die daghe sellen comen...* Expl.: *Here hoer mijn ghebet.*

F. 127v^{0}-178r^{0}: Sanctorale, van Bartholomeus tot en met Franciscus. Inc.: *Bartholomeeus is een goet patroen van Yndien...* Expl.: *Doer Ihesum Christum onsen Here amen.*

F. 178r^{0}-184r^{0}: gemeenschappelijke der heiligen. Rubr.: *Van alden heiligen.* Inc.: *In den hemelen verbliden die zielen...* Expl.: *...wi in ghelichtet worden overmits.*

F. 184v^{0}-195: sacramentsgebeden, met lezingen, collecten en negen lessen. Tekstverlies. Rubr.: *Vanden Heiligen Sacrament ter eerster vesper.* Inc.: *God wilt (alleluia).* Expl. (defect): *...ende van vetticheit des weits...* (hier breekt de tekst af).

F. 196-201r^{0}: ingelaste lessen voor de week na de octaaf van Sacramentsdag, ingevoegde Fremdkörper! Rubr.: *Die lessen inder octaven des Heilighen Sacraments des vridaghes.* Inc.: *Die figuer van desen Sacrament...* Expl.: *...ende mijn siel sel in mi verwelken.*

F. 202-207r^{0}: sequenties, o.a. op Pasen, H. Geest, H. Drievuldigheid, de Geboorte van Christus en Maria. Tekstverlies. Inc.: *Ic bin die verdiente des verdoemens* (in de bovenmarge als correctie op het eerste woord). Expl.: *...daer dat stadige licht eweliken lichtet amen.*

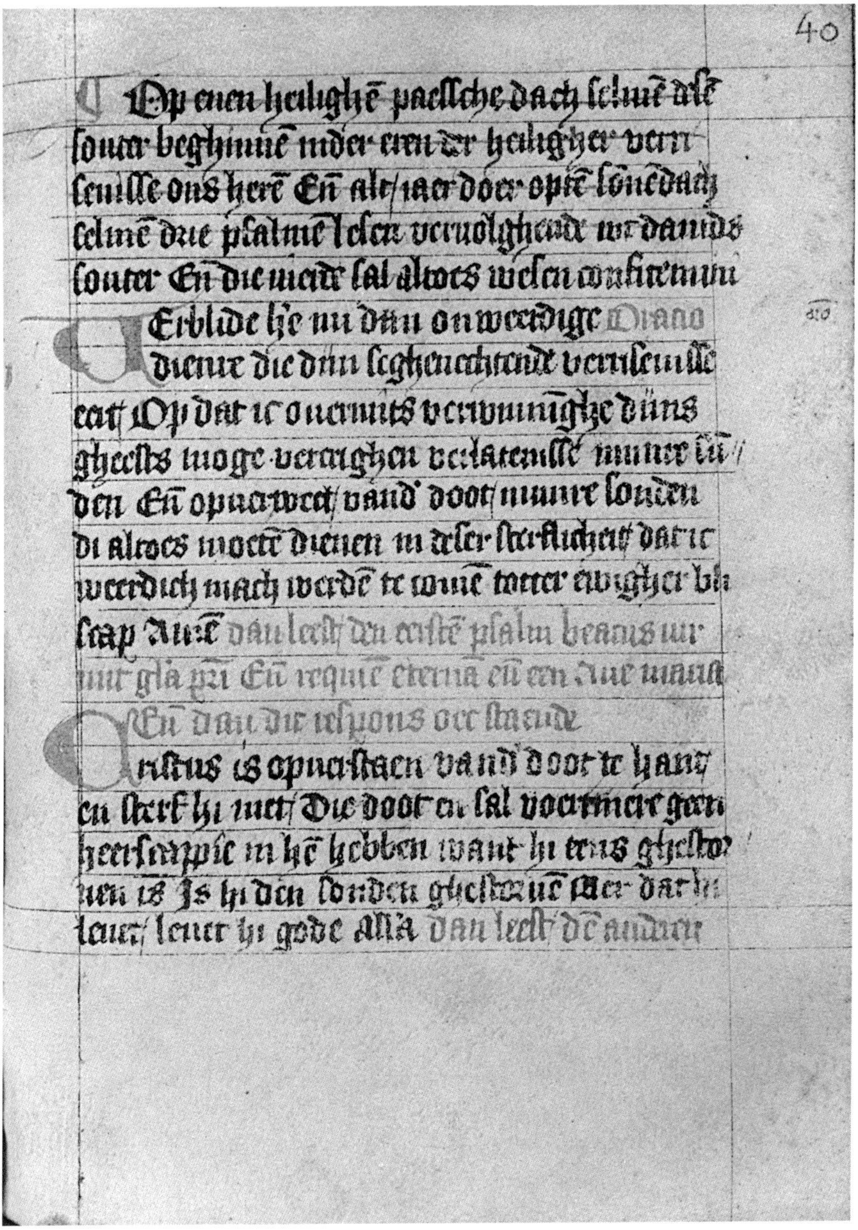

Afb. 10. – Tilburg, KUB, Bibliotheek, hs. KHS 8, f. 40r°.

(Copyright: B. Bergmans, AVC)

¶ BOEKBLOK: Perkament van zeer wisselende kwaliteit, beduimeld, (contemp.) verstevigingen met perkament, papier en plakband (!). In f. 164 zit een fors gat in het perkament, de kopiist (hand 1) heeft hier handig omheen geschreven. Oudere potloodfoliëring: 1-207. F. 1 is verminkt door uitsnijden en bevatte waarschijnlijk een eigendomsmerk. Eén blad na 71 en 88, en drie bladen na 195 verminkt door uitsnijden en/of uit-scheuren. Idem verminkt door uitscheuren: 113r^0 (rechterbovenhoek). Vernieuwde dek-bladen (papier). Collatie der katernen: 1-8^8, 9$^{8-1}$(mist 8; wederhelft van f. 65 thans verloren), 10-11^8, 12$^{8-1}$(mist 2; wederhelft van f. 93 verloren), 13-24^8, 25$^{8-3}$(mist 6,7 en 8; verminkt door uitsnijden), 26$^{8-2}$(katern 26 is een papieren Fremdkörper; mist 7 en 8, verminkt door uitsnijden [blanco]), 27^6.
Watermerken (katern 26), n.g. Katern 26 bevat een blanco perkamenten hartstrookje. Reclamanten, rechtsonder op het verso van het laatste blad van een katern, evt. in rood (64v^0). Schrijfkader en aflijning met inkt. Prikgaatjes voor de liniëring deels bewaard. Besnoeid boekblok, m.n. aan de buitenzijden.

¶ SCHRIFT/VERLUCHTING: Littera gothica textualis formata. Twee handen; hand 1: 1-195, 201-207r^0; hand 2: 196-201. Toevoegingen in de marge door de kopiist, en ook door twee andere, contemporaine handen. Below top-line. Toegevoegd gebedsformulier op 71v^0 (contemporaine hand: littera gothica cursiva libraria). Correcties: bijschrijven in de marge, rasuur, doorhaling met zwart. Interpunctie.
Gerubriceerd. Zwarte en rode opschriften. Rode paragraaftekens. Hoofdletters met rood aangestreept. Een aantal zwarte opschriften zijn door de tekst aangestreept met rood. Aanstrepingen met rood. Rode hoofdletters.
Initialen (2 rr. hoog). Rode J-initialen in margine. Regelvullingen met rode inkt. Representanten voor de rode opschriften met zwart (littera gothica cursiva) in margine. Representanten voor de initialen met zwart.
De rubricatie in katern 26 (196-201) kan als volgt worden beschreven. Rode opschriften en paragraaftekens. Rode aanstrepingen. Rode initiaaltjes (2 rr. hoog), zeer sober versierd met rood penwerk. Eén blauw initiaaltje (2 rr. hoog), op 196r^0. Eén rood initiaaltje (2 rr. hoog), in vierkant penwerkkader, gedecoreerd met rood (twee aangehechte ranken met niet geheel ontrolde bladeren, vogelkopje [duif?]).

¶ BAND: Opgelapte boekband (negentiende eeuw?). Oorspronkelijke boekband voorlopig toe te schrijven aan de Broeders van het Gemene Leven te 's-Hertogenbosch (Gregoriushuis). Afm.: 152x114xc. 58 mm. Overstekende afgeschuinde houten platten met leer overtrokken. Voor- en achterplat van de oorspronkelijke boekband behouden, maar beschadigd en zeer sterk afgesleten.
Bandvlak gedecoreerd met blinde stempels en twee paneelstempels. Kaders met fileten. Blinde stempels: bladornament, ruitvormig, breedte: 34 mm, aan de vier zijden van ieder paneeltje; Franse lelie, in een ruitje met geparelde rand, 12x8 mm, in de uiterste hoeken van voor- en achterplat. Middenveld versierd met paneelstempels. Paneelstempel op het voorplat (74x50 mm), sterk afgesleten (reconstructie van dit stempel op basis van hs. KHS 21): voorstelling van de Onbevlekte Ontvangenis, Onze-Lieve-Vrouw-in-de-Zon, gekroond, staand op een maansikkel, op haar rechterarm het Jezuskind. Met monogram: DF. Prosper Verheyden wil dit monogram interpreteren als *Domus Fratrum* (=Gregoriushuis, 's-Hertogenbosch). Spreukband: *Ave Regina Celorum. Ave Domina Angelorum. Salve radix sancta. Ex qua mundo lux est orta* (RH nr. 2070). Paneelstempel op het achterplat (73x49 mm), sterk afgesleten (reconstructie op basis

van hs. KHS 21): H. Hiëronymus, frontaal, met lange tot op de grond reikende mantel en met kardinaalshoed, opengeslagen boek in de rechterhand, in de linkerhand de kruisstaf, links van hem een opspringend leeuwtje. Tafereel gepresenteerd als een venster. Monogram (links- en rechtsboven): DF. Hiëronymus rechts geflankeerd door een ranke steel met bloem. Spreukband: *Salve pater flos doctorum. Salve flos decusque morum inclite Iheronime respice finem*; RH nr. 18106. Identieke paneelstempels op: Tilburg, KUB, bi-bliotheek, hs. KHS 21 en Nijmegen, UB, hs. 310 (olim: Wittem, redemptoristen-klooster, hs. 10). Vgl. VERHEYDEN 1933, 215-219 (paneelstempels), 219 (blinde stempels), verder afb. 1 en 2; *In Buscoducis 1450-1629*, vol. 1, 145, cat. 81 (=Nijmegen, UB, hs. 310). Het paneelstempel met Onze-Lieve-Vrouw-in-de-Zon verder in het zgn. 'Douce-scrapbook', nr. 44 (Oxford, Bodleian Library); VERHEYDEN 1940-42, 43, afb. bij 43.
Drie ribben. Zadelsteekkapitalen. Papieren dekbladen aangebracht bij de restauratie. Klampsluitingen: twee pijlvormige penmuiters met ciseleerwerk, één borgplaatje. Ge-verfde snede?

¶ GESCHIEDENIS: Herkomst niet bekend. Gebonden in 's-Hertogenbosch (Gregoriushuis)?
Aantekening van de kopiist op 207r^0: 'Voluntas Dei qui scripsit'.
In de ondermarge van 19r^0 is een correctie bewerkt met een felle reagens.
In het bezit geweest van Gerrit van Orden (hs. 5) en door hem gelegateerd aan het PGNB. Aantekening van C.R. Hermans in de rechterbovenhoek van 1r^0: 'N. 5. 1854'.

¶ SIGNATUUR: Oud nummer: 636.

LITERATUUR. — a) In Tilburg, KUB, bibliotheek, beschr. PGNB, hs. KHS 8. Verder: HPGNB, jrg. 1855, 33, nr. 5 (=HERMANS 1855); *Cat. PGNB Oorkonden/Handschriften 1900*, 248, nr. 636; VERHEYDEN 1933, 219, nr. 2; BAARDA/HERMANS 1992, 37-39, cat. 2 (afb. 13 [195v^0-196r^0]); *Tent. Cat. Brabant te Boek 1992*, 5, cat. 2.
b) Over de Bossche fraters: COPPENS 1840-44, vol. 2, 214-227; SCHUTJES 1870-76, vol. 4, 403-416; NAUWELAERTS 1942, nr. 20; NAUWELAERTS 1974, 18-24 en 84-119; VAN DEN OORD 1984, 10, 40-50, 52-53 en 94-101 (m.n. hun boekactiviteiten); FOGEL-MARK 1990, 35 vv.
Over het 'Douce-scrapbook': VERHEYDEN 1940-42, 42, noot 1.
Voor G. van Orden: lit. bij cat. I,7.
Voor C.R. Hermans (1805-69) [=oprichter en bibliothecaris Provinciaal Genootschap van Kunsten en Wetenschappen in Noord-Brabant]: VAN SASSE VAN YSSELT 1937, 66-71; VAN DE VEN 1958; VAN DE VEN 1962, 17-32 en afb. t.o. p. 16; VAN DEN BOSCH 1974, 565-567; KAPPELHOF 1986, 11-12; KRIJBOLDER 1989. Vergelijk verder de inleiding op de catalogus. Zie ook: *Over Brabant geschreven*, vol. 2 (Codices novi), cat. II,342.

I,9 MEDITATIE- EN GEBEDENBOEK KHS 9

Olim: 637

Papier. i+288+i ff. Afm.: 139x99 (86-88xc. 60) mm. 17 regels, over de volle bladspiegel. Tertiarissenklooster Bloemenkamp te 's-Hertogenbosch. Eind van de vijftiende of begin van de zestiende eeuw. *Afb.* 11

[JACOBUS VAN GRUITRODE (1400/10-75)], MEDITATIEN EN GEBEDEN: [MEDITATIEN VANDER MYNLIKER TOECOEMSTE ONS HEREN], deel twee (folia 2-289). Middelnederlandse vertaling van de [MEDITATIONES DE TEMPORE ET DE SANCTIS]? Bevat zestien meditaties.
Dit aan Gruitrode toegeschreven werk bestaat uit twee delen; hs. KHS 9 is hiervan het tweede deel. Het eerste deel berust te Brussel (KB, hs. IV 220). Beide delen zijn geschreven en verlucht door dezelfde resp. kopiist en rubricator. De handschriften zijn anoniem, maar op grond van een tekstformule in het Brusselse manuscript alsmede in twee andere werkjes worden ze aan Gruitrode toegeschreven; vgl. *Tent. Cat. Kartuizers 1084-1984*, 232, cat. 41b; DESCHAMPS 1985, 78, nr. 9. Het Brusselse en het Tilburgse handschrift bevatten bespiegelingen op 35 kerkelijke feestdagen. Excerpten ontleend aan Ambrosius, Anselmus Cantuariensis, Augustinus, Bernardus, Franco Affligemiensis, Hiëronymus, Hubertinus de Casale, Innocentius III, Johannes Chrysostomus, Johannes Gerson, Johannes van Hoveden, Leo I en Origenes.
F. 2-10r^{0}: meditatie op Drievuldigheidsdag, met twee gebeden resp. tot de Gods Zoon en de H. Geest. Rubr.: *Een meditacie opter werdiger Heiliger Drievoldicheit dach.* Inc.: *Di sy lof eer ende werdicheit...* Expl.: *...by di vijnden mach rust van alle arbeyt amen.*
F. 10r^{0}-20r^{0}: meditatie op de vooravond van Sacramentsdag. Rubr.: *Op des Heigen* (zonder abbreviatuur!) *Sacraments avonts.* Inc.: *O alre bermhertichste God die een kenre sijt alre herten.* Expl.: *Want si by hoer heeft materie van soe onghemetenre blijtscappen.*
F. 20r^{0}-75r^{0}: meditatie op Sacramentsdag, met diverse sacramentsgebeden, o.a. tot de engelen, heiligen, Maria, H. Drievuldigheid en de H. Geest. Rubr.: *Een meditacie op des H. werdigen Sacramentsdach.* Inc.: *Alre sueste Heer Jhesus Christi hoe wonderlijck is tot ons...* Expl.: *...ende onweerdelick dat Heilige Sacrament te ontfangen.*
F. 75r^{0}-83r^{0}: meditatie op Maria-Visitatie. Rubr.: *Een medetacie op Onser Liever Vrouwen Visentacie dach.* Inc.: *Weest ghegruet gloriose maget ende moeder Gods Maria...* Expl.: *O heilige weerdige joncfrouwe ontghinck ick allen anxt.*
F. 83v^{0}-90r^{0}: meditatie op Kerkwijding. Rubr.: *Een medetacie int hoechtijt der kerk widinghe.* Inc.: *Ho ontsienlick is dese stede...* Expl.: *...ende mijn siel verblijde voer di in volmaecter blijscappen.*
F. 90r^{0}-106r^{0}: meditatie op Maria-Hemelvaart. Rubr.: *Een medetacien op Onser Liever Vrouwen Hemelvaert dach.* Inc.: *Mit groter ynnicheit soe vermaen ick di...* Expl.: *...van dinen lieven Soen die gaven sijnre godliker gracien amen.*
F. 106r^{0}-120v^{0}: meditatie op Maria-Geboorte, met een gebed op de naam van Maria. Rubr.: *Een medetacie op Onser Liever Vrouwen Gheboerteten dach.*

Inc.: *Alre werdichste maget Maria overclaer steern des meers...* Expl.: *Dan in dinen alre suetsten naem Maria.*
F. 120v^0-123v^0: meditatie op Kruisverheffing. Rubr.: *Een medetacie op des H. Cruys Verheffenge dach.* Inc.: *Heer Jhesu Christi alre mynlicste verloesser...* Expl.: *...tot enen saligen eynde overbrengen moet.*
F. 123v^0-142: meditatie op alle engelen, met gebeden tot de engelenkoren. Rubr.: *Een medetacie op alre engelen tot onsen lieven here Augustinus.* Inc.: *Mijn alre getrouste mynnaer Heer Jhesu Christi ghi hebt my uut groter mynnen gescapen...* Expl.: *Ende alsoe in gaen mach totten bruloften uwes conincks.*
F. 143-169r^0: meditatie op de feestdag van Franciscus van Assisië. Rubr.: *Een medetacie op ons Heilige Vaders Sunte Franciscus dach.* Inc.: *Mit engelschen love bistu te eren als een vrient des brudegoms.* Expl.: *...op dat wij met uwer verdienten moegen comen ter ewiger salicheit.*
F. 169r^0-183v^0: meditatie op Allerheiligen. Rubr.: *Een meditacie op Alre Heiligen dach.* Inc.: *Hoe gloriose is dat rijck o coninc ende Heer...* Expl.: *...ende moeten di loven ende glorificeren inder ewicheit.*
F. 183v^0-200v^0: meditatie op de feestdag van Elisabeth, patrones van het Bossche Bloemenkampklooster. Rubr.: *Een meditacie op sunte Elyzabethten dach onse heiligen patronesse.* Inc.: *Mit wat werdicheit sal ick dinen lof uut spreken...* Expl.: *...wie sy eer ende glorie van ewicheit in ewicheit amen.*
F. 201r^0-206r^0: meditatie op Maria-Opdracht. Rubr.: *Een meditacie op Onser Liever Vrouwen dach dat sy inden tempel geoffert.* Inc.: *Verblijt u Maria salige joncfrouwe die gebracht wordest inden tempel des Heren...* Expl.: *...doer uwer moederliker beden verlucht te werden mitten engelschen choren amen.*
F. 206r^0-224: meditatie op de feestdag van Cecilia. Rubr.: *Een meditacien op sunte Cecilien dach der heiliger martelaerster.* Inc.: *Mit hemelschen love ende engelscher werdicheit o wit blinckende ende suverlike lelye...* Expl.: *...wilt my troesten ende verblijden mitter coningynnen Maria amen.*
F. 225-269r^0: meditatie op de feestdag van Catharina. Rubr.: *Een meditacie opten dach der heiliger glorioser werdiger coningynnen Katherina.* Inc.: *Mit wat werdicheit salmen dinen lof uutspreken...* Expl.: *Ende mit di geset moet werden in die oneyndelike blijscap der ewigher glorien in ewicheit.*
F. 269v^0-289: meditatie op de feestdag van de H. Barbara. Rubr.: *Een meditacie op sinte Barbara dach der werdiger martelaerster.* Inc.: *Alre weerdichste bruyt ons Heren Ihesu Christi gloriose maget Barbara...* Expl.: *...voer dat ghi mijn siel hebt bracht in dat ewige leven amen.*

eefen meditacie opter werdig
heiliger drievoldicheit dach
O sy lof
eer en
werdic-
heit. O
hoge wer-
dige hei-
lige drie-
voldicht.
die cherabyne eñ cheraphyne
aenbeden als god almechtich
eñ van mynliken anxt voer-
beven. Wat lof sal ic moegen
byeden dijure hoger moegent-
heit. Ich bekenne di alleen enen
gewarechten god eñ ewigen va-

Afb. 11. – Tilburg, KUB, Bibliotheek, hs. KHS 9, f. 2r°.
(Copyright: B. Bergmans, AVC)

¶ Boekblok: Oudere potloodfoliëring: 1-290. F. 1 en 290 zijn oorspronkelijke schutbladen. Eén oorspronkelijk dekblad (binnenzijde achterplat). Boekblok bevestigd op vier perkamenten naaibanden.
Collatie der katernen: 1^{6+1}(1 blad na 6), $2\text{-}10^{8}$, 11^{8+1}(1 blad na 3; 83 is aangeplakt op 85v^{0}), $12\text{-}21^{8}$, 22^{6+2}(3 en 6 zijn in feite enkelbladen [171 en 174], maar aaneengeplakt), $23\text{-}25^{8}$, 26^{4+4}(3 vastgeplakt aan 6, 4 vastgeplakt aan 5; de f. 203 en 206, alsmede 204 en 205 zijn feitelijk papieren enkelbladen, maar aaneengeplakt tot dubbelbladen), $27\text{-}35^{8}$, 36^{10}.
Watermerken: gekroond wapen, drie lelies op een schuin gedeeld wapenschild; Briquet 1923, nr. 1814 (1507-34). Bladspiegel en aflijning met inkt. Katernsignaturen met zwarte inkt, goeddeels afgesneden. De prikgaatjes zijn hier en daar nog zichtbaar.

¶ Schrift/Verluchting: Littera gothica hybrida formata. Eén hand. De kopiist van hs. KHS 9 heeft ook KHS 14 afgeschreven (cat. I,14). Eerste regel in de kolom geschreven below top-line. Interpunctie (geleding met zwart en rood). Correcties: doorhaling met zwart en rood, tekst bijgeschreven in de marge (aanduiding in de schrijfkolom m.b.v. een rood kruisje).
Gerubriceerd (dezelfde rubricator heeft ook gewerkt aan hs. KHS 14). Rode opschriften. Rode en blauwe paragraaftekens. Hoofdletters met rood aangestreept. Rode en blauwe hoofdletters. Verluchting in Bossche stijl; vgl. *Tent. Cat. Noordnederlandse Randversiering 1992*, 164, cat. 160. Rode en blauwe initiaaltjes (2 rr. hoog). Opengewerkte blauwe penwerkinitialen (3-5 rr. hoog), versierd met marginaal rood en blauw. Typen penwerkdecoratie: a. vierdubbele enkelvoudige basislijnen, aangehechte krommen, bezet met gedegenereerde parelranden, onderbroken door een halve rode cirkel met blauw bolletje, uitlopend in blauwe staartjes, penwerkuitstraling gedecoreerd met twee losse motiefjes (blauw bolletje, rood bolletje in krans van blauwe stippen [20r^{0}, 83v^{0}, 120v^{0}, 123v^{0}, 143r^{0}, 169r^{0}, 201r^{0}, 206r^{0}, 225r^{0}]); b. symmetrische rank(en) met driespitsbladeren, met rood gearceerd, losse penwerkelementen (blauwe en rode bolletjes, rode en blauwe staartjes, rood bolletje in krans van blauwe stippen, blauwe punt in een door een krans van blauwe stippen omgeven rode cirkel [90r^{0}, 106v^{0}, 269v^{0}]); c. spiraal-vormige banderol als uitgetrokken vliegenvanger (verticaal langs de schriftspiegel), met rood gearceerd, gepuncteerd met blauw, losse elementen (blauwe en rode bolletjes, rode en blauwe staartjes, blauwe punt in een door een krans van blauwe stippen omgeven rode cirkel [183v^{0}]). Initiaalveld afgezet met onderbroken, gedegenereerde parelranden en arabeske motieven. Veldzwikken en oog van de letter gedecoreerd met symmetrische motieven of florale versieringen. Initiaal evt. ter linkerzijde geflankeerd door een driehoekje.
Rood-blauw geschilderde penwerkinitiaal (8 rr. hoog), littera duplex, versierd met rood en blauw (2r^{0}). Penwerkdecoratie: type c. rank in uitgetrokken spiraalvormige banderol (verticaal langs de schriftspiegel), loopt uit in de boven- en ondermarge, onder eindigend in bloemkelkachtige vruchtkolven. Losse penwerkelementen: blauwe punt in een door een krans van blauwe stippen omgeven rode cirkel, rode stip in een blauwe zon. Veldzwikken en oog van de letter met overwegend bloemmotieven in rood en blauw, rode arcering. Initiaalveld afgezet met onderbroken, gedegenereerde rode en blauwe parelranden. Zie afb. 11.
Dezelfde decoratie is ook terug te vinden in: 's-Gravenhage, KB, hss. 129 G 31 en 135 C 8, Leiden, UB, MNL, Ltk. 1964.
Opengewerkte rode en blauwe J-initialen in margine.
Representanten met inkt, deels overgeschilderd.

¶ BAND: Gelijktijdige boekband. Voorlopig toe te schrijven aan de Broeders van het Gemene Leven te 's-Hertogenbosch (Gregoriushuis). De vrijwel identieke banden van de hss. KHS 14 en KHS 16 (resp. cat. I,14 en I,16) zijn afkomstig uit dezelfde boekbinderij. Afm.: 145x110x52 mm. Overstekende afgeschuinde houten platten met leer overtrokken. Het voorplat van de band ligt volledig los.
Platten versierd met blind- en paneelstempeling. Bandvlak: kaders met filetlijnen. Kanten versierd met enkele lijn (fileet). Tussen en over de driedubbele horizontale en verticale lijnen diverse blinde stempeltjes: bloeiende roos, zes blaadjes, in een cirkel, fors, diam.: 23 mm; vierbladige bloem in een ruit, 23x17 mm. Het blinde roosstempel ook op: Tilburg, KUB, bibliotheek, hs. KHS 14. Afwrijfsel met het roosstempel afgedrukt in: VERHEYDEN 1933, afb. 11. Middenveld van voor- en achterplat versierd met paneelstempel (99x65 mm), in uitstekende staat: Christus als Man van Smarten, met gekruiste armen staand in een graftombe, met de Arma Christi (dwarshout van het Kruis, Kruisopschrift [midden], ladder, speer, hysopstengel met spons, trektang, twee balsemvaten [links], geselkolom met gesel en roede, balsemvat, dobbelsteen [rechts], drie spijkers), op het dwarshout van het Kruis loopt een haan, op de voorgrond onder de tombe drie opschietende struiken, afbeelding in een venster. Spreukband: *O vos omnes qui transitis per viam attendite et videte si est dolor similis sicut dolor meus*; RH nr. 13951. Vgl. voor het paneelstempel: *Tent. Cat. Boekbanden 1930*, 179, cat. 257; VERHEYDEN 1933, 226-229, nr. 2 en afb. 7; BAARDA/HERMANS 1992, 40, afb. 14. Paneelstempel eveneens op: Utrecht, Catharijneconvent, hs. 19; Tilburg, KUB, bibliotheek, hss. KHS 14 en KHS 16; Brussel, KB, hss. 5066, 5067 en 5069; Leuven, UB, hs. G218; Berlijn, SPK, hs. germ. octav. 188. Vgl. ook: *In Buscoducis 1450-1629*, vol. 1, 143, cat. 79.
Zadelsteekkapitalen. Vier ribben, met koordjes geprofileerd. Vier leren naaibanden (ongelijke afmetingen) en de kapitaalbindingen zijn ingelaten in de platten en met houten spietjes afgekeild. Klampsluitingen: twee pijlvormige penmuiters, met ciseleerwerk, twee schildvormige borgplaatjes, resten van leren sluitlippen. Rechte geschalmde inslag. De spijkertjes waarmee de muiters zijn bevestigd, zijn aan de binnenzijde van het voorplat zichtbaar. Twee perkamenten klaviertjes. Geverfde snede?

¶ GESCHIEDENIS: Geschreven in en voor het tertiarissenklooster Bloemenkamp te 's-Hertogenbosch (uitgestorven in 1685). Gebonden door de Bossche Broeders van het Gemene Leven te 's-Hertogenbosch (Gregoriushuis)? Vgl. ook KHS 14 (cat. I,14). Contemp. bezittersaantekening van een andere (vrouwen?)hand op 1r^0 (zuster Maria Paulus?): 'Maeyken Paulus bet voer mijn syel'. Daaronder in een andere, contemporaine hand het jaartal 1512. Op een conventualenlijst van Bloemenkamp van 8 mrt. 1552 komt de volgende naam voor: 'Maria Pauwels. Custerse'. Volgens een andere lijst, opgemaakt in 1571, is zuster Maria Pauwels dan 64 jaar oud en werd zij geprofest in 1538. Vgl. SCHUTJES 1870-76, vol. 4, 486-487. Op de namenlijst van Coeverincx (opgemaakt bij een visitatie aan Bloemenkamp op 27 juni 1581 en bijgewerkt in 1596) komt ook een Mariken Pauwels voor (als nr. 6): 'Mariken Pauwels, velata. Anno 1596, 27 martii erat 80 annorum'; vgl. *Analecta Gysberti Coeverincx 1905-07*, vol. 2, 337. Olim: Haren? In de bovenmarge van 1r^0 het volgende eigendomsmerk (zestiende eeuw): 'Pertinet ad fratres in Haren' (Communis Vitae? [vgl. de nota in de Leidse BNM]).
In het bezit geweest van Gerrit van Orden (hs. 11); door hem gelegateerd aan het PGNB. Aantekening van C.R. Hermans in de rechterbovenhoek van 1r^0: '1512. N. 11. 1854.'

¶ SIGNATUUR: Oude nummers: 478, 637.
Oude signatuur (niet-PGNB): E.

LITERATUUR. — a) In: Tilburg, KUB, bibliotheek, beschr. PGNB, hs. KHS 9. Notities van C.R. Hermans m.b.t. KHS 9 in: *Over Brabant geschreven*, vol. 2 (Archivalische Bronnen), cat. II,544, nr. 11. Verder: *Cat. PGNB Oorkonden/Handschriften 1875*, 125, nr. 478; *Cat. PGNB Oorkonden/Handschriften 1900*, 248, nr. 637; *Tent. Cat. Boekbanden 1930*, 179, cat. 257; VERHEYDEN 1933, 226-229, nr. 2 en afb. 7; *Tent. Cat. Kartuizers 1084-1984*, 232-233, cat. 41b en 231, afb. 29b (224v⁰-225r⁰); *In Buscoducis 1450-1629*, vol. 1, 183, cat. 111; IMDC, 43; BAARDA/HERMANS 1992, 40-41, cat. 3 (omslag [2r⁰], afb. 14 [voorplat]); *Tent. Cat. Brabant te Boek 1992*, 5, cat. 3. Het tweede deel van de *Meditaties* wordt beschreven in *Tent. Cat. Kartuizers 1081-1984*, 229, cat. 41a, 230, afb. 29a (1r⁰); DESCHAMPS 1985, 77-79, nr. 9 (hs. KHS 9 op p. 78); *In Buscoducis 1450-1629*, vol. 1, 183, cat. 111 (afb. van 1r⁰).
Het handschrift Brussel, KB, IV 359 bevat dezelfde meditaties van Drievuldigheidszondag tot Barbara (defect); hs. Brussel, KB, hs. IV 442 (2r⁰-154r⁰) bevat de ingekorte meditaties van Advent tot Maria-Opdracht.
b) Voor Jacobus van Gruitrode [=prior klooster Alle Apostelen nabij Luik (1440-45 en 1447-75), prior klooster Sion te Zierikzee (1445-47)] m.n.: DESCHAMPS 1985, lit.: 67, noot 1.
Voor wat betreft het topos Man van Smarten raadplege men: BAUERREISS 1931; BERLINER 1955; en WESTFEHLING 1982.
Voor het klooster Bloemenkamp ('zusters achter de Tolburg'): SCHUTJES 1870-76, vol. 4, 483-491. Met een conventualenlijst van 1552 en 1571 (p. 486-487); verder *Analecta Gysberti Coeverincx 1905-07*, vol. 2, 322-347 (bevat een in 1581 en 1596 opgemaakte namenlijst van zusters [p. 336-341]; *Monasticon Batavum 1941-42*, vol. 1, 110-111, nr. 9; HOEKX 1983, 26.
Voor de Bossche fraters: lit. bij cat. I,8.
C.R. Hermans: idem.
Voor G. van Orden: lit. bij cat. I,7.

I,10 (OMGEWERKT?) GETIJDEN- EN GEBEDENBOEK KHS 10

Olim: 638

Gebruikshandschriftje. Convoluut, georganiseerd in drie delen. Papier (pars I en II) en perkament (pars III). (ii)+(6)+(27)+136+(xvii) ff. Oostnederlands. Arnhem, Bethaniëklooster. Derde en vierde kwart vijftiende eeuw (addenda der zestiende en zeventiende eeuw). *Afb.* 12

GETIJDEN- EN GEBEDENBOEK. In het Middelnederlands. Voorafgegaan door liturgische addenda uit de zestiende en zeventiende eeuw (zieken- en dodenliturgie t.b.v. een vrouwenklooster; pars I en II).
I: Korte litanie voor de zieken, met paternoster en collect (2-7r⁰). Opschrift: *Deese litanie salmen leese voor die sieken die in den H. Olij ligge.* Inc. van de

collect ($7r^0$): *Bidde wij almagtigen eeuwigen Godt, onthalder der sielen...* In dwarsrichting in de marge (met zwarte inkt): *Bidt voer huer.*

II: GEBEDEN DER STERVENDEN, gevolgd door de trappsalmen (ps. 119-133) van het Canticum Graduum ($8v^0$-21). Rubr.: *Hier begint de corte commendasie voor de dooden.* Inc.: *O alder bermhartighsten Godt die voor ons armoet hebste geleden.* F. $21v^0$-33: gebeden met litanie. Inc. van het eerste gebed ($21v^0$-$22r^0$): *O Heer Jesu Christe, heiligen Vader eeuwigh Godt wij bidden di dat dat wonderlicke Sacrament...* Expl.: *...en verloeffen en visiteren die zielen dinner dienersche n. en alle geloovighe zielen amen.* Inc. van het tweede gebed ($22r^0$-$22v^0$): *O Heer Jesu Christe onse verlossinge ende onse minne en onse begerten...* Expl.: *...en van der eeuwiger verdoemenisse en van alle pin en tormenten amen.* Derde gebed ($22v^0$-$23r^0$): *O du verwinner du hebste door gegaen die sl[a]ten der hellen...* (inc.). Expl.: *...met verhoegingh des liefs en der gedachte gesondight hebben amen.* Vierde gebed ($23r^0$). Inc.: *O barmhartigen Godt door die mildigheijt daer die dat menschelicke gesleght met din dierbaer bloet hebste verloost...* Expl.: *Heer geeft haer d'eeuwighe rust t'eeuwigh licht moet haer verlichten sij moeten rusten in vreden amen.*

F. 24-30: litanie. Opschrift: *Dese litanie sal m[a]n lesen op de seven salm als de doode gelicht staet.* Later toegevoegd met zwarte inkt (ondermarge van $26v^0$): *Antonius.* De f. $31v^0$-33 bevatten een gebed tot Maria *om een saelighe uur des doodts.* Geschreven in een andere, contemporaine hand. Inc.: *O gebenediede Mageth niet weetende mijnen sterfdagh die moogelijck dit iaer of binnen een maent nae deesen dagh sou konnen weesen...* Expl.: *...so verkiese ick uw voor mijn voorspraekersse in mijn leeven en in d'ure mijnnen doodts amen* (f. 33).

III: OMGEWERKT EN GECORRIGEERD GETIJDENBOEK, deels naar Geert Grote (1-142). Zonder kalender. Deze is wellicht verwijderd bij omwerking.

F. 1-$25r^0$: Getijden van de Eeuwige Wijsheid, in een bewerking van Henricus Suso; vgl. VAN WIJK 1940, 92-112. Bevat talloze tekstcorrecties van een andere, contemporaine hand.[56]

F. $25r^0$-52: Lange Getijden van het Kruis; vgl. VAN WIJK 1940, 113-138. De Lange Kruisgetijden beginnen als volgt (niet cf. VAN WIJK 1940): *Here Iesu Criste des leven Godes soen ic dancke ende love di...* Vgl. VAN WIJK 1940, 113, noot 2. Idem met vele wijzigingen en aanvullingen van een corrigerende hand. F. $53r^0$-$73r^0$: Getijden van de H. Geest, gecorrigeerd; vgl. VAN WIJK 1940, 71-86. F. $73r^0$-$96r^0$: Zeven Boetpsalmen met Litanie, vgl. VAN WIJK 1940, 139-154. Gecorrigeerd. Met de volgende rubriek ($73r^0$): *Hier beginnen die heilige seven psalmen die guet gelesen sijn voer die sunden. Ende helpen*

[56] Tekstuitgave: HENRICUS SUSO ed. 1555.

Mi hebben ombevangen
die suchten des dodes die
droevinghe seer der hellen
hebben mi ombevan
ghen. Venite exultem9

Afb. 12. – Tilburg, KUB, Bibliotheek, hs. KHS 10, f. 98r°.

oec den sielen onser vrienden inden vegevuer. De litanie bevat vele zestiende-eeuwse correcties en toevoegingen (86 en 88 betreffen ingeschoven papieren Fremdkörper met aan de tijd aangepaste heiligenlijst). Dodenvigilie (96r^{0}-138v^{0}); VAN WIJK 1940, 155-195. Gecorrigeerd. De tekst is uitgebreid met zestiende-eeuwse gebeden (138v^{0} en 141-142r^{0}). Rubr.: *Voer onse olderen* (138v^{0}). Inc.: *Bidden wij almachtegen ende bermhertigen God dattu geven ende verleenen wilt*... Aangevuld door een andere, contemporaine hand. De f. 139-140 bevatten enkele losse gebeden voor de zielerust der overledenen (geschreven op papier).

I: Vochtschade. Afm.: 140x99 (132x91) mm. Wisselend aantal regels, geschreven over de volle bladspiegel.

¶ BOEKBLOK: Moderne potloodfoliëring, rechtsonder: 1-7. Collatie: 1^{6+2}(twee bladen voor 1). F. 1 en 7v^{0} zijn geheel blanco. Het eerste schutblad in de codex is een enkelblad, aangeplakt op 1. F. 6 ligt vrijwel los in de codex. Watermerken, n.g. Bladspiegel aangebracht met inkt (behalve 6v^{0}-7r^{0}).

¶ SCHRIFT: Zeventiende-eeuwse cursief. (Vrouwen?)hand.

II: Afm.: 140x99 (c. 133xc. 85) mm. 15-16 regels, over de volle bladspiegel.

¶ BOEKBLOK: Moderne potloodfoliëring, rechtsonder: 8-34. De folia 8r^{0}, 31r^{0} en 34 zijn blanco. Collatie: 1^{10}, 2^{16+1}(1 blad na 16, f. 34 is aangeplakt op 33v^{0}, bedoeld als schutblad). Watermerken, n.g. Bladspiegel met inkt. Het boekblok van pars **II** is zwaar besnoeid, met name in de ondermarge.

¶ SCHRIFT: Cursief der zeventiende eeuw. Geschreven in twee (vrouwen?)handen. Hand 1: 8v^{0}-30; hand 2: 31v^{0}-33.

III: Afm.: 139x98 (91xc. 60) mm. 18 regels, over de volle bladspiegel.

¶ BOEKBLOK: Oudere potloodfoliëring: 1-142. Recentelijk met potlood aangevuld: 143-159. F. 25v^{0}, 53v^{0}, 73v^{0} en 143-159 zijn blanco. F. 88 is in de ondermarge verstevigd met papier.
Collatie: 1$^{8-2}$(vier bladen verminkt door uitscheuren, kimmen zichtbaar na 17 [pars **II**), 2-11^{8}, 12^{10+2}(f. 86 en 88 zijn toegevoegde papieren enkelbladen, 86 aangeplakt op 95v^{0}, 88 op 94v^{0}), 13-16^{8}, 17$^{2+2(+2)}$(oorspronkelijke samenstelling: twee dubbelbladen, het katern bestaat thans uit één perkamenten dubbelblad [f. 138 en 142], één toegevoegd papieren dubbelblad [139 en 140], en twee perkamenten enkelbladen [f. 137 en 141; deze vormden vroeger samen één dubbelblad; 137 is aangeplakt op 142r^{0}, 141 op 139v^{0}]), 18^{8}, 19^{8+1}(laatste schutblad is een papieren enkelblad, aangeplakt op 58v^{0}). Bladspiegel en aflijning met inkt. Prikgaatjes bewaard (ondermarge). Boekblok zwaar besnoeid, met name ter rechterzijde en aan bovenzijde.

¶ SCHRIFT/VERLUCHTING: Littera gothica textualis formata. Eén hand. Aanvullingen en correcties van een andere, contemporaine hand (passim). Eerste regel geschreven

below top-line. Correcties: rasuur (geeft hier vele open plekken), doorhaling met rood en zwart (9v^{0}), correcties (na rasuur in de lopende tekst geschreven, tussen de regels, of in margine). M.n. de aanvullingen en correcties van de andere hand bederven de opmaak van de oorspronkelijke hand.
Gerubriceerd. Hier en daar bevat de gecorrigeerde tekst nieuw aangebrachte rubricatie (vgl. 9r^{0}). Rode opschriften. Rode en blauwe paragraaftekens. Rode en blauwe hoofdletters. Hoofdletters met rood aangestreept.
Verluchting: Arnhemse stijl; zie hiervoor *Tent. Cat. Noordnederlandse Randversiering 1992*, 137, cat. 126 (54r^{0}), en, ook ter vergelijking, cat. 122-123. Rode en blauwe initialen (2 rr. hoog). Op 102v^{0} uitgevoerd met een kopje.
Opengewerkte blauwe initialen (3-5 rr. hoog), gedecoreerd met contrasterend rood, penwerk loopt uit in de marge (dubbele enkelvoudige basislijn, uitlopend in krommen, parelranden met knopjes en keerparel, stralenkrans, evt. hoging met groen). Initiaalveld en oog van de letter met arabesken en (half)bladmotieven, uitgespaarde ruimten hier en daar opgevuld met groen. Penwerkkader afgebiesd met (onversierde) parelranden met knopjes en keerparel, stralenkrans. De initiaal op 38r^{0}, 47r^{0}, 58r^{0}, 67r^{0} en 127v^{0} is in het oog van de letter versierd met een roset met gouden knop.
Vijf gedecoreerde volbladinitialen in vierkant rood penwerkkader, aan het begin van iedere groep getijden (1r^{0}, 26r^{0}, 54r^{0}, 74r^{0} en 98r^{0}): licht- en donkerblauw geschilderd fond (dekverf), hoging met wit (siermotieven, arcering), schachten van de letter versierd met grote hele en halve bladmotieven, geschilderd met groen en karmozijn, resp. met geel en wit gehoogd, smalle ranken en kernen uitgevoerd met goudverf (behalve 26r^{0}). Veldzwikken en initiaalveld uitgevoerd met penwerk. Veldzwikken gedecoreerd met bloemmotieven (rosetten, gouden knoppen), schaduwwerking met zwarte inkt, uitgespaarde ruimten met groen gehoogd. Initiaalveld afgebiesd met parelranden (met knopjes), keerparels, stralenkrans. Onder de initiaal om de eerste beginregels van de tekst een gepunte sierlijst (blikkerige rand of evt. 'metallic border') in carré-vorm (blauw, karmozijn, goudverf, hoging met wit). Baguette op 98r^{0}: gouden fond, vlechtwerk in blauw en karmozijn, hoging met wit. Zie afb. 12. Marges in Arnhemse stijl; vgl. HERMANS 1989, 44, noot 51. Penwerk over de volle marges: smalle gouden basisrank (onder en rechts), met aangehechte korte groene takjes, gouden (lelie-achtige) bloemen en knoppen, behaard, losse blaadjes (druppels) uitgevoerd in blauw, karmozijn en groen, nerf met wit gehoogd. Variatie op deze penwerkdecoratie (74r^{0} en 98r^{0}): brede basisrank met goudverf, dubbele gelobde bladeren in enkele kleur (groen en karmozijn, hoging met resp. geel en wit, gouden kernen). De marginale versieringen bij de volbladinitialen zijn sterk verminkt door afsnijden.
Blauwe J-initialen in margine, evt. opengewerkt.
F. 97v^{0}: opgeplakt devotieprentje, vroege kopergravure (!), Meester van de Berlin-Passion? Navolger? Afbeelding: Christus Triomfator (Opstanding der doden), Maria (?) en Johannes (?) ter rechter- en linkerzijde. Ingekleurd. Geplaatst in een kader van geschilderd blauw, karmozijn (hoging met wit) en goud. Zes aangehechte 'behaarde' ranken met gouden bloemen, losse blaadjes in blauw, karmozijn en groen, met wit gehoogd. Prentjes van de Meester van de Berlin-Passion eveneens in een ander Arnhems getijdenboek (Bethanië?), zgn. Huth Hours (London, BL, Add., hs. 38123).

¶ BAND: Boekband vernieuwd (in de achttiende eeuw?). Ruïnes van een oudere leren band zichtbaar op de platten. Afm.: 147x109x37 mm. Overstekende kartonnen borden met leer overtrokken. De platten zijn enigszins krom getrokken.

Vier ribben. Bestoken kapitaalbindingen. Oorspronkelijk uitgerust met sluitstukken. Alleen op het voorplat resteren nog twee penmuiters. Rood-blauwe spikkeling op snee, hoogstwaarschijnlijk aangebracht bij het opnieuw inbinden van de band. Papieren dek- en (schut)bladen eveneens toegevoegd.

¶ GESCHIEDENIS: Getijden- en gebedenboek voor reguliere kanunnikessen van Augustinus; in de litanie wordt Augustinus als eerste genoemd (87v⁰). Op grond van de verluchting moet het handschrift worden toegeschreven aan het Bethaniëklooster te Arnhem. Twee gedateerde en gelocaliseerde hss. van dit Arnhemse klooster met karakteristieke verluchting in resp. Arnhem, OGWB, hs. 287 en Milaan, Bibliotheca Nazionale di Brera Gerli, hs. 60.
AXTERS 1966, 382 noteert abusievelijk als herkomst: Holland.
De addenda op papier (pars **I**, **II** en de delen in **III**) zijn in de zestiende en zeventiende eeuw geschreven in en voor een vrouwencommuniteit.
Zeventiende-eeuwse inscriptie met inkt op 96v⁰: 'Maria is een rein vat', en op 142v⁰: 'Voor een suster geleesen als sij doodt is: drie vigelie, drie zeven sallem, drie commadis, hondert en vijftig pater nosters en Ave Maria, vijftien stasijs, behalleven op de kerck en en voor het li[c]k'.
In het bezit geweest van Gerrit van Orden, hs. 4. Door hem gelegateerd aan het PGNB; vgl. HPGNB, jrg. 1855, 33, nr. 4. Negentiende-eeuwse bezittersaantekening van C.R. Hermans op 8r⁰: 'N. 4. 1854'.

¶ SIGNATUUR: Oud nummer: 4 (?), 638.

LITERATUUR. — a) In Tilburg, KUB, bibliotheek, beschr. PGNB, hs. KHS 10; HPGNB, jrg. 1855, 33, nr. 4 (=HERMANS 1855); *Cat. PGNB Oorkonden/Handschriften 1900*, 248, nr. 638; AXTERS 1966, 382; HERMANS 1989, 44, noot 51; IMDC, 43; BAARDA/HERMANS 1992, 42-44, cat. 4 (afb. 15 [97v⁰-98r⁰]); *Tent. Cat. Brabant te Boek 1992*, 6, cat. 4; *Tent. Cat. Noordnederlandse Randversiering 1992*, 137, cat. 126.
AXTERS 1966 behelst een exhaustieve opgave van de Middelnederlandse handschriften met werk van Henricus Suso. Nr. 9 (p. 370-392) bevat Middelnederlandse hss. met de Getijden van de Eeuwige Wijsheid.
b) Voor Geert Grote en diens getijdenvertalingen: THIECKE 1941; *Tent. Cat. Figuren en Facetten 1984*, 16-18, cat. 4-5 en 93-117, cat. 22-29 (afzonderlijke behandeling der getijden). Met uitgebreide opgave van literatuur. Verder: VAN DIJK 1990.
Wat betreft de Moderne Devotie wordt verwezen naar POST 1968.
Over Henricus Suso vooral: *Heinrich Seuse. Studien zum 600. Todestag 1366-1966.*
Over vroege kopergravures en de Meester van de Berlin-Passion handelt: SCHUPISSER 1991, 391-392, noot 10 en afb. 1 (afgebeeld wordt London, BL, Add., hs. 38123, 17v⁰-18r⁰).
Voor het Arnhemse klooster Bethanië (domus b. Mariae in Bethania): AQUOY 1875-80, vol. 3, 215-218; *Monasticon Batavum 1941-42*, vol. 2, 25, nr. 9; MW, vol. 3, 569-580.
Voor G. van Orden: lit. bij cat. I,7.
Voor C.R. Hermans: lit. bij cat. I,8.

I,11 GEBEDEN- EN MEDITATIEBOEK KHS 11
Olim: 639

Verzamelhandschrift (rapiarium?). Papier en perkament. i+295+i ff. Afm.: 133x95 (93-98xc. 75) mm. Wisselend aantal regels. Eén, resp. twee kolommen. Zusters van het Gemene Leven te Zwolle? Oost-Nederland. Laatste kwart vijftiende eeuw (vóór 1507).
Afb. 13

GEBEDEN- EN MEDITATIEBOEK (folia 2-287). In het Middelnederlands. Defect. De hoofdtekst wordt voorafgegaan door een medicinaal recept voor balsemolie (2-4r^0). Rubr.: *Item aldus salmen maken balsamen oly.* Inc.: *Item men sal neme xij loet boem olye...* Expl.: *...driewerf of vyerwerf nae dien dat die pocken of serichet uutslaet*; vgl. JANSEN-SIEBEN 1989, 454, T20.
F. 10-17: gebeden van Hubertinus de Casale op de Ledematen van Christus. Rubr.: *Een ynnige dancbaerheit voer die droefheit die ons lieve Here Ihesus geleden heeft mit grueten ende gebeden tot alden leden syns lichaems dat gemaect heeft die devoete leerre Hubertinus.* Inc.: *O Ihesu myn gesontmaker myn suetticheit myn minne myn salicheit ende myn troest...* Expl.: *Weest gegroet goeder.*
F. 18-25v^0: gebeden op de Wapens van Christus in 77 artikelen. Rubr.: *Tot alden wapenen der passien Ihesu Christi. Soe wie dese bedinge alle sonnendage leest ter eren der doernen cronen ons Heren ende der pinen die hi in sinen hoefde geleden hevet die doet Gode enen sekeren genamen dienst. Ende men vercriget daer veel gracien mede.* Inc. (met gebedshouding): *Dese gebeden salmen lesen voer een beelde ons Heren op die knyen of staende of hoet een best mach doen. Ende die niet lesen en can die sal lesen seven en seventich pater noster ende ave Marie.* Expl.: *...hoe diep dat die tacken vander doernen croen in u gebenedide hoeft gesteken hadden.* Gevolgd door vier kleinere gebeden: geestelijke opoffering (25v^0-26r^0), opoffering tot Christus' doornen kroon (26r^0-26v^0), gebedje tot Jezus (26v^0-27v^0) en gebed op de dood (27v^0-28r^0).
F. 28v^0-33v^0: gebeden tot het Jezuskind. F. 28v^0 behelst het volgende: gebedje, in rood, zowel horizontaal als verticaal geschreven rond een ingeplakt devotieprentje, de afbeelding is verloren. Inc. van het gebedje: *Ic gruete di Ihesus cleyne kijndeken...* Rubr. van het tweede gebed (f. 29r^0): *Die devote siel totten kyndekyn Jhesu.* Inc.: *Ic neyge my totti lieve suete cleyne kyndekyn...* (f. 29r^0). Expl.: *...dat hem een stuer of een hulp [m]ach syn te comen ten ewigen leven amen.*
F. 33v^0-35: enkele andere gebeden tot het Jezuskind (33v^0-35). Rubr.: *Hier beghynt een gheestelike oefeninge hoemen dat suete kyndekyn Ihesus besueken*

verbliden ende visetieren sal van Kersdach tot Lichtmisse toe. Inc.: *Een gheestelic mensche soude alle dage van Kersdach tot Onser Vrouwen dach te Lichtmisse...* Expl.: *...dat si haer lieve kyndekyn voer ons bidden wil amen.*
F. 36r^0-v^0: meditatie op de Wonden van Christus. Inc.: *Tribulacie is een gerichte daer Cristus om neder gecomen is tot ter eerden.* Expl.: *Mer waste betrouwe inden liden ende opden verdienste Christi.*
F. 37-44: gebed tot Maria. Defect? Rubr.: *Een seer scoene gebeet van onser liever vrouwen den besloten goerden.* Inc.: *Ghegruet sijstu gloriose ioncfrouwe...* Expl.: *Mit wie gy ghebenedijt sijt in ewicheit amen.*
F. 45-49r^{0}a: Zeven Vreugden van Maria, op het aardse leven van Maria. Rubr.: *Dit syn soven vrouden onser liever vrouwen.* Inc.: *O conegyn des hemels ic verman dy der groeter vrouden die du haddes.* Expl.: *...tot ter ewiger glorien ende vrouden sonder eynde.* Vgl. LELOUX 1987.
F. 49r^{0}a-52r^{0}b: Vijf Blijdschappen van Maria, hier toegeschreven aan Bernardus Claraevallensis; vgl. KRONENBURG 1904-11, vol. 2, 207. Rubr.: *Dit sijn v blijscape van onser liever vrouwen die sante Beernart gemaket hevet.* Inc.: *O gloriose maget ende moder Maria...* Expl.: *...ende dat ewyge leven ende vrede amen.*
F. 52r^{0}b-52v^0: gebed tot Anna. Rubr.: *Een suverlic gebeet van sante Annaen* (!). Inc.: *O hilige stam o edel ende uutvercoren vrouwe ende gebenedide moeder sante Anna...* Expl.: *...ende een afgront alre genaden amen.*
F. 53-59r^0: niet-liturgische misonderrichtingen, o.a. op het H. Sacrament. Rubr.: *Onder missen. Dit is suverlike leer ende hoe hem eer hebben sal.* Boven de rubriek met rood in de marge: *onder missen.* Inc.: *Inden begynne vander missen suldy belien Gade...* Expl.: *Ende vermynret die vleyschelike begheerten.*
F. 59v^0-60r^{0}b: gebed voor het slapen gaan. Inc.: *Des avendes als gy slapen gaet...* Expl.: *...ende sueter op ons voelen sollen.*
F. 60r^{0}b-61r^0: Tien Geboden. Rubr.: *Hier beghinen x gebaden die Moyses ontfenc van onsen Heren Gade opden berch van Sijnay. Sonder welken nyemant totten ewygen leven comen en mach hi en moet si weten ende holde.*
F. 61v^0-62r^0: recept, *uutghegheven vanden hilighen vader den paws van Roemen ende is medecyne die men doet teghens ene gheherten epidymie.* Niet vermeld in JANSEN-SIEBEN 1989.
F. 62v^0-87: meditaties, met exempelen, en twaalf punten voor een volkomen geestelijk leven (85v^{0}a-86r^{0}a), geschreven door twee handen. Inc.: *O mijn uutvercoren wat sal ic di weder doen voer al dattu voer mij geleden hebste.* Expl.: *Ende hem selven vander ewiger salicheit amen.*
F. 88-90: gedicht op het Lam Gods. Inc.: *Ihesus die gebenedide Gods soen.* Expl.: *Dat waer sonderlinge seer mijn begheren amen.*

F. 91r^0-v^0: aflaatgebeden, geopenbaard door een engel aan *eenre clusenaersche*. Inc.: *Inder eren alle der heiliger voetstappe...* Expl.: *...dat ic deelachtich moet werden. Amen.*
F. 92-112r^0: geestelijke oefening. Rubr.: *Dese oefeninge leerde die persoen des soens enen devoeten gheesteliken persoen sijnre ghemynder*. Inc.: *Soe wie dat holt die uren vanden dagen...* Expl.: *Ende rusten mit hem op dat oercussen in vreden amen.*
F. 112r^0-126r^0: oefening op een geestelijke sierband voor Maria. Inc.: *Ten iersten sal dat voeder syn wit syden*. Expl.: *Glorie si di hem die geboren is alleluia amen.*
F. 128-133v^{0}a: psalter van Augustinus. Vertaald uit het Latijn; vgl. PL, vol. 40, k. 1135-1138. Rubr.: *Hier beghint sante Augustinus salter die hi machte an sinen lesten*. Inc.: *O lieve Here almechtige God ende coninc der ewiger eren*. Expl.: *Ende dat ic dan moge comen totten ewigen leven amen*. Vgl. De Vreese 1962, 105, nr. 29,13 (met proloog B).
F. 133v^{0}a-154: *Hondert Versen van onser liever Vrouwen* (Augustinus), met exempel (149v^{0}b-154). Defect. Rubr.: *Hier beghinnen die hondert varsen die sancte Augastinus gemaekt hevet*. Inc.: *God gruet u Maria moeder der ontfermherticheit*. De laatste van de tekst luiden als volgt: *Die hilige Vader Ysaach secht dat tribu-...* (doorgehaald met rood). Vgl. De Vreese 1962, 89, nr. 5,47 (t.a.v. f. 143r^0 [dicta e.a. uittreksels]), 107, nr. 37,2.
F. 155-162: Geestelijke Kruidenhof, waar de gelovige met Jezus en Maria in zal gaan wandelen. Rubr.: *Hier beghynt een besloten hoveken van menyger leye crude daer men myt Ihesum ende Maria vake ingaen sal spacieren*. Inc.: *Ihesus genc uut myt sijnen discipelen over dat reuverken Cedron*. Expl.: *...ende du salste ov[er]vloyen*. Gevolgd door een gebed (162r^{0}a-163).
F. 163-171: diverse exempelen, o.m. van Thomas Cantuariensis. Defect. Rubr.: *Een exempel van enen brueder*. Inc.: *Het was een brueder die hadde sunderlynge mynne...* De tekst breekt als volgt af: *Ende doe hi dien mitten...* De f. 167r^{0}b-171 bevatten een exempel *van enen koster enen cloester die ons lieve vrouwe diende men leest inden boeke van onser liever vrouwen dat gehieten is mariale* (167r^{0}b).
F. 172-196v^{0}a: gebeden op Kerstmis en Nieuwjaar, i.e. tot het Jezuskind en Maria. Rubr.: *Op kaerssnacht ter eerster missen*. Inc.: *Dit is die alre hilichste ende salichste ure...* Expl.: *...ende regniert een Got in ewicheit der ewicheiden amen.*
F. 195v^{0}a-218: enkele meditaties, o.a. op de daggetijden, en private gebeden, om ootmoedigheid en innerlijke reinheid. Met enkele exempelen. Inc.: *Toe mettentyt. Tot w[]dicht der minnen...*

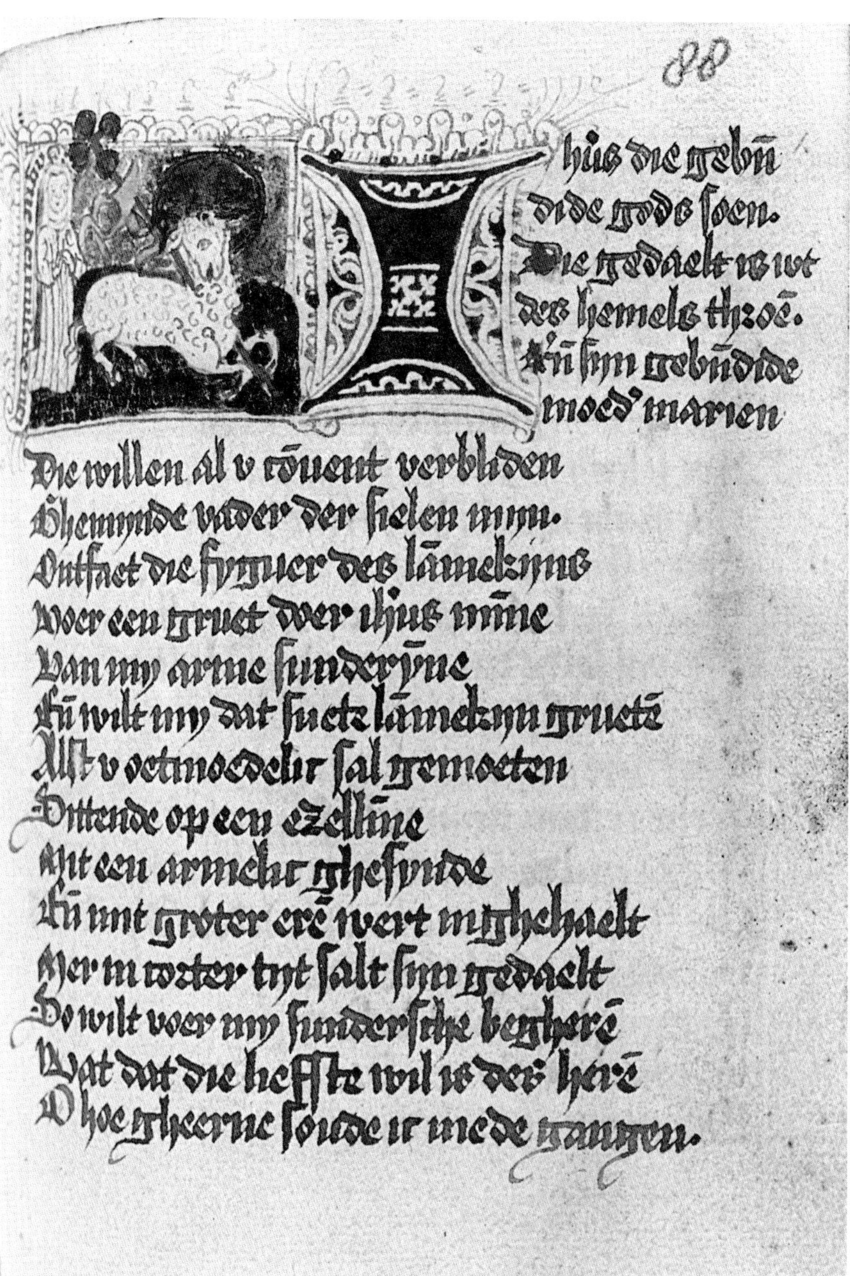

Afb. 13. – Tilburg, KUB, Bibliotheek, hs. KHS 11, f. 88r°.

F. 220-270: tweespraak tussen God en een discipel. Defect. Rubr.: *Hier beghint een devoet boexkijn van Gods medespraec mitten discipel. Ten eersten van ghebreckelicheit der naturen ende van hulp der godliken gracien. Die stemme des discipels.* Inc.: *O Here mijn God die ghescapen hebste.* Expl.: *...ende verleen mi die bliscap des ewigen levens amen.*

F. 271-278: preek op Agatha (genoemd als patroonheilige). Rubr.: *Een suverlic sermoen van onse weerdighe patrona der heiligher ioncfrouwen sancte Agatha.* Inc.: *Ons suster is cleyn ende en hevet gheen borsten.* Expl.: *Dat wil ons verlenen die leyden der ioncfrouwen Ihesus Christus ons Here amen.*

F. 279-280: gebed voor de ziel van een overledene. Rubr.: *Dit gebeet salmen lesen xxxiii dage achter een mit iii pater nosteren voer die sielen pater noster.* Inc.: *O alre guedertierenste ende barmherticste Here Ihesu Christe.* Expl.: *Alsoe dicke schencket hi onse lieven Heren syn herten bloet.*

F. 281-282: meditatie en gebeden. Inc.: *Die heilige propheet David sprict in eenen psalm...* Gebed op de Geboorte van Christus (283-286r^{0}b). Expl.: *Ende verloesse my van allen quaden amen.* Rubr.: *Een gebeet van onsen lieven Heren en synre geboerten.* Inc.: *Ic ghebenedie du Here Ihesu Christe een geboren soen Godes.* Expl.: *...ende uwen uutvercorennen amen.*

F. 286v^{0}b-287: aflaatgebed van paus Calixtus. Inc.: *Dat yerste pater noster ende Ave Maria salmen lesen.* Expl.: *God is mensche gheworden.*

¶ BOEKBLOK: Vochtschade. Oudere foliëring met potlood: 1-126, 128-287. Recentelijk met potlood aangevuld: 288. F. 127 ontbreekt. In de potloodfoliëring is hier en daar behoorlijk geknoeid. De f. 4v^{0}-9, 126v^{0}, 219 zijn onbeschreven gelaten. Diverse folia verminkt door uitscheuren en uitsnijden. Het boekblok wordt voor en achter afgeschermd door middel van een contemp. perkamenten schutblad. Perkamenten dekbladen.

Collatie: 1$^{10-2}$(mist 1 en 8, uitgescheurd; katern voorafgegaan voor een perkamenten schutblad), 2^{8}, 3^{10}, 4$^{10-1}$(mist 10, uitgesneden), 5-7^{8}, 8^{6+1}(f. 63 is een ingevoegd enkelblad), 9-10^{8}, 11^{6}(5 en 6 zijn enkelbladen), 12^{4}(resten van een verwijderd dubbelblad voor 1 en na 4 [blanco?]), 13-14^{8}, 15^{8+1}(f. 116 is een enkelblad), 16^{10}, 17-19^{8}, 20 vijf (samenstelling onduidelijk, alle enkelbladen zijn aangeplakt op de resten van een ander katern), 21^{6}, 22$^{10-1}$(mist 10, uitgescheurd), 23^{6+1}(f. 178 is een enkelblad), 24-28^{8}, 29^{8+1}(219 is een thans blanco enkelblad; de resten van de uitgescheurde wederhelft zijn nog te zien), 30-34^{8}, 35^{10+1}(1 blad na 10), 36^{8}, 37^{6+3}(f. 279-281 zijn drie enkelbladen). Watermerken: letter P, met bloemetje; gekroond wapenschild; hand met bloem. De bladspiegel en liniëring zijn, voorzover nog aanwezig, op allerlei manieren aangebracht: met inkt, met loodstift, en blind. Reclamanten voor de katernen, midden onder op het eerste blad van het katern, maar goeddeels afgesneden.

¶ SCHRIFT/VERLUCHTING: Littera gothica hybrida. Wisselend van kwaliteit. Geschreven door diverse onderscheiden (vrouwen?)handen. Hand 1: 2-4r^{0}; hand 2: 10-27v^{0}, 29-35, 88-126r^{0}; hand 3: 27v^{0}-28, 36, 62v^{0}; hand 4: 37-61r^{0}, 63-87, 155-171, 279-280 en 283-287; hand 5: 61v^{0}-62r^{0} (suster Bele van Groesbeck?); hand 6: 128-154,

172-218; hand 7: 220-278; hand 8 (?): 281-282. Eerste regel below top-line. Correcties: tekst bijgeschreven in margine, doorhaling met rood.
Rubricatie. Rode opschriften. Rode paragraaftekens, enkele blauwe paragraaftekens. Aanstrepingen met rood. Rode onderstrepingen. Stokken van de letter d evt. versierd met cadellen, in zwart (=hand 4). Rode hoofdletters.
Rode en blauwe initiaaltjes (2-4 rr. hoog), evt. opengewerkt en in het oog opgevuld met florale motieven in zwarte inkt, uitsparing met groen.
Opengewerkte blauwe initialen (3-5 rr. hoog), versierd met rood en/of paars (onderbroken basislijn, aangehechte krommen met onversierde parelstrengen [$128r^0a$, $172r^0a$, $191r^0a$, $196v^0a$]). Veldzwikken en oog van de letter met arabeske motiefjes.
Opengewerkte blauwe initiaal (3 rr. hoog) op $220r^0$, versierd met uitlopend rood (dubbele enkelvoudige basislijn, met aangehechte krommen en krullen, radijsjes, evt. kleine blaadjes), penwerk loopt in de ondermarge uit naar rechts (rank met radijsjes). Veldzwikken en oog van de letter met semi-florale motiefjes. Opengewerkte rode initiaal (4 rr. hoog), in een groen inktkader ($37r^0a$). Rood-blauwe initiaal (4 rr. hoog), littera duplex, gedecoreerd met zwart, hoging met groen ($53r^0a$). Opengewerkte blauwe initiaal (4 rr. hoog) op $56r^0a$, versierd met contrasterend rood (semi-florale motieven).
De decoratie bevat hier en daar enig Arnhems penwerk in margine.
'Gehistorieerde' initiaal op $88r^0$: voorstelling van het Lam Gods, omkijkend, met kruisbanier, links een vrouwspersoon met gevouwen handen, verticale banderol met tekst (in rood): *Agne Dei miserere mei.* Iconclass-nr.: 11 D 13 11. Getekend met zwarte inkt, op een groen en blauw geschilderd fond, kruisbanier in rood, lentevlag met paars, kruis en de aureool van het Lam Gods met bladgoud. De initiaal bij de afbeelding is in blauw geschilderd en opengewerkt, versierd met rood penwerk, hoging met groen, veldzwikken met arabeske motieven, initiaalveld afgekaderd met een sierstreng. Opengewerkte rode en blauwe J-initialen in margine. Zie afb. 13.
Te oordelen naar de lijmsporen op $28v^0$ heeft op deze plaats een (devotie)prentje opgeplakt gezeten. Ook op $219v^0$ vinden we nog de lijmsporen van een opgeplakte, maar helaas thans verwijderde afbeelding.
Op $127v^0$ bevond zich zeer recentelijk nog een opgeplakt miniatuurtje (c. 70xc. 55 mm). Thans verloren. Voorstelling (in een venster): Augustinus, met in de rechterhand een hart, in de linkerhand een bisschopsstaf. Afbeelding gedecoreerd met rank- en loverwerk (in blauw, rood en groen). Geschilderd op perkament. Geblokt kader om de miniatuur in rood en blauw. Een foto van deze thans verdwenen miniatuur is in het bezit van Dr. J.M.M. Hermans (Rijksuniversiteit Groningen, vakgroep Mediaevistiek), en: Tilburg, KUB, bibliotheek, beschr. PGNB, hs. KHS 11. Het miniatuurtje wordt vermeld in: DE VREESE 1962, 110, nr. 42,9.
Representanten.

¶ BAND: Gelijktijdige boekband. Afm.: 141x104x58 mm. Overstekende afgeschuinde houten platten met leer overtrokken en versierd met blind- en paneelstempeling, licht beschadigd.
Horizontale en verticale kaders met fileten. Buitenkaders versierd met blinde stempels: bloem, met acht naar links geslagen blaadjes, diam.: 8 mm; klaverblaadje; klein bloemetje, vijf blaadjes, diam.: 2 mm; bloempje, bestaande uit drie kleine ringen en een staartje, diam.: 3 mm. Middenveld van voor- en achterplat gedecoreerd met een paneelstempel (94x68 mm): voorstelling van Maria, gekroond, met het Jezuskind op haar rechterarm, gesitueerd in een kamertje met perspectivisch weglopende wanden,

links en rechts zijn in de wanden glazen vensters te zien, onder de vensters bloeit tegen de wanden een (rozen?)struik. Spreukband: *Ihesus. O Mater Dei. Maria. Memento mei.* In de hoeken van de banden met de tekst bloeiende rosetten. Paneeltje ook op: Deventer, AB, hs. 98; St. Petersburg, OSB, holl. O.v. I, nr. 5; vgl. WEALE 1894-98, vol. 1, 168, nr. 321.
Boekblok genaaid op dubbele leren naaibanden. Drie ribben, met koorden geprofileerd. Gaten m.n. in het rugleer door boekwurm. Zadelsteekkapitaaltjes. Onregelmatige geschalmde inslag. Klampsluitingen: twee pijlvormige penmuiters met ciseleerwerk, twee schildvormige borgplaatjes, resten van leren sluitlippen.

¶ GESCHIEDENIS: Geschreven in en voor een vrouwenklooster. De patroonheilige van dit klooster is zeer waarschijnlijk Agatha. Vgl. hiervoor het opschrift op 271r^0: 'Een suverlic sermoen van onse woerdighe patrona der heiliger ioncfrouwe sancte Agatha'. Wellicht komt het Zwolse Agathaklooster Wijtenhuis (Zusters van het Gemene Leven) in aanmerking. Dat het hier een vrouwenklooster handelt, bewijst o.m. een zinssnede op 280r^0: 'O lieve Here ontfarme dy onser ende verhoert mijn gebeet voer die siele onser suster daer ic nu voer bidde'.
In de ondermarge van 62r^0 is de volgende naam geschreven (door hand 5): 'Suster Bele van Groesbeck'. Waarschijnlijk is dit de zuster (hand 5) die het recept tegen 'ene siecte gheherten epidymie' uitschrijft!
Contemp. bezittersaantekening op 287v^0: 'Doe men screef m ccccc ende vij is ghestorven mijn lieve vader Iohan Geriges op Onser Vrouwen Botscap des dages dier nae' (26 mrt. 1507).
Aanvulling (recept) van een bezitter in een zeer gebrekkige (contemporaine) hand op 4r^0: 'Item men sal nemen voer die peslentie een mescate (muskaat) vier becke[r] socoeren[] stoeten die te kinnen ende een verdel fenese [die a[]el dat selme te samen myet een galf wyns te samen drinken dat is seer goet'. Niet opgenomen in JANSEN-SIEBEN 1989.
In het bezit geweest van Gerrit van Orden, hs. 7. Door hem gelegateerd aan het PGNB; vgl. HPGNB, jrg. 1855, 33, nr. 7. Negentiende-eeuwse bezittersaantekening van C.R. Hermans op het perkamenten dekblad voorin: 'N. 7. 1854'.

¶ SIGNATUUR: Oude nummers: 480, 639.

LITERATUUR. — a) In Tilburg, KUB, bibliotheek, beschr. PGNB, hs. KHS 11. Notities van C.R. Hermans m.b.t. KHS 11 in: *Over Brabant geschreven*, vol. 2 (Archivalische Bronnen), cat. II,544, nr. 7. Het handschrift wordt vermeld in: HPGNB, jrg. 1855, 33, nr. 4 (=HERMANS 1855); *Cat. PGNB Oorkonden/Handschriften 1875*, 125, nr. 480; WEALE 1984-98, vol. 1, 168, nr. 321 (paneelstempel); *Cat. PGNB Oorkonden/Handschriften 1900*, 248, nr. 639; JANSEN-SIEBEN 1989, 454, T20; IMDC, 44; BAARDA/HERMANS 1992, 44-47, cat. 5 (afb. 16 [88r^0]); *Tent. Cat. Brabant te Boek 1992*, 6, cat. 5.
b) Voor Middelnederlandse medische recepten: VAN HEST 1989 (lit.).
Over het Zwolse Agathaklooster (Wijtenhuis): *Monasticon Batavum 1941-42*, vol. 2, 225-226, nr. 14.
Voor G. van Orden: lit. bij cat. I,7.
C.R. Hermans: lit. bij cat. I,8.

I,12 GETIJDEN- EN GEBEDENBOEK KHS 12
Olim: 640

Perkament. (iii)+269+i+(iii) ff. Afm.: 140x94-100 (87-89x55) mm. 17 regels, over de volle bladspiegel. Zuid-Holland? Tweede kwart vijftiende eeuw; computus: c. 1434. *Afb.* 14

GETIJDEN- EN GEBEDENBOEK (folia 15-261), in het Middelnederlands, deels naar Geert Grote.
F. 1-2: computistica, gedateerd. De computistica maken echter geen oorspronkelijk deel uit van de codex. De tabellen (vijf kolommen) bevatten het volgende (links naar rechts, aanduidingen in rood, deels verticaal boven en onder de kolommen): *die iaren ons Heeren* (1434-95), *die maenprijm*, *die sonnendachsletter*, die *after wijnter weken* en *die daghen totten weken*. F. 3-14: kalender van het bisdom Utrecht. Bevat de traditionele gulden getallen (iii/xi/xix etc.); vgl. OBBEMA 1991, 132. De maand augustus is abusievelijk aangeduid als *junius* (sic). Augustinus en Hiëronymus zijn met blauw onderstreept. Op diverse plaatsen in de kalender de aanduiding: *botvast* (=geboden vastendag).
F. 15-57v^{0}: Getijden van de H. Maagd.[57]
F. 58-80: Getijden van de Eeuwige Wijsheid, in de bewerking van Henricus Suso.[58]
F. 82-107: Getijden van de H. Geest, wijken tekstueel sterk af van de tekst in VAN WIJK 1940, 71-86. F. 108-134r^{0}: Lange Getijden van het Kruis; VAN WIJK 1940, 113-138.
F. 134-163v^{0}: HENRICUS SUSO (c. 1295-1366), [DIE HONDERT ARTICULEN VAN DER GEDENCKENISSE DER PASSIEN ONS HEREN]. Noordnederlandse bijwerking van een oorspronkelijk Zuidnederlandse bewerking uit het Duits; vgl. DESCHAMPS 1990, 341-347, nr. 8, de tekst in hs. KHS 12 wordt in de laatste publikatie echter niet vermeld. Betreft het derde deel van het BÜCHLEIN DER EWIGER WAHRHEIT (1338). De *Hondert Articulen*, volgens GRÖBER 1941 (p. 68) ontstaan vóór 1330, zijn overgeleverd in tenminste vijf Middelnederlandse vertalingen in talloze handschriften; vgl. GRÖBER 1941. Rubr. bij de proloog: *Hier beghinnen die hondert articulen of ghedenckenissen vander passien ons lieves Heren Ihesu Christi ende sijn sonderlinghe ynnich.* Expl. van de proloog, tevens rubr. op het eerste artikel (135v^{0}): *Hier eyndet die prologus of die voirsprake hier beginnen die hondert articulen. Dits dat eerste artikel. Des sonnendachs. i.* Inc. (135v^{0}): *Ay ewige wijsheit Godes genadighe Here Ihesu Christi*... De Honderd Artikelen worden afgesloten met twee oraties (162-163r^{0}).

57 Tekstuitgave: VAN WIJK 1940, 36-70.
58 Tekstuitgave: HENRICUS SUSO ed. 1555.

Afb. 14. – Tilburg, KUB, Bibliotheek, hs. KHS 12, f. 39v°.
(Copyright: B. Bergmans, AVC)

Expl. op de Artikelen (in rood): *Hier eynden die hondert ynnighe articulen vander passien ons liefs Heren Ihesu Christi ende vanden medeliden sijnre gebenedider moeder ende maghet Marien.* Aanduiding der artikelen in de marge met Romeinse cijfers (in rood).[59]

F. 165-189r^{0}: Kleine Getijden van Alle Heiligen. Rubr.: *Hier beghinnen die cleine ghetiden van allen heiligen. Versikele.* Inc. (versikel): *Alle Godes heiligen bidt voir onser alre salicheit amen.* Expl.: *Alle gelovighe sielen moeten rusten in vreden amen.*

F. 189v^{0}-194r^{0}: vijf bijbehorende gebeden. Twee gebeden bedoeld voor het opstaan en naar bed gaan (189v^{0}-191v^{0}). Rubr.: *Dese drie naevolgende ynnighe ghebeden selmen lesen des morgens als een mensche op ghestaen is.* Inc.: *O heilige Here almachtige Vader ewige God die ons onwairdige sondaren hebste doen comen...* Expl.: *...ende regneert in ewicheit des Heilighen Gheestes eweliken sonder eynde amen.*

F. 191v^{0}-192r^{0}: Suffragie van Petrus. Inc. (192r^{0}): *Christus sprac tot sinte Pieter Pieter al dattu bindes opter airden...*

F. 192r^{0}-194r^{0}: oratie van Barbara. Inc.: *O alre cierlicste ende alre suetste maget Barbara wie sel mi geven dat ic dronken mach...* Expl.: *...ende mitten Heiligen Gheeste in ewicheit sonder eynde amen amen.*

F. 195-216r^{0}: Zeven Boetpsalmen met Litanie; Van Wijk 1940, 139-154. Augustinus (207r^{0}), Franciscus (207v^{0}) en Agnes (208v^{0}) zijn in de litanie met rood aangestreept. F. 217-255r^{0}: Dodenvigilie; Van Wijk 1940, 155-195.

F. 255v^{0}-261: twee Communiegebeden (tot het H. Sacrament). Van abt Johannes de Fécamp. Rubr.: *Dit gebet selmen lesen als men wil gaen totten Heilighen Sacrement.* Inc. (eerste gebed): *O overste priester ende warachtige bisscop Jhesu Christi die di selven offerste Gode den Vader...* Inc. (tweede gebed): *O Here Ihesu Criste ic danke di dattu mi onwairdigen sondare heveste ghesadet mitten vleische...* Expl.: *Overmits Cristum onsen Here amen.*

¶ Boekblok: Perkament, aangevezeld (sic), vochtschade (m.n. 257-260, andere beschadigingen verspreid door de codex, o.a. van de gedecoreerde initialen). Oudere foliëring met potlood, incidenteel: 9, 14, 16, 23, 31, 39, 43, 49, 57 (=f. 58, rechtsonder), 66, 74, 82 (rechtsonder), 90, 98, 106, 108 (rechtsonder), 116, 124, 126, 135 (=f. 134, rechtsonder), 143 (=f. 142), 146 (=f. 147), 151, 159, 163 (=f. 165), 173, 181, 189, 193, 194, 203, 211, 217, 225, 233, 241, 249, 255, 262. De oudere foliëring is recentelijk met potlood aangevuld, fouten hersteld: 1-264. Twee bladen recentelijk met potlood gefolieerd (1*-2*). De f. 1*-2*, 39r^{0}, 43r^{0}, 57v^{0}, 81, 133v^{0}, 163v^{0}, 164, 194v^{0}, 216v^{0} en 262-264 zijn blanco. Vernieuwde perkamenten dek- en schutbladen.

Collatieformule (in samenstelling soms onduidelijk): 1^{1+2}(één dubbelblad voor 1*, 1*-2* vormen één dubbelblad), 2^{2}(1 en 2 zijn met een perkamenten strook aan elkaar

[59] Tekstuitgave van de *Hondert Articulen*: Meyboom 1885; Bihlmeyer 1907, 314-322.

bevestigd, vormen [nu] één dubbelblad), 3^6(1 en 6 zijn met een perkamenten strook aaneenbevestigd en vormen [thans] feitelijk een dubbelblad), 4^6, $5\text{-}7^8$, 8^{8+2}(1 blad voor 1 en 4; f. 39 en 42 zijn enkelbladen), 9^{8+1}(f. 57 is een toegevoegd enkelblad), $10\text{-}14^8$, 15^{8+2}(twee enkelbladen na 8), $16\text{-}17^8$, 18^{8+3}(twee bladen voor 3 en 1 na 10; 124, f. 125 en 133 zijn enkelbladen [samenstelling onduidelijk]), $19\text{-}21^8$, 22^6, $23\text{-}26^8$, 27 zes (onduidelijk), $28\text{-}29^8$, 30^6, $31\text{-}35^8$, 36^6(6 is een beschreven contemp. schutblad) en 37^{2+1} (één dubbelblad en een enkelblad na 2).
Bladspiegel en aflijning met inkt. Besnoeid boekblok, m.n. aan de bovenzijde (te oordelen naar afgesneden penwerkuitstraling in de bovenmarges).

¶ SCHRIFT/VERLUCHTING: Littera gothica textualis formata. Eén hand. Eerste regel in de kolom below top-line. Interpunctie. Correcties: doorhaling met rood, verbeteringen tussen de regels. Gerubriceerd. Rode opschriften. Hoofdletters met rood aangestreept. Rood consecratiekruisje op 107r⁰. Hier en daar onderstrepingen met rood en blauw. Verluchting: mengvorm van de Delftse schulpgroep en het Zuidhollandse radijsjespenwerk; vgl. *Tent. Cat. Noordnederlandse Randversiering 1992*, 37-38, cat. 74 (108r⁰). Overeenkomsten in verluchting en lay-out met Amsterdam, BPH, hs. 148. Rode en blauwe hoofdletters, sporadisch met eenvoudig rood penwerk (als afkadering 'om' de hoofdletter heen, incidenteel in de marge uitlopend: kleine rankjes); vgl. 22v⁰. Afwisselend helder rode en blauwe initialen (2-5 rr. hoog), gedecoreerd met contrasterend blauw en rood uitlopend penwerk (dubbele enkelvoudige 'gesloten' [lus met halve keerparel] basislijn, met los aangehechte krommen evt. uitgewerkt als semi-florale motieven [lover- en rankwerk]; parelranden [met knopjes]; versierde en onversierde consoles; of uitlopende spiralende ranken, met bloemknopjes; of evt. een combinatie hiervan). De penwerkdecoratie wijkt af bij de initialen op 51v⁰ en 186v⁰. Marginale penwerkuitstraling vaak uitlopend in een wegschietende enkele lijn. In het initiaalveld en het oog van de letter opgevuld met blad-, bloem- en arabeske siermotiefjes. Hier en daar zijn op dit verluchtingsnivo de initialen half in de marge geplaatst; de verticale penwerkdecoratie lijkt als het ware los in de marge te staan. Initiaal op 96v⁰ bedorven door vocht.
Acht geschilderde fleuronnée-initialen (7 rr. hoog), littera duplex (rood en blauw), vierkant penwerkkader, aan het begin van iedere getijdengroep (15r⁰, 58r⁰, 82r⁰, 108r⁰, 134r⁰, 165r⁰, 195r⁰ en 217r⁰). Veldzwikken gedecoreerd met overwegend blauw penwerk (arabesken), aan de bovenzijde van het initiaalveld regelmatig aangevuld met contrasterend rood, evt. ter linkerzijde afgebiesd met parelranden. In het oog van de letter op een fond van karmozijnverf versierd met wit filigraan (spiralende ranken en rosetten). Alleen in de S-initiaal op 134r⁰ is, behoudens het purperen fond, ook een ondergrond aangebracht in donkerblauw. Aangehechte en losse spiralende ranken in rood en blauw (gedeeld), vol over alle marges, met vijfbladige rosetten, bloemknopjes, enkele driespitsbladeren, kleine blaadjes met groen gehoogd, radijsjes. Links en rechts langs de bladspiegel van de eerste initiaal op 15r⁰ twee baguettes (uitgevoerd in blauw, karmozijn, hoging met wit filigraan), boven en onder met aangehechte klokjesgentianen uitgevoerd in blauw en karmozijn, hoging met wit. Incidentele versieringen in het marginale penwerk van de aanvangsinitialen; 15r⁰ (rechtermarge): driebladige bloem (blauw, purper, oranje en groen, hoging met wit), hechting aan de sierlijst; 58r⁰ (boven, onder, rechts): drie draakjes, omkijkend (purper, blauw, oranje, opgehoogd met wit filigraan); 108r⁰ (boven, onder, rechts): bloemkelken (klokjesgentianen) in groen, purper, blauw, bruin, hoging met wit, met uitspruitende randen (Delfts), het Delftse

schulpblad is hier vervangen door dunne stengels met radijsachtige blaadjes; 134r^{0} (boven en onder) twee lelie-achtige bloemen (bladgoud, afgebiesd met zwart); 165r^{0}: twee gestileerde bloemen (bladgoud, zwart), twee klokjesgentianen (bladgoud, blauw, karmozijn, groen, hoging met wit), vogel (bladgoud, groen, purper, rood); 195r^{0} (boven en onder); twee klokjesgentianen (blauw, purper, groen, met wit gehoogd); en 217r^{0} (rechtermarge): bloem (blauw, oranje, groen, hoging met wit).
Twee ingevoegde Delftse miniaturen (39v^{0} en 43v^{0}), in uitstekende staat. Meesters van Otto van Moerdrecht? Of navolgers?
F. 39v^{0} (afb. 14): Kruisweg: op de voorgrond een sober landschap (stromende rivier, in zacht groen), Maria helpt Christus het Kruis te dragen, vier personen tegen een geblokte donkerrode achtergrond (blauw en goud, met fijne gekruiste diagonale lijnen afgewerkt). Van één persoon (links) is slechts een deel van zijn gezicht te zien. Eén man in de groep op de achtergrond (Simon van Cyrene?) helpt mee om het Kruishout te dragen. De figuren zijn wat onbeholpen en zelfs houterig geportretteerd. Gezichtjes daarentegen met aandacht afgewerkt. De Christusfiguur draagt een puntig-stomp baardje. Afbeelding van de personen in blauw, helder rood, oranje en vleeskleur, hoging met zwart, wit, geel en goud. Voorstelling afgekaderd (van binnen naar buiten) met een enkele witte lijn op een blauwe en donkerrode ondergrond, en een goudkader, aflijning met zwart. In de marges (links, boven en onder) één enkele verticale rank (zwarte penlijn met aangehechte gouden knopjes, 'geprikt' met een kleine pennestreek, versierd met kleine groene toefjes). In het midden van iedere rank een gestileerde blauwe bloem (ereprijs [Maria-oogje]?) geplaatst op een gouden cirkel, in de bloem een kern van goudverf, hoging met wit. De bloem in de onderste rank is aanzienlijk beschadigd (doordat deze plek veelvuldig is gekust?), hier en daar is de goudverf afgesprongen. In de rechtermarge drie losse bloempjes (steeltje met zwarte inkt, gouden knopje), versierd met groene toefjes. Iconclass-nr.: 73 D 4. De miniatuur wordt eveneens afgebeeld in BAARDA/HERMANS 1992, 46, afb. 17.
F. 43v^{0}: Kruisigingtafereel: bloedende Christus aan het Kruis, Maria en Johannes in rouw. Voorstelling met blauw, rood, grijs, geel-oranje, hoging met wit en zwart, opmerkelijk veel bladgoud. De miniatuur verkeert in een uitstekende staat. Identieke marginale versieringen als bij 39v^{0}. De rechtermarge is gedecoreerd met een nucleus en twee madeliefjes, met gouden kern. Iconclass-nr.: 73 D 6.

¶ BAND: Noordhollandse boekband, vrijwel geheel vernieuwd. Afm.: 160x109x56 mm. Gerestaureerd in 1961 in het Kunstatelier St. Catharinadal (Oosterhout). Voornaamste leren delen van voor- en achterplat behouden (paneelstempel op het middenveld). Overstekende afgeschuinde houten borden met leer overtrokken.
Versierd met blind- en paneelstempeling. Bandvlak: kaders met driedubbele filetlijnen. Middenveld van het bandvlak op voor- en achterplat versierd met een zestiende-eeuws (?) Salvatorpaneel type I (rechthoek, 83x56 mm), sterk afgesleten: in de rechthoek in een verticale mandorla de zegenende Christus, voorgesteld als Verlosser der wereld. Boven en onder de mandorla twee medaillons, afbeeldingen in de medaillons zijn niet meer te identificeren. De centrale voorstelling wordt omgeven door een smalle rand met gevlochten ranken en bloemen. Vgl. VERHEYDEN 1954, 227-229, type IIIB, nr. 1 en afb. 11. Identieke paneelstempels op: 's-Heerenberg, Huis Bergh, hs. 6; 's-Gravenhage, KB, hss. 70 H 31 en 131 G 7; Valenciennes, Stadsbibliotheek, hs. 131 (134) (voorplat).
Verzonken grepen aan de drie zijden (oorspronkelijk?), geprofileerd. Het rugleer is aan de kop en de staart van het boek omgeslagen en bestoken. Ribben met koorden geprofileerd. Vernieuwde sluitstukken.

¶ GESCHIEDENIS: Provenance onbekend. Door pater Gerlach ten onrechte toegeschreven aan Mariënwater; zie GERLACH 1972. Bezittersaantekeningen van één vroeg zestiende-eeuwse hand (?) met inkt op 262v⁰. In de bovenmarge: 'Jhesus Nazarenus rex Iudeorum. Caspar. Melchior. Balthazar'. Vervolgens, in cursief, een liturgisch Mariaformulier (Salve Regina). Ten derde een eigendomsinscriptie: 'Dit boeck hoert toe Wendelmoed Iacobs dochter, Thomas Iacobsz. wijf, wonende inden Eynghel. Diet vint die brenct weder om Gods wille. Men selt hem wel loenen'. De Engel is een buurtschap onder Lisse (notitie in Leiden, BNM). Toevoegingen in de kalender met zwarte inkt van een andere, contemporaine hand: 'Onser Vrouwen dach in snee' (5.8); 'Ons Heren Transfiguracy' (7.8); 'Onser Liever Vrouwen Presentacy' (21.11).
In het bezit geweest van Gerrit van Orden, hs. 3. Door hem gelegateerd aan het PGNB; vgl. HPGNB, jrg. 1855, 33, nr. 3. Negentiende-eeuwse bezittersaantekening van C.R. Hermans op 1r⁰: 'N. 3. 1854'.

¶ SIGNATUUR: Oude nummers: 481, 640.
Oude signaturen: 8 (vgl. 262v⁰), 277.

LITERATUUR. — a) In Tilburg, KUB, bibliotheek, beschr. PGNB, hs. KHS 12. Verder: HPGNB, jrg. 1855, 33, nr. 3 (=HERMANS 1855); *Cat. PGNB Oorkonden/Handschriften 1875*, 125, nr. 481; AXTERS 1966, 356, 383; GERLACH 1972, 594, nr. 7; IMDC, 44; BAARDA/HERMANS 1992, 47-49, cat. 6 (afb. 17 [39v⁰]); *Tent. Cat. Brabant te Boek 1992*, 6, cat. 6. AXTERS 1966 met een opgave van Middelnederlandse handschriften met werk van Suso. Nr. 3 (p. 349-359) bevat alle hss. (122) met de tekst van de *Hondert Articulen*. Middelnederlandse hss. met Suso's Getijden van de Eeuwige Wijsheid in nr. 9 (p. 370-392). DESCHAMPS 1990 bestudeert Suso's *Hundert Betrachtungen* in het Middelnederlands.
b) Voor Henricus Suso: *Heinrich Seuse. Studien zum 600. Todestag 1366-1966*. Lit. over Geert Grote, diens getijdenvertalingen en de Moderne Devotie bij cat. I,10.
Voor Mariënwater of Coudewater: lit. bij cat. I,5.
Voor de 'schulp'-groep: KORTEWEG 1986, 238-240, en afb. 2; *Tent. Cat. Noordnederlandse Randversiering 1992*, 57-58. Voor de Meesters van Otto van Moerdrecht en navolgers (1420-55): *Tent. Cat. Middeleeuwse Miniaturen Noordelijke Nederlanden 1989*, III, 75-86. Voor het Zuidhollandse radijsjespenwerk: *Tent. Cat. Noordnederlandse Randversiering 1992*, 57-58, 68-72.
G. van Orden: lit. bij cat. I,7.
C.R. Hermans: lit. bij cat. I,8.

I,13 MEDITATIE- EN GEBEDENBOEK KHS 13
Olim: 641

Papier en perkament. iii+200+iii ff. Afm.: 143x104 (85x63-64) mm. 19 regels. Zuid-Holland. Eerste kwart zestiende eeuw (na 1503). *Afb.* 15

MEDITATIE- EN GEBEDENBOEK (folia 3-186r⁰). In het Middelnederlands.
F. 3-13: volle kalender van het bisdom Utrecht. Met locaal Hollands eigen; Bavo (1.10) in rood, Jeroen van Noordwijk (17.8), maar niet in rood. Benignus

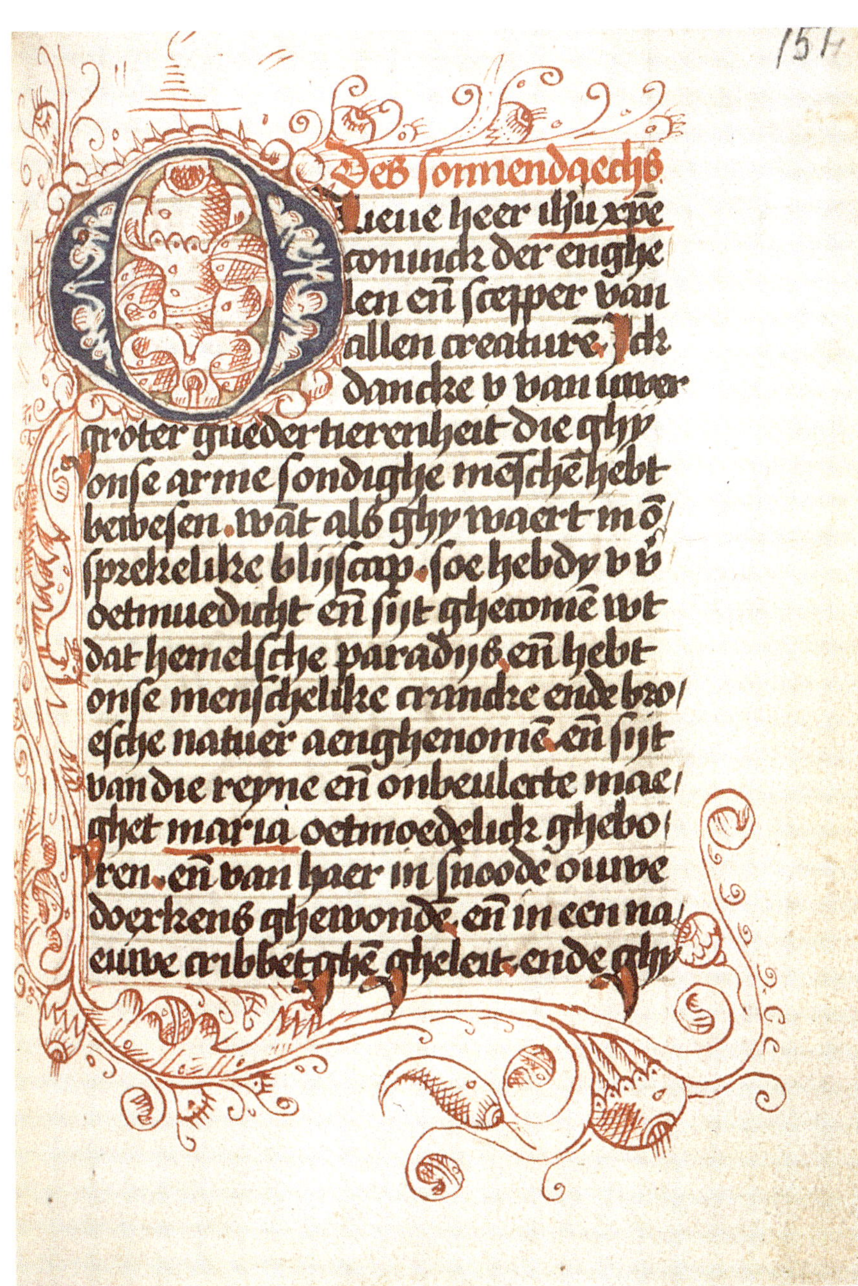

Des sonnendaechs
O lieve heer ihesu xpe
coninck der enghe
len eñ sceppere van
allen creaturẽ. Ick
dancke v van uwer
groter gueder tierenheit die ghy
onse arme sondighe meschẽ hebt
bewesen. wat als ghy waert on
sprekelike blisscap. soe hebdy v v
oetmuedicht eñ sijt ghecomẽ wt
dat hemelsche paradijs. eñ hebt
onse menschelike crancke ende bro
esche natuer aenghenomẽ. eñ sijt
van die reyne eñ onbevlecte mae
ghet maria oetmoedelick ghebo
ren. eñ van haer in snoode ouwe
doerkens ghewonde. eñ in een na
ouwe cribbetghẽ ghelecht. ende ghy

Afb. 15. – Tilburg, KUB, Bibliotheek, hs. KHS 13, f. 15 r°.
(Copyright: B. Bergmans, AVC)

(28.6) en Werenfridus (14.8) ontbreken. Agnes (21.1) in rood. Op meerdere data in de kalender de aanduiding *bodtvasten*. Op 16 sep. was abusievelijk Methodius (18.9) geplaatst, maar doorgehaald met rood.
F. 14r⁰: openingsgebed. Inc.: *Dat is soe veel als niet te weten...* Expl.: *Soe moechdy altoes leven sonder sorghen amen.*
F. 14v⁰-67v⁰: meditatie op het Leven van Jezus, naar het Pseudo-Bonaventura-Ludolfiaanse Leven van Jezus. Tekst opgedeeld in: Maria-Boodschap, Geboorte van Jezus, besnijdenis, aanbidding van Jezus door de Magi, presentatie van Jezus in de tempel, vlucht naar Egypte, terugkeer naar Israël en Jezus bij de schriftgeleerden. Met korte proloog en enkele gebeden. Delen van deze tekst zijn bewerkingen van de *Meditationes*, die aan Bonaventura worden toegeschreven (resp. cap. 1, 4, 7, 8, 9, 11, 12, 13 en 14); vgl. DE VRIES 1964, 159. Rubr.: *Hier beghint nu van dat ghene dat ghesciede voer die toecoemst ons liefs Heren Ihesu Christi.* Inc.: *Als dat onsalighe menschelike geslachte langhe tijt als vijf dusent iaeren ende twee hondert...* Expl.: *...als sy onrechtelick hebben gedaen van welck noch nae sal worden ghetracteert.*
F. 67v⁰-148v⁰: *Marien-Clage* op de Lijdensweek in proza; vgl. KRONENBURG 1904-11, vol. 2, 215. Volgens DE VRIES 1964 met zgn. proloog B. De eigenlijke Mariaklacht is ingelast in [DIE HEIMELIKE PASSIE]. Het Lijden van Jezus op Goede Vrijdag is verdeeld over de kanonieke uren. De f. 114v⁰-117v⁰, 122r⁰-v⁰ en 122-123v⁰ gaan terug op Ogier le Danois; vgl. DE VRIES 1964, 82. Rubr.: *Hier volcht nu dat ghene dat voer die passie ons liefs Heren Ihesu Christi is gheschiet. Ende een schone clage ende rouwe des bedroefde mueders ende reyne maghets Maria. Maer alder eerst vanden Heylighen Palm Sonnendach.* Inc.: *Als die sone Gods onse Heer Ihesus Christus gebenedijt...* Expl. (in rood): *Item dese voerscreven oefeninghe en is niet altemael vanden evangelisten bescreven maer devote harten moghent aldus devotelick overlegghen ende contemplieren.*[60]
F. 148v⁰-149v⁰: korte beschouwing op de waarde van Christus' Lijden: Bernardus vraagt aan vijf medebroeders wat hun belangrijkste geestelijke oefening zoal inhoudt.
F. 150-163r⁰: dagelijkse overwegingen op het Lijden van Christus, verdeeld in meditaties voor de zeven dagen, met enkele gebeden. Voorafgegaan door een

[60] Tekstuitgave van de Mariaklacht: DE VRIES 1964, 308-327. Een redactie van *Die heimelike Passie* is: STRACKE 1937. Vier tekstplaatsen in hs. KHS 13 worden besproken in MARROW 1979: 103, noot 428 (wegvoering van Christus over een harde steenweg, doornen en distels [95v⁰]), 126-127, noot 517 (Christus wordt tegen muren en deurposten gegooid [120r⁰]), 168, noot 716 (Christus heeft geen plek aan het Kruis om het hoofd te laten rusten [108r⁰], 181, noot 769 (spijkerblok aan Christus' gordel [98v⁰]). Deze aspecten van passie worden uitgebreider besproken in MARROW 1979, resp. p. 99-104, 126-127, 167-170 en 171-189.

proloog. Rubr.: *Soe wie een gheestelick leven begheert te leyden... Item gheestelike menschen moghen dese oefeninghe deylen tot die seven kercken als sy om hoer oflaet gaen. Des sonnendaechs.* Inc.: *O lieve Heer Ihesu Christe coninck der enghelen ende scepper van allen creaturen.* Expl.: *...ende in die ewighe glorie guedertierlick moeghen worden ontfanghen amen.*

F. 163r^{0}-166r^{0}: drie meditaties op de dagelijkse geestelijke omgang met Jezus, met proloog (163r^{0}-164r^{0}), in rood. Deze meditaties worden besloten met een korte overweging (in rood) en een kort gebedje (166r^{0}). Inc.: *O lieve Here Ihesu Christe die u selven in een daeghelixse spyse inden Sacramente...* (164r^{0}). Expl.: *...mit alsulc devocy.*

F. 166r^{0}-171r^{0}: sacramentsgebeden. De folia 167v^{0}-170r^{0} bevatten een excerpt uit DE IMITATIONE CHRISTI van Thomas a Kempis (l. IV, c. 17); vgl. AXTERS 1971, 51 (=DE BRUIN 1954, 287). Rubr.: *Ende voert soe mach hy lesen ander ghebedekens diemen leest alsmen dat Heylighe Sacrament ontfanghen heeft. Ende als die misse uut is soe sal hy God almachtich mit devote ghebedekens dancbaerheit bewysen alleleens of hy hem inden Heylighen Sacrament had ontfangen segghende aldus of deser ghelijck ghebet.* Inc.: *O lieve Here Ihesu Christe ick dancke dijnre groter guedertierenheit...* Expl.: *Ende oeck lieve Heer Ihesu Christe offer ick u alle iubilacien ende verblienissen.*

F. 171r^{0}-174v^{0}: negen aflaatgebeden op de Arma Christi, o.a. van paus Gregorius de Grote (590-604), Nicolaus V (1447-55), Calixtus III (1455-58), Sixtus IV (1471-84), Innocentius VIII (1484-92) en Julius II (1503-13). Met paternosters en een collect. Voorafgegaan door een proloog. Rubr.: *Hier volghen nu die ghebeden voer die wapenen ons Heren Ihesu Christi die welcke die heylighe paeusen hebben ghemaect tot welcken staen by nae tweehondert dusent iaren oflaets te verdienen diese devotelick op sijn knyen leest mit berou van sijn sonden.* Inc.: *O Heer Ihesu Christe ick aenbede dy anden cruce hanghende...* Expl.: *...ende regneers een God ewelick sonder eynde amen.* Ook in de hss. 's-Heerenberg, Huis Bergh 3 (63r^{0}-64r^{0}) en 6 (154r^{0}-155r^{0}); vgl. LELOUX 1980, 6a en 9, resp. 190 en 221.

F. 175r^{0}-v^{0}: meditatie waarin Bernardus Christus naar Zijn lijden vraagt (in rood), met gebed tot de Wonden van Christus.

F. 175v^{0}-177v^{0}: aflaatgebeden, o.a. van Alexander VI (1492-1503) en genoemde Julius II. Inc. van het eerste aflaatgebed: *O Heer Ihesu Christe des levendighen Gods soen...* Expl.: *...ghebenedijt in der ewicheit amen.*

F. 177v^{0}-179r^{0}: korte gebeden voor als men slapen gaat en weer opstaat, en tegen een onverwachte en overhaaste dood. In de uitgebreide rubriek staat o.a. het volgende: *Dit heeft ghekundicht een heylich minrebroeder vander stadt Machelen* (178r^{0}). Inc.: *Ihesu van Nazareth. Coninck der Ioden.* Expl.: *Ende vergheeft my alle mijn sonde amen.*

F. 179r^0-180v^0: twee gebeden tot Maria, met versikel en collect. Rubr.: *Een ghebet tot die reyne maghet Maria.* Inc.: *O Maria vrouwe der glorie coninghinne der blyscap.* Expl.: *Overmits Christum onsen Heer.*
F. 180v^0-182v^0: misgebeden bij de opheffing van het Allerheiligste na de consecratie. Rubr.: *Dese naevolghende ghebedekens machmen lesen alsmen onsen Heer ophoert inder missen. Ghebet.* Inc.: *Weest ghegruet alder heylichste lichaem ons verlossers...* Expl.: *Overmits Ihesum Christum onsen Heer.*
F. 182v^0-183v^0: twee gebeden voor de reiziger. Inc.: *O Heer God Vader almachtich die nimmermeer en biste versceiden...* Expl.: *Overmits Ihesum Christum onsen Heer amen.*
F. 183v^0-184r^0: drie punten van Johannes Gerson. Rubr.: *Hier volghen nu drie puntkens die welcke Iohannes Ierson bescrijft ende hy hietse drie waerheden te wesen. Ende soe wiese uut sijn ganse harte mach segghen die mach seker weten dat hy is in die staet des gracijs. Die eerste waerheit.* Inc.: *O lieve Heer aldus of soe heb ick ghesondicht...* Expl.: *...ende des mueders des heylighe kercks.*
F. 184r^0-186r^0: proloog van het Johannesevangelie. Gevolgd door een gebed en een overweging. Rubr.: *Hier beghint sint Ians evangely dat welcke seer guet is ghelesen om van alle quaet bescermt te wesen.* Inc.: *Int beghin was dat woert...* Expl.: *...dat sy begheeren nu ende altijt amen. Amen. Amen.*

¶ BOEKBLOK: Vochtschade, inktvraat. Oude foliëring met potlood, deels weer uitgegumd: 4-21. Jongere potloodfoliëring: 1-192. Recentelijk met potlood aangevuld: i-iii (1*-3*) en i-iii (193-195). Drie bladen met potlood gefolieerd (1-3). Contemp. dek- en schutbladen. Het papier is hier en daar van tamelijk slechte kwaliteit; een aantal bladen is op de kettinglijnen fors ingescheurd.
Collatie: 1^4(perkamenten dubbelbladen, 1 fungeert als [opgeplakt] dekblad), 2-8^8, 9^{10}, 10^8(voor 1 en na 7 zijn twee brede kimmen zichtbaar), 11-13^8, 14^{6+1}(één blad voor 1), 15^{8+1}(één blad voor 1), 16-24^8, 25$^{8-2}$(mist 2 en 3, verminkt door uitsnijden), 26^4(vier perkamenten dubbelbladen, 4 fungeert als [opgeplakt] dekblad).
Watermerken: gekroond wapenschild met bloemetje, drie Franse lelies, eronder hangt de letter C; vgl. BRIQUET 1923, nr. 1814 (1507-34). Schrijfkader met loodstift, aflijning met inkt. Prikgaatjes bewaard. Katernsignaturen. Reclamanten.

¶ SCHRIFT/VERLUCHTING: Littera gothica hybrida formata. Geschreven door één hand. Eerste regel below top-line. Inkt van wisselende kwaliteit. Correcties: doorhaling met rood (enkele lijn, volledig retoucheren van woorden m.b.v. een rode balk [vgl. bv. 120r^0). Tekstgeleding met zwarte punten, hoging met rood.
Gerubriceerd. Rode opschriften en paragraaftekens. Eén blauw paragraafteken. Hoofdletters met rood aangestreept. Onderstrepingen met rood. De uitstekende onderkast van de letter g in de laatste regel van de schrijfkolom is steeds met rode punten opgevuld. Verluchting: Zuidhollandse stijl ('aubergine-penwerk'); vgl. MARROW 1979, afb. 142

(14v^0); BAARDA/HERMANS 1992, 48, afb. 18 (14v^0-15r^0). Rode en blauwe hoofdletters (m.n. in de kalender). Onversierde rode initialen (2 rr. hoog).
Rode en blauwe initiaal (3-5 rr. hoog), evt. opengewerkt, met uitlopend resp. zwart en rood penwerk (enkelvoudige of dubbele basislijn, aangehechte krommen, driehoeken, kleinere en grotere aubergines met enkele uitstekende sprieten, radijsjes, losse bolletjes [14v^0, 18r^0, 31r^0, 42r^0, 52r^0, 55r^0, 145v^0, 162v^0, 167v^0]). Initiaal afgebiesd met een gedegenereerde parelrand met bolletjes. In het oog van de letter versierd met gestileerde semi-bladmotieven. Initiaal geflankeerd door een driehoekje, opgebouwd uit lijntjes.
Opengewerkte fleuronnée-initialen (5-7 rr. hoog), versierd met uitlopend rood (basislijn met aangehechte krommen, kleinere en grotere aubergines met sprieten, radijsjes en losse bolletjes [15r^0, 23r^0, 34v^0, 45v^0, 68r^0, 172r^0]). Initiaal afgezet met een gedegenereerd parelrandje met bolletjes en/of doorntjes. In het oog van de letter opgevuld met gestileerde semi-florale motieven, uitgespaarde ruimte evt. opgevuld met geel. Het penwerk bij de initiaal op 34v^0 bevat zware hangende aubergines. In het marginale penwerk van de initiaal op 15r^0 'hangt' uit een aangehecht blad een draakje (op de kop). Een tweede draakje in het penwerk van de initiaal op 151r^0. De uitsparingen in het lichaam betreffen gestileerde motieven, hier en daar ingevuld met rode penstreekjes. Initiaal geflankeerd door een driehoekje van lijntjes.
Opengewerkte blauw geschilderde initiaal op 151r^0 (6 rr. hoog), gedecoreerd met uitlopend rode penwerkdecoratie. Het penwerk is in principe uitgevoerd zoals hierboven is beschreven, maar bevat nu in de zij- en ondermarge een aangehechte rank met brede langgerekte gelobde acanthusbladeren, aubergines, hangend draakje, driehoekje van lijntjes en losse bolletjes. Eén aubergine waait weg als een kleine ballon aan een touwtje. In het oog van de letter een gestileerde bloem in rood, uitgespaarde ruimte rondom met geel opgevuld.
Blauwe J-initialen in margine. Regelvullingen (incidenteel): rood kruisje achter het woord *cruce* (118r^0), sterretje aan het einde van de regel met zwart en rood na het woord *sterre* (38r^0). Representanten met zwart en rood (rode representant Kl voor de siglen in de kalender).

¶ BAND: Gelijktijdige boekband. Opgelapt. Afm.: 151x109x48 mm. Overstekende afgeschuinde houten platten met leer overtrokken. Het bandleer is sterk beschadigd, vochtschade, schaafplekken, m.n. de blindstempeling op het achterplat is afgesleten. Wormstekig voorplat.
Kaders met filetlijnen. Centraal middenveld door driedubbele diagonale lijnen in ruiten en driehoeken verdeeld. Bandvlakken versierd met blinde stempels: bloempje (groepje van zes rondjes), diam.: 4 mm; bloempje, idem van samenstelling maar nu met iets grotere rondjes, diam.: 5 mm; tweekoppige adelaar, in een kadertje, in de buitenste kaders, 11x11 mm; Franse lelie, alleen in de ruiten (boven en onder) op het middenveld, 11x8 mm; bloeiende roset, met vier gelobde bladeren, 10x9 mm.
Zadelsteekkapitalen. Gebroken rugleer. De staart van het boek is aan één zijde ingescheurd. Vier dubbele ribben. Met koorden geprofileerd. Klampsluitingen: twee pijlvormige penmuiters, twee borgplaatjes (achtpuntige 'ster', de middelste vier punten zijn ingevijld), resten van leren sluitlippen. Vijf rood geverfde leren knopklaviertjes bevestigd op (beschreven?) perkamenten reststrookjes.

¶ GESCHIEDENIS: Geschreven en vervaardigd in een Windesheimer klooster (reguliere kanunniken van Augustinus). In de kalender zijn de volgende feesten met rood onder-

streept: 'Augustijns vervueringhe' (28.2), 'Augustijns mueder' (4.5), 'Augustijns bekeeringhe' (5.5), 'Augustijn bisscop ende doctoer' (28.8) en 's. Augustijns vervueringhe' (11.10).
Resten van een contemporaine zevenregelige eigendomsinscriptie aan de binnenzijde van het voorplat (met rood), weggeradeerd. Leesbaar is nog het volgende: 'D[it] [bo]eck h[oer]t toe...'
F. 67 is verstevigd met een stuk beschreven papier (rekening?). Contemporain handschrift. Van deze tekst is het volgende nog leesbaar: '[] ontfangen van jonker Wijllem van [] van 3 jaren []'.
In het bezit geweest van Gerrit van Orden, hs. 8. Door hem gelegateerd aan het PGNB.
Negentiende-eeuwse bezittersaantekening van C.R. Hermans op 2*/r^0: 'N. 8. 1854'.

¶ SIGNATUUR: Oude nummers: 482, 641.
Oude bibliotheekplaatsing (?): letter D (zwarte inkt, op 2*/r^0).

LITERATUUR. — a) Hs. in Tilburg, KUB, bibliotheek, beschr. PGNB, hs. KHS 13. Vermeld in: HPGNB, jrg. 1855, 33, nr. 8 (=HERMANS 1855); *Cat. PGNB Oorkonden/Handschriften 1875*, 125, nr. 482; *Cat. PGNB Oorkonden/Handschriften 1900*, 248, nr. 641; KRONENBURG 1904-11, vol. 2, 215, noot 1; DE VRIES 1964, 29-31, met onjuiste opgave der foliumnrs.?; AXTERS 1971, 51; MARROW 1979, 103, noot 428, 126-127, noot 517, 168, noot 716, 181, noot 769, 215, cat. 12, afb. 142 (14v^0); IMDC, 44; BAARDA/HERMANS 1992, 49, cat. 7 (afb. 18 [14v^0-15r^0]); *Tent. Cat. Brabant te Boek 1992*, 7, cat. 7.
b) Voor het Pseudo-Bonaventura-Ludolfiaanse Leven van Jezus zie: DE BRUIN 1964; DESCHAMPS 1972, 161-163, cat. 53. De tekstuitgave van deze Middelnederlandse compilatie in: DE BRUIN 1980.
Voor Middelnederlandse Mariaklachten (met tekstuitgaven): DE VRIES 1964.
Voor *Die heimelike Passie* o.a.: STRACKE 1937; MARROW 1979, passim; AMPE 1984.
Ogier le Danois in: DOUTREPONT 1906, 61-62, nr. 101.
Voor het aubergine-penwerk vooral: *Tent. Cat. Noordnederlandse Randversiering 1992*, 69-72.
G. van Orden: lit. bij cat. I,7.
C.R. Hermans: lit. bij cat. I,8.

I,14 MEDITATIE- EN GEBEDENBOEK KHS 14 Olim: 642

Papier en perkament. iii+358+ii ff. Afm.: 139x97 (c. 85xc. 60) mm. 17 regels. Oostelijke en Brabantse dialectvormen. Tertiarissenklooster Bloemenkamp, 's-Hertogenbosch. Overgang vijftiende/zestiende eeuw. *Afb.* 16

MEDITATIE- EN GEBEDENBOEK (folia 4-362r^0). In het Middelnederlands.
Oefeningen en overwegingen op het Leven en Lijden van Christus voor de dagen in de week. Ingericht voor 'fortnightly reading'? Cyclus over twee weken, van zondag tot zondag, met één extra dag (=derde zondag). Bevat de volgende

Een merkelike leringhe vā
den leven ende passie ons herē

Merct dꝫ
die en-
gelsche
doctoer
Johan-
nes de
houdē
seet vā
den leven ende lijden ons heren
Dat ghenen rocke van enygher
offerhanden en rieket soe wael
voer god. als die innyghe ghe-
denckenis der passien ende des
levens ons heren. want sy ma-

Afb. 16. – Tilburg, KUB, Bibliotheek, hs. KHS 14, f. 4r°.

(Copyright: B. Bergmans, AVC)

themata: Maria-Ontvangenis, Maria-Boodschap, Geboorte van Jezus, presentatie van Jezus in de tempel, Christus' Lijden (week 1 [4-62r^0]), Doop van Jezus, uitverkiezing der apostelen, door Jezus verrichte wonderen, intocht in Jeruzalem op Palmzondag, Laatste Avondmaal, Lijden van Christus, droefheid van Maria om Jezus' dood (week 2 [128v^0]), en Christus' Verrijzenis (extra zondag [128v^0-129v^0]). Het geheel wordt afgerond met een slotbeschouwing (129v^0-138v^0). Rubr.: *Een merkelike leringhe vanden leven ende passie ons Heren.* Inc.: *Merct dat die engelsche doctoer Johannes...* Expl.: *...is devotelick te over dencken die passie ons liefs Heren Jhesu Christi.*
F. 138v^0-312r^0: Lijden van Christus, verdeeld over de dagen van de Goede Week, ingericht naar de getijden van de dag. De gebedsoefeningen betreffen verder de feesten van Hemelvaart, Pinksteren en Maria-Hemelvaart. Rubr.: *Hier begint die passie ons liefs Heren Jhesu Christi. Gheset tot die seven ghetijden. Ende ierst des sondaechs naeder vesperen vanden berch van Olyveten.* Inc.: *Ihesus ghinck mit sinen iongheren over dat revyerken Cedron...* Expl.: *...ende salige verloessinge mit dinen heilighen gebede van dinen ghebenediden Soen amen.*[61]
F. 312r^0-362r^0: overwegingen op de Vier Uitersten (dood, oordeel, hel en hemel). Rubr.: *Die is een cortenendacht vanden vier uutersten ende yerst vander doot.* Inc.: *Ghi sult u soe hebben in al uwen gedachten woerden ende werken.* Expl.: *In dier vree alst dy alre meest van noede is. Doe* (lees: *Deo gracias*).

¶ Boekblok: Papier, inktvraat, vochtschade. Oudere foliëring met potlood: 1-362. Recentelijk met potlood aangevuld: 363-364. De f. 1-2 en 363-364 zijn contemp. perkamenten (dek- en) schutbladen; 1 en 364 waren oorspronkelijk dekbladen (verkleuringen aan de inslag van het leer) maar zijn thans vliegende bladen. F. 3 is een contemp. papieren schutblad (blanco).
Collatieformule: 1^2(1 en 2 vormen een perkamenten dubbelblad), 2^{6+2}(1 en 6 zijn enkelbladen), 2-9^8, 10^{6+2}(als katern 1), 11-21^8, 22^{6+2}(1 en 8 zijn enkelbladen), 23-36^8, 37^{6+2}(als katern 1; 1 is een contemp. schutblad), 38^{6+2}(2 en 7 zijn perkamenten enkelbladen), 39-44^8, 45^{8-1}(mist 8; f. 356 is thans een enkelblad, wederhelft uitgesneden), 46^2.
Watermerken, n.g. Schrijfkader en liniëring met zwarte inkt. Prikgaatjes voor de afschrijving en de liniëring deels nog bewaard, maar voor het overgrote deel verloren door afsnijden. Katernsignaturen met zwarte inkt, goeddeels afgesneden.

¶ Schrift/Verluchting: Littera gothica hybrida formata. Eén hand. Het betreft hier dezelfde kopiist als die in hs. KHS 9 (cat. I,9). Eerste regel below top-line. Interpunctie (geleding met zwart en rood). Correcties: doorhaling met zwart en rood, tekst bijgeschreven in de marge (aanduiding in de schrijfkolom evt. met behulp van een rood kruisje).
Gerubriceerd door een geoefende hand. De rubricator in dit handschrift heeft ook de rubricatie in hs. KHS 9 verzorgd. Hier en daar is sprake van enige oxydatie van het

[61] De passage in dit handschrift over Christus' Lijden waarin het wijndrinkende volk en toeschouwers de kruisdragende Christus bespotten (191v^0-192), wordt besproken in: Marrow 1979, 149, noot 625.

rubrum. Rode opschriften. Hoofdletters met rood aangestreept. Rode onderstrepingen. Rode paragraaftekens.
Verluchting in Bossche stijl; vgl. *Tent. Cat. Noordnederlandse Randversiering 1992*, 164, cat. 160 (62v^0). Rode en blauwe hoofdletters. Onversierde rode en blauwe initiaaltjes (2 rr. hoog).
Opengewerkte blauwe penwerkinitialen (3-5 rr. hoog), versierd met marginaal rood en blauw. Typen penwerkdecoratie: a. vierdubbele enkelvoudige basislijnen, aangehechte krommen, bezet met gedegenereerde parelranden die worden onderbroken door een halve rode cirkel met een rood of blauw bolletje, uitlopend in blauwe staartjes, penwerkuitstraling gedecoreerd met twee losse motiefjes (blauw bolletje, rood bolletje in krans van blauwe stippen [162r^0, 171v^0, 190r^0, 244v^0, 281v^0, 293v^0, 312r^0, 320v^0, 333r^0]); b. symmetrische rank(en) met driespitsbladeren, met rood gearceerd, losse elementen (blauwe en rode bolletjes, rode en blauwe staartjes, rood bolletje in krans van rode of blauwe stippen, blauwe punt in een door een krans van blauwe stippen omgeven rode cirkel [256r^0, 262r^0]); c. slingerende ranken, met loverwerk en bolle knoppen, losse elementen (blauwe bolletjes, rode en blauwe staartjes, krans van blauwe stippen, rood bolletje in krans van blauwe stippen [208v^0, 273v^0]); d. spiraal-vormige uitgetrokken banderol als vliegenvanger (verticaal langs de schriftspiegel), met rood gearceerd, versierd met blauwe punten, losse elementen (blauwe en rode bolletjes, rode en blauwe staartjes, blauwe punt in een door een krans van blauwe stippen omgeven rode cirkel [341r^0]). Initiaalveld afgezet met onderbroken, gedegenereerde parelranden en arabeske motieven. Veldzwikken en oog van de letter met symmetrische motieven of florale versieringen. Initiaalveld evt. geflankeerd door een driehoekje van enkele lijntjes.
Opengewerkte blauw geschilderde penwerkinitialen (6-8 rr. hoog), littera simplex, versierd met rood en blauw (4r^0, 7v^0, 62v^0, 139r^0, 148r^0). Penwerkdecoratie: type a. (62v^0, 139r^0), de basislijnen lopen onder en boven nu uit in een pauwestaart; b. (7v^0, 148r^0); en d., maar vastgehecht aan de initiaal en uitlopend in de marges (4r^0). De symmetrische huls van het type d. is nu verder uitgewerkt tot een gestileerde bloem. Losse penwerkelementen: aangehechte driespitsbladeren, blauwe punt in een door een krans van blauwe stippen omgeven rode cirkel, rode stip in een blauwe zon. Veldzwikken en oog van de letter overwegend met bloemmotieven in rood en blauw, rode arcering. Initiaalveld afgezet met onderbroken, gedegenereerde rode en blauwe parelranden. In de middenschacht van de initiaal M op 4r^0 is het volgende opengewerkt en uitgespaard: een banderol slingert zich rond een 'pilaar', bevat de tekst: *dient God in alre tijt* (in rood). Zie afb. 16. In twee uitgespaarde hartjes in het lichaam van de D op 7v^0 resp. *Ihesus* en *Maria*. In de initiaal I met rood in een uitgespaarde banderol: *Mijn siel is bedroeft*. Representanten met zwarte inkt, deels overgeschilderd.

¶ BAND: Gelijktijdige boekband. Voorlopig toe te schrijven aan de Broeders van het Gemene Leven te 's-Hertogenbosch (Gregoriushuis). De vrijwel identieke boekbanden van de hss. KHS 9 en KHS 16 (cat. I,9 en I,16) zijn afkomstig uit dezelfde binderij. Afm.: 148x104x67 mm. Overstekende afgeschuinde houten platten met leer overtrokken. Platten versierd met blind- en paneelstempeling. Bandvlak: kaders met filetlijnen. Kanten versierd met enkele lijn (fileet). Tussen en over de driedubbele horizontale en verticale lijnen blinde stempels: forse bloeiende roos, met zes blaadjes, in een cirkel, diam.: 23 mm; vierbladige bloem in een ruit, 23x17 mm. Het blinde stempel met de roos ook op: Tilburg, KUB, bibliotheek, hs. KHS 9. Afwrijfsel van het roosstempeltje in: VERHEYDEN 1933, afb. 11. Middenveld van voor- en achterplat versierd met paneelstempel

(99x65 mm), in uitstekende staat: Christus als Man van Smarten, met gekruiste armen staand in een graftombe, met de Arma Christi (dwarshout van het Kruis, Kruisopschrift [midden], ladder, speer, hysopstengel met spons, trektang, twee balsemvaten [rechts], geselkolom met gesel en roede, balsemvat, dobbelsteen [links], drie spijkers), op het dwarshout van het Kruis loopt een haantje, op de voorgrond onder de tombe drie opschietende struiken, afbeelding in een venster. Spreukband: *O vos omnes qui transitis per viam attendite et videte si est dolor similis sicut dolor meus*; RH nr. 13951. Vgl. voor het paneelstempel: VERHEYDEN 1933, 226-229, nr. 3 en afb. 7. Paneelstempel ook op: Utrecht, Catharijneconvent, hs. 19; Tilburg, KUB, bibliotheek, hss. KHS 9 en KHS 16; Leuven, UB, hs. G218; Brussel, KB, hss. 5066, 5067 en 5069; Berlijn, SPK, germ. octav. 188. Vgl. ook: *In Buscoducis 1450-1629*, vol. 1, 143, cat. 79.
Rugleer aan de kop en de staart van het boek omgeslagen en bestoken. Vier ribben, met koordjes geprofileerd. Vier leren bindingen (ongelijke afmetingen) en kapitaalkoorden zijn ingelaten in de platten en met houten spietjes afgekeild. Deze zijn aan de buitenzijde van de boekband door slijtage thans zichtbaar op de kneep. Klampsluitingen: twee pijlvormige penmuiters, met ciseleerwerk, twee schildvormige borgplaatjes, resten van leren sluitlippen. De spijkertjes waarmee de muiters zijn bevestigd, zijn aan de binnenzijde van het voorplat zichtbaar. Twee perkamenten klaviertjes.

¶ GESCHIEDENIS: Geschreven in en voor het tertiarissenklooster Bloemenkamp te 's-Hertogenbosch. Hoogstwaarschijnlijk gebonden door de Broeders van het Gemene Leven te 's-Hertogenbosch (Gregoriushuis).
In het bezit geweest van Gerrit van Orden, hs. 12. Door hem gelegateerd aan het PGNB; vgl. HPGNB, jrg. 1855, 33, nr. 12. Aantekening van C.R. Hermans in de rechterbovenhoek van 3r⁰: 'Circa 1512. N. 12. 1854'.

¶ SIGNATUUR: Oude nummers: 483, 642.

LITERATUUR. — a) In Tilburg, KUB, bibliotheek, beschr. PGNB, hs. KHS 14. Verder in: HPGNB, jrg. 1855, 33, nr. 12 (=HERMANS 1855); *Cat. PGNB Oorkonden/Handschriften 1875*, 125, nr. 483; *Cat. PGNB Oorkonden/Handschriften 1900*, 249, nr. 642; VERHEYDEN 1933, 226-229, nr. 2 en afb. 7; MARROW 1979, 149, noot 625; IMDC, 44; BAARDA/HERMANS 1992, 50, cat. 8 (afb. 6 [139r⁰], 19 [4r⁰]); *Tent. Cat. Brabant te Boek 1992*, 7, cat. 8.
b) Voor het fenomeen 'fortnightly reading' zie: WEBBER 1963, 501; BIEMANS 1984, 104, noot 21.
Voor het klooster Bloemenkamp: lit. bij cat. I,9.
Voor de Bossche fraters: lit. bij cat. I,8.
G. van Orden: lit. bij cat. I,7.
C.R. Hermans: lit. bij cat. I,8.

I,15 MEDITATIEBOEK KHS 15
Olim: 643

Papier. (ii)+283+(ii) ff. Afm.: 142x100 (91-92x64-65) mm. Eén kolom, 15-21 regels. Vervaardigd voor een vrouwenklooster. Overgang vijftiende/zestiende eeuw. *Afb.* 17

MEDITATIEBOEK: OEFENINGEN EN VERMANINGEN VOOR DE KLOOSTERLING (folia 1-283). In het Middelnederlands. Defect.

F. 1r^0-v^0: overweging, n.g. Defect; de tekst is verminkt door vochtschade en afscheuren (onder- en zijmarges). Inc.: *Sinte Augustinus secht aen sich dat bede dijns bruygums* (1r^0).

F. 2-10: overweging, n.g. Dito verminkt. Rubr.: *Merct aen. Een suverlike offeninge.* Inc.: *Sytivit anima ad Deum fontem. Dese woerde spreket die propheet David in den souter...* Expl.: *...[] selve hebstu voer [] offerhand[]...*

F. 11-29v^0: overwegingen, in elf hoofdstukken, n.g. Kennelijk vertaald uit het Latijn. Defect. Tekstbegin in het achtste kapittel. Inc.: *...ende met hoe groeter verduldicheit wij alle wederstoet...* Expl.: *Want si int latyn stonden ic hebse nochtan om die mynne van u op gedaen ende hebse in duytschen geset* (sic).

F. 29v^0-51: overweging op de verzoeking, met acht exempelen (bevat o.a. een visioen van Birgitta). Defect? Rubr.: *Dit is een capitte van der becoringe.* Inc.: *Hier na volget hoe hij hem hebben sal die becort wort...* Expl.: *...dan dat menschelike hert begripen mochte hier...* (hier breekt de tekst af).

F. 52-62v^0: meditatie op de *groter ontfermherticheit Gods*. Bevat verwijzingen naar Augustinus, Thomas Aquinas en Gregorius. Rubr.: *Dit is een meerckelijck schoen capittel vander groter ontfermherticheit Gods.* Inc.: *Mijn alre liefste want du nu beganghen biste...* Expl.: *...ende ons Ihesus die Soen der mynlijcker maget Maria amen.*

F. 62v^0-66v^0: *Punten voor goede menschen.* Verwijzingen naar Egidius en Bernardus. Inc.: *In allen dyngen die ghij doet denct dat God tegenwoerdich is...* Expl.: *...also is die ziele den anxt God.*

F. 66v^0-118v^0: Drie Dagreizen om in het Vaderland te komen (berouw, biecht en genoegdoening). Met exempel, *een schoen woert* van Bernardus (Vruchten der Passie), o.m. een overweging van Augustinus en een biecht van Bernardus. Het dictum van Bernardus (113v^0-114r^0) in: AMPE 1962, 365, nr. 1. De overweging van Augustinus (114r^0-v^0) wordt gesignaleerd in: DE VREESE 1962, 89, nr. 5,48. Rubr.: *Dit sijn iij dachreysen die wij moeten wandere sullen wij comen totten hemelschen vaderlande.* Inc.: *En dael niet neder in Egypten...* Expl.: *...ende vensteren mijnre zielen heb opgeloken.*

F. 118v^0-122v^0: dertig punten ter overweging. Verwijzingen naar Bernardus en Seneca. Rubr.: *Dit sijn xxx. punten daer een mensch in gheleert mach werden.* Inc.: *Dat eerste dat hem die mensch sal houden...* Expl.: *...dat sal die Here verhoren inden hemel.*

F. 122v^0-131: twee oefeningen op het zwijgen, gevolgd door twee kleinere meditaties. Rubr.: *Een capittel vanden swijghen.* Inc.: *Alre liefste weest wacker...* Expl.: *Augustinus armoede des gheestes is die meeste rijcheit des ewighen levens.*

F. 132-134r⁰: overweging op de zoektocht naar God. Verwijzing naar Augustinus. Rubr.: *Hoe datmen God alleen soeken sal.* Inc.: *Die gheen suect den Here die goede wercken doet...* Expl.: *...ende begraven werde met Christo ende in God.* Dezelfde tekst ook in cat. I,16 (22-120).

F. 134r⁰-137v⁰: meditatie op onthechting en verzaking van de wereld. Bevat dicta ontleend aan Augustinus, Gregorius, Anselmus en Bernardus. Rubr.: *Van datmen die ghenoecht der werelt derven ende versmaden sal.* Inc.: *Hier om ghemynde doet van u alle vleischelijcke myn uwer vrienden ende maghen...* Expl.: *...comen in enen doechdelijcken gheestelycken leven.*

F. 137v⁰-140v⁰: meditatie op de goede wil. Verwijzingen naar Augustinus, Jacobus van Gruitrode en Hiëronymus. Rubr.: *Van voerganck des goeden wils.* Inc.: *Al eest dat wij in desen leven soe puer ende reyn niet leven...* Expl.: *Ende wij en weten niet of daer arbeit nae comen sal of rust.*

F. 140v⁰-141v⁰: overweging op de innerlijke vrede. Rubr.: *Van vrede des herten.* Inc.: *Aldus lieve ghemynde eest dat wij vrede in een goede consciencie hebben willen...* Expl.: *...want bewijsynge des wercs is een teyken der mynen.*

F. 141v⁰-144v⁰: meditatie op de opofferingsgezindheid en de belijdenis. Verwijzigingen naar Geert Grote en Hiëronymus. Rubr.: *Hoe hem een mensch God op offeren ende van oetmoedigen belien.* Inc.: *Meester Gherit die Groet secht wie sijn ghedachten in God hebben wil...* Expl.: *...die hebben daer grote blijschap af.*

F. 144v⁰-147v⁰: oefening op de zelf verkozen eenzaamheid en de bedachtzaamheid van woorden. Dicta van Seneca, Origenes en Thomas Aquinas. Rubr.: *Van datmen die menschen vlien sal ende van behoetheit der woerden.* Inc.: *Voert alre lieffste [e]est dat gij u tot enen inwendigen leven geven wilt...* Expl.: *...ende sonderlynge om die achterspraeck.*

F. 147v⁰-154v⁰: overweging op het zelfonderzoek. Bevat een verwijzing naar Bernardus. Rubr.: *Van bekennen ende ondersueken ons selfs ende hoe datmen ander luden ghebrecken verdragen sal.* Inc.: *Hier om lieve gemynde die dyngen die gij in u selven...* Expl.: *...ende wil dan dat God wil.*

F. 154v⁰-157v⁰: overweging op het geduld en de lijdzaamheid. Verwijzing naar Johannes Chrysostomus. Rubr.: *Van datmen lijdsam wesen en verkeerde woerden sal verdraghen ende lijden.* Inc.: *Voert meer lieve ghemynde want sommege crancke menschen verstoert werden...* Expl.: *Want daer uut mach u groet orber ende salicheit uut comen.*

F. 157v⁰-160v⁰: overweging op het kwade van het spreken. Met verwijzingen naar Hiëronymus, Augustinus, Ambrosius, Jacobus en Bernardus. Rubr.: *Van bewaerynge der tongen ende achterspraeck te vlien.* Inc.: *Nu woert meer soe rade ick dijnre salicheit...* Expl.: *Want die seden van buten die openbaren dick wat een mensch van bynnen is.*

F. 160v^0-163v^0: meditatie over de weg tot het innerlijk leven. Bevat verwijzingen naar Hiëronymus en Gregorius. Rubr.: *Van nauheit des wechs die totten ewygen leven leit.* Inc.: *Hier om gemynde merct dat die poert die totten ewighen leven leyt...* Expl.: *...die die hem behaecht te geven dat rijcke.*

F. 163v^0-168v^0: overweging op de gehoorzaamheid. Dicta van Thomas Aquinas, Augustinus en Hiëronymus. Rubr.: *Vander gehorsamheit.* Inc.: *Die gehorsamheit is die rechte wech mede tot God te comen...* Expl.: *...want meniger hande werken maken menigerhant loen.*

F. 168v^0-172r^0: overweging op het geweten. Uittreksels ontleend aan het werk van Bernardus, Seneca, Thomas Aquinas. Rubr.: *Van eenre goeder conscien-cien.* Inc.: *Eest dat gij u hert bewaren wilt...* Expl.: *...alle dyngen deser tijt sullen dij scherp wesen wildij inden hemel geschreven sijn.*

F. 172r^0-176v^0: redenen om de wereld te verzaken. Rubr.: *Waer om die werelt te versmaden is.* Inc.: *Ach hoe arme ende hoe danich is dat leven in deser tijt...* Expl.: *...die wijsheit des Soens die goedertierenheit des H. Geest amen.*

F. 176v^0-190r^0: woorden van Maria tot *eenre religioser dienster*, gevolgd door *een scoen woert* van Salomon. Met verwijzing naar Augustinus en Hiëronymus. Rubr.: *Dit sijn onser liever vrouwen woerden tot eenre religioser dienster die sijn in hoerre borsten dragen sal als een costelic vo[re]sp[r]a[eck*]. Inc.: *Ic byn die coning[i]ne des hemels ende een moeder Gods.* Expl.: *...ende ver-doemt si inden afgront des niets daer si eweliken in bliven moeten.*

F. 190r^0-196r^0: overweging op Gods minne. Rubr.: *Een mynlike suverlike leer vander mynnen ons lieven Heren.* Inc.: *Guede menschen ende devote herten werden seer getogen totter mynnen Christi...* Expl.: *...ende daer bynnen sal hi gepre[s]t blijven.*

F. 196r^0-205v^0: een *Toesprake Ihesus totten Sunder.* De tekst gaat terug op het *Colloquium Jesu et Peccatoris* van Jacobus van Gruitrode; vgl. BAARDA/HER-MANS 1992, 51, cat. 9. Inc.: *Die sunder seeit: Ic heb een woert totti o gecruyste Ihesus voer mi.* Expl.: *Die leves ende regneers ewelike sonder eynde amen.*

F. 205v^0-213r^0: *Toesprake des Sunders tot Maria.* Inc.: *Die sunder seet een woert heb ic u toe te spreken o coningyne Maria...* Expl.: *Dat gonnen ons Ihe-sus ende Maria amen.*

F. 213r^0-220v^0: bloemenkrans op het Leven en Lijden van Christus, in dertig punten. Rubr.: *Dit is een suverlike oeffeninge vanden leven ende lijden ons Heren Ihesus Christus.* Inc.: *O gemynde suster alle dage suldi mit uwen gemynden brudegom maken een hoedeken van bloemen mijnre armoede.* Expl.: *Ende oeffeners vleischeliker sunden.* Ook in hs. 's-Heerenberg, Huis Bergh, 6 (123v^0-132v^0); vgl. LELOUX 1980, nr. 5, 224.

F. 220v^0-226r^0: twaalf punten van hellepijn. Verwijzing naar Augustinus. Rubr.: *Hier begynnen xij merckeliker punten vander pijnen der hellen.* Inc.:

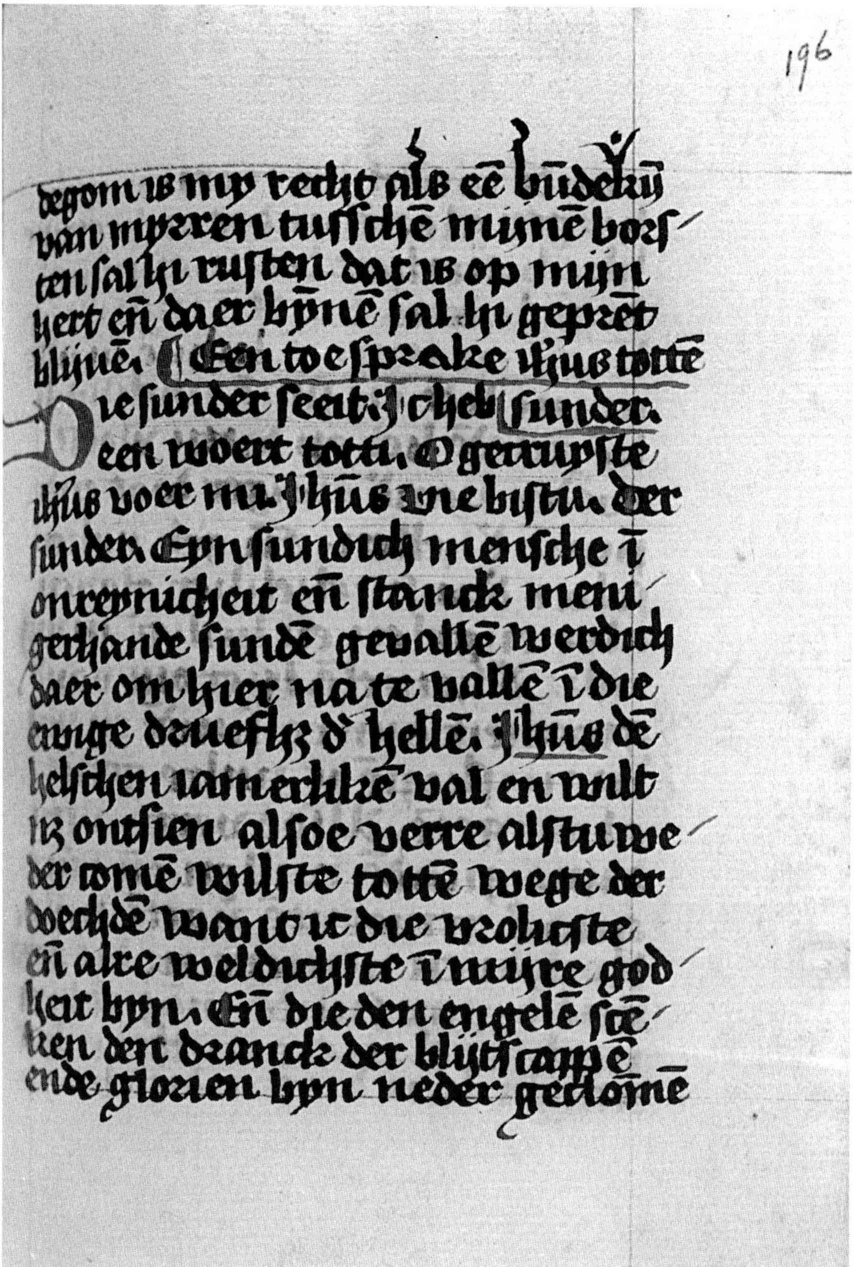
degom is mi recht als eē būdekiī
van mirren tusschē mijnē bors
ten sal hi rusten dat is op mijn
hert eñ daer bīnē sal hi gepret
bliuē. Een toesprake ihūs totte
Die sunder seit. ic heb sunder.
Deen woert totti. O gecruyste
ihūs voer mi. Ihūs wie bistu. der
sunder. Ein sundich mensche ī
onreynicheit eñ stanck meni
gerhande sundē gevallē werdich
daer om hier na te vallē ī die
ewige drueflic d' hellē. Ihūs dē
helschen iamerlikē val en wilt
ic ontsien alsoe verre alstu we
der comē wilste totte wege der
doechdē. want ic die vrolicste
eñ alre weldichste ī miinre god
heit bin. Eñ die den engelē scē
ken den dranck der blijtscappē
ende glorien bin neder gecomē

Afb. 17. – Tilburg, KUB, Bibliotheek, hs. KHS 15, f. 196r°.

(Copyright: B. Bergmans, AVC)

Dese woerden staen gescreven inden psalter van eenre mistroestiger zielen... Expl.: *...dat wi die sunden laten ende God vreysen.*
F. 226r^{0}-262v^{0}: samenspraak tussen Bruid en Bruidegom. Rubr.: *Van den H. Sacrament.* Inc.: *Hoert ghij hemelen wat ic spreken sal...* Expl.: *...ende so wast beseghelt hebbe.*
F. 262v^{0}-268r^{0}: overweging op Gods minne en de naastenliefde. Rubr.: *Vander minnen Gods.* Inc.: *Op dat ghi dan altijt inder minnen moecht voertgaen...* Expl.: *...dat is van node te biechten.*
F. 268r^{0}-269v^{0}: oefening tegen de afgunst. Rubr.: *Van der nydicheit.* Inc.: *Waerachtige teikenen der nidicheit...* Expl.: *...dat suldij pijnen te biechten en beteren.*
F. 269v^{0}-272r^{0}: oefening op de ootmoedigheid. Rubr.: *Vander oetmoedicheit.* Inc.: *Begheerdij te vercrijgen die duecht der oetmoedicheit...* Expl.: *...dat Christus geleert ende selven gegeven heeft.*
F. 272r^{0}-283: meditatie op de hoogmoed, met vijf exempelen. Defect. Rubr.: *Vander hovaerdien.* Inc.: *Hoevaerdie die der oetmodicheit contrarie is...* De laatste woorden van de tekst luiden: *...doe dat monixken dat geen verdrach en mochte hebben doe seide hi lie-...* (hier breekt de tekst af).

¶ BOEKBLOK: Papier, fors aangevezeld, verstevigingen met papier, vochtschade m.n. in de kneep (de zwarte inkt is roodbruin uitgeslagen). Vernieuwde dek- en schutbladen. Het boekblok is bij restauratie verkeerd ingebonden (men vergelijke 11r^{0}). Oudere foliëring met potlood: 1-282. Recentelijk met potlood aangevuld: 1* en 283. F. 95 en 96 liggen los in de codex.
Collatie der katernen: 1^{4+2}(twee schutbladen voor 1), 2^{6}, 3^{10}, 4^{6}, 5^{10}, 6^{6}, 7^{10}, 8^{6}, 9^{10}, 10^{6}, 11^{10}, 12^{6}, 13^{10}, 14^{6}, 15^{10}, 16^{6}, 17^{10}, 18^{6}, 19^{10}, 20^{6}, 21^{10}, 22^{6}, 23^{10}, 24^{6}, 25^{10}, 26^{6}, 27^{10}, 28^{6}, 29^{10}, 30^{6}, 31^{10}, 32^{6}, 33^{10}, 34^{6}, 35^{10}, 36^{6+3}(f. 283 is een enkelblad, gevolgd door twee schutbladen). Een aantal katernen zijn in de vouw verstevigd met papieren stroken. Watermerken: éénarmige kan, gekroond, met één dwarsbalk; letter P, gekroond met een bloemetje. Bladspiegel aangebracht met inkt. Prikgaatjes voor het kader bewaard.

¶ SCHRIFT/VERLUCHTING: Littera gothica hybrida formata. Geschreven door één hand. Correctie: doorhaling met rood, bijschrijven tussen de regels en in de marge.
Sober gerubriceerd. Rode opschriften en paragraaftekens. Hoofdletters met rood aangestreept. De namen van auctoritates zijn met rood onderstreept. Cadellen, met zwart, evt. met rood gehoogd (eerste regel van de kolom). Rode hoofdletters.
Rode initialen (2 rr. hoog), evt. opengewerkt.
Representanten met zwarte inkt.

¶ BAND: Gerestaureerde boekband. Met ruïnes van het voorplat (oorspronkelijk paneelstempel behouden). Afm.: 156x114x65 mm. Overstekende afgeschuinde houten borden met leer overtrokken.
Versierd met blind- en paneelstempeling. Kaders met fileten. Paneelstempel op het voorplat (108x71 mm), afgesleten: Christus als Man van Smarten, hoofd naar links

gewend, met gekruiste armen staand in een graftombe, met de Arma Christi (nog te onderscheiden zijn: dwarshout van het Kruis, ladder, speer, hysopstengel met spons [links], geselkolom, kelk [?] [links]), Christus heeft in de beide handen de roede en geselriemen, op het dwarshout van het Kruis loopt rechts een haan, bovenin de afbeelding een baldakijn met Gothisch traceerwerk. Spreukband (beschadigd): *O vos omnes qui transitis per viam attendite et videte si est dolor similis sicut dolor meus*; RH nr. 13951. In de vier hoeken van de band een vierbladig bloempje.
Vier ribben, met koordjes geprofileerd. Verzonken grepen aan drie zijden. Dubbele naaibanden (touwen). Rug aan kop en staart van het boek omgeslagen. Bestoken kapitaalbindingen, aangebracht bij restauratie. Klampsluitingen: twee pijlvormige penmuiters met ciseleerwerk, twee klamparmen op leer, twee borgplaatjes. Oorspronkelijk? Perkamenten knopklaviertjes van perkament.

¶ GESCHIEDENIS: Meditatieboek voor een vrouwenklooster. F. 30v⁰ (in een overweging op de verzoeking): 'Ende alle die genuechte haers vleeschen onder die voete getreden om der cuiste wil op dat si den oversten Coninc behagen mogen. Ende sijn Iobs dochteren worden hoe wonderlic groet sal haer loen wesen'. Op 213r⁰ staat het volgende: 'O gemynde suster alle dage suldi mit uwen gemynden brudegom...'
In het bezit geweest van Gerrit van Orden, hs. 9. Door hem gelegateerd aan het PGNB; vgl. HPGNB, jrg. 1855, 33, nr. 9. Aantekening van C.R. Hermans in de rechterbovenhoek van 11r⁰: 'N. 9. 1854. 1475'.

¶ SIGNATUUR: Oude nummers: 484, 643.

LITERATUUR. — a) In Tilburg, KUB, bibliotheek, beschr. PGNB, hs. KHS 15. Verder in: *Cat. PGNB Oorkonden/Handschriften 1875*, 125, nr. 484; *Cat. PGNB Oorkonden/Handschriften 1900*, 249, nr. 643; AMPE 1962, 365, nr. 1; DE VREESE 1962, 89, nr. 5,48. In AXTERS 1971, 95 (l. IV, c. 6-9) genoemd in de lijst van sinds 1801 verdwenen of vernietigde hss.; BAARDA/HERMANS 1992, 50-52, cat. 9 (afb. 20 [259v⁰-260r⁰]); *Tent. Cat. Brabant te Boek 1992*, 7, cat. 9.
b) Voor G. van Orden: lit. bij cat. I,7
Voor C.R. Hermans: lit. bij cat. I,8.

I,16 GEBEDEN- EN MEDITATIEBOEK KHS 16
Olim: 646

Papier en perkament. v+331+v ff. Afm.: 136x95-96 (93-95xc. 70) mm. 17-21 regels. Zuidelijke Nederlanden (Brabant ['s-Hertogenbosch e.o.?]). Eerste kwart zestiende eeuw (1516 of later [1521 of 1532?]). *Afb.* 18

GEBEDEN- EN MEDITATIEBOEK (folia 6-336r⁰), met name op het Lijden van Christus. In het Middelnederlands.
F. 6-17: kalender van het bisdom Luik, druk bezet. Bevat de traditionele gulden getallen, maar (ongebruikelijk) in Arabische cijfers (3/11/19 etc.); vgl. OBBEMA 1991, 132.

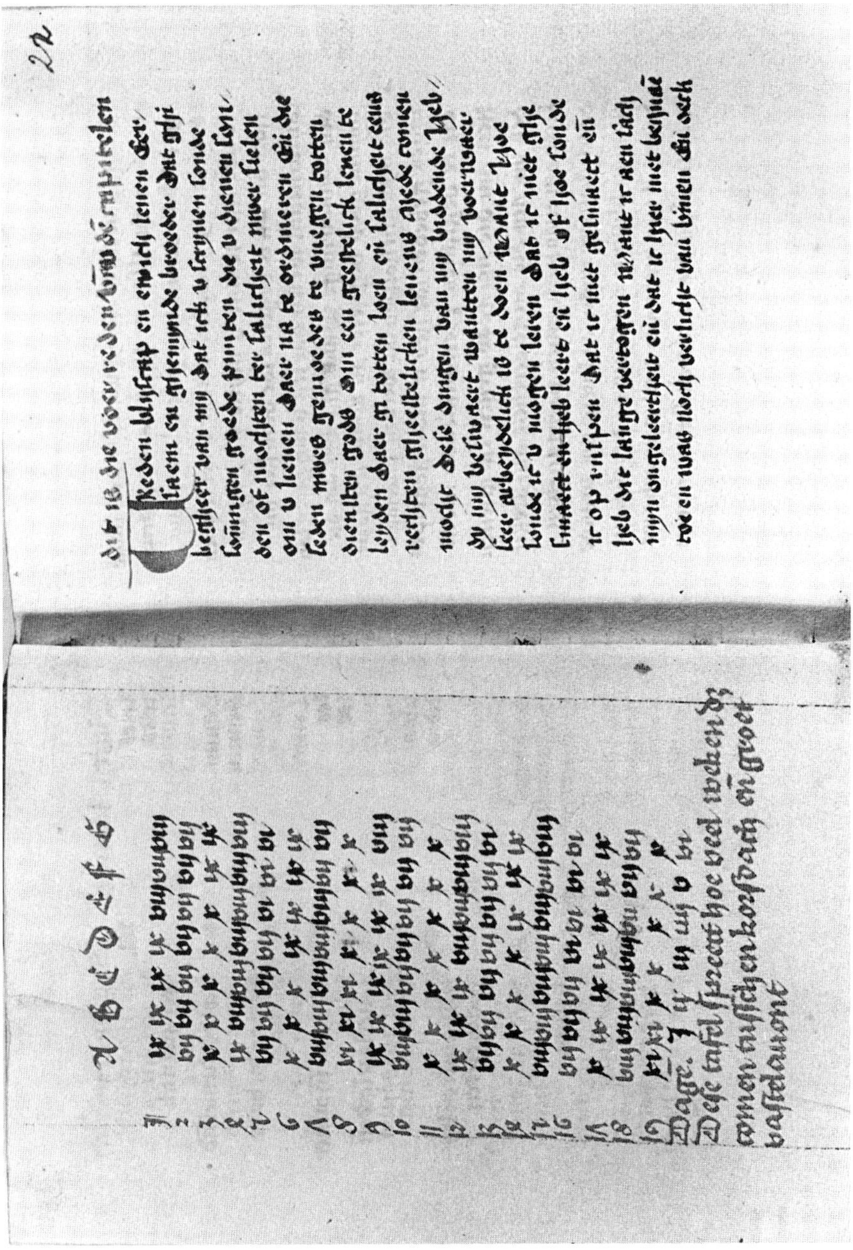

Afb. 18. – Tilburg, KUB, Bibliotheek, hs. KHS 16, f. 21v°-22r°.
(Copyright: B. Bergmans, AVC)

F. 18-21: computistica; tabel voor het aderlaten op basis van een koppeling tussen planeten en sterrebeelden (18r^0), schema voor astrologische doeleinden met uitleg over de invloed van elke planeet voor de dagelijkse uren van de week (18v^0-19r^0), planeten en de huizen voor iedere maand (19v^0). Twee computistische cirkels op 20r^0, de onderste cirkel met het jaartal 1516; vgl. BAARDA/HERMANS 1992, 53, afb. 21. Verder: tabel met de verdeling van 235 lunaties over negentien Juliaanse jaren (20v^0), tabel voor het aderlaten op basis van de stand der planeten berekend over de ledematen (21r^0), tabel met de weken tussen Kerstdag en Vastenavond (21v^0).
In de kalender staat op 31 mrt. in rood (8v^0): *paesdach*. Ofschoon in één van de computistische cirkels op 20r^0 het jaartal 1516 is genoteerd, viel Pasen alleen in 1510, 1521 en 1532 op 31 mrt. Is hier sprake van een verschrijving (*xv^c ende xvi* i.p.v. *xv^c ende xxi*?) of heeft de kopiist het computistische gedeelte overgeschreven en dateert de kalender dan van een andere, jongere datum (i.e. 1521 of 1532)? Wellicht stamt het hele computistische gedeelte zelfs uit een ander handschrift.
F. 22-120: overwegingen op de zaligheid van de ziel en het geestelijk leven. In 33 hoofdstukken. Defect. Dezelfde tekst ook in cat. I,15. De tekst wordt voorafgegaan door een proloog (22-23r^0). Rubr. van de proloog: *Dit is die voer reden vanden capitelen*. Inc. (proloog): *Vreden blyscap ende ewich leven*. Expl. (proloog): *Suect den Heer en u siel sal leven*. Rubr. (eerste kapittel): *Hoe datmen God alleen sueken sal mit herten dat yerste capittel*. Inc.: *Die ghene suect den Heer die goede werken doet*... Expl.: *Ende aldus wort dat willen Gods den verduldighen mensche sijn*.
De teksten op 31v^0-111v^0 zijn ontleend aan Geert Grote; AXTERS 1956, vol. 3, 50, noot 3.
F. 121-168v^0: meditaties *der verduldicheit*. Ascetische traktaatjes, met excerpten uit o.a. Augustinus en Bernardus, en een verwijzing naar Geert Grote. In twaalf hoofdstukken. Defect. Rubr.: *Hier beghint een seer goet boecxken van der edelre doecht der verduldicheit ghetoghen uut veel boecken der heiliger leerres ende dient gheesteliken luden seer wael dat ierste capittel*. Inc.: *Al onsen gheesteliken voert ganck ende onse fondament gheesteliken levens*... Expl.: ...*ende smaecten hi nye te recht van gheesteliken dinghen*.
F. 168v^0-199: meditatie op het Lijden van Christus, met allerlei kleinere traktaatjes. Rubr.: *Vanden weerdighen liden ons Heere Ihesu Christus*. Inc.: *Wilstu weten oftu dat lijden ons lieven Heren Ihesum Christum recht bedacht heves*. Expl.: *Ende comen totter oversten onsterfeliker stat der ewiger salicheit amen*.
F. 200-241v^0: oefening op het Lijden van Christus. Met proloog (200-203r^0). In 21 hoofdstukken. Rubr.: *Hoe goet dat is dat hem een mensche dicwijse oeffent in die passie ons liefs Heren*. Inc.: *Gheen oeffeninghe en is God behagheliken of*

den mensche saliger dan die passie ons Heren... Expl.: *...den menschen hem selven te bat te sterven van allen creatueren amen.*
F. 241v^0-277r^0: passieverhandeling (*De Sanctissima Passione et Mysteriis Crucis*). Door Spaapen toegeschreven aan Bernardinus Senensis (=sermo 56); SPAAPEN 1961, 181-185. Ook in: Amsterdam, UB, hs. I G 10, (520); Brussel, KB, hs. 3026-30. Rubr.: *Hier beghinnen somyeghe punten vander passien ons lieven Heren Ihesum Christum.* Inc.: *Die propheet seyt inden persoen ons lieven Heren Ihesu Christi.* Expl.: *...ons daer in leerende sijn heilighe exempel nae te volghen amen.*
F. 277r^0-294: *Der Mynnen der Sielen Boegaert*, oefeningen op het Lijden en de Wonden van Christus. Rubr.: *Hoe hem een* (abusievelijk: *eem*) *oefenen sal inden lyden en wonden Ihesues Christus.* Inc.: *Lieve en ghemynde in God dit boec heb ic u gheseynt...* Expl.: *Hier eyndet der mynnen der sielen boegaert.*[62]
HENRICUS SUSO (c. 1295-1366), OERLOY DER EWIGHER WIJSHEIT (=HOROLOGIUM AETERNAE SAPIENTIAE) (295-304). De grondtekst van dit horologium is ontstaan in het tweede kwart van de veertiende eeuw. Rubr.: *Hoe die Ewighe Wijsheit leer ende vermaent sijnen discipel dat liden blidelicke te nemen want die naesten wech tot Hem te comen. Die discipel.* Inc.: *O Here du hevest my dick gheseyt vander ewighen leven...* Expl.: *...dattu di hevest veroetmoedicht my arme creatuer te leren liden amen.*[63]
F. 305-336r^0: meditatie op engelen, de opstand van Lucifer en medestanders, de zondeval van Adam en Eva, verdrijving uit het Paradijs en Adam's dood. Inc.: *Dese engelen sijn ghescapen also Ysdrius seit van God voer allen creatueren.* Expl.: *Ende is ghescreven uutten mont ende lippen mit sets hant amen.*

¶ BOEKBLOK: Oudere foliëring met potlood: 1-342. F. 3 is verminkt door uitsnijden (bevatte het weggesneden bladdeel wellicht een oud eigendomsmerk). Het handschrift bezit nog de oorspronkelijke perkamenten dek- en schutbladen (1-5, 337-341). F. 1 is thans een vliegend blad (verkleuringen aan de inslag van het leer).
Collatie der katernen: 1^{4-2}(mist 2 en 4), 2^{4-2}(mist [deels] 2 en 4), $3\text{-}15^8$, 16^{10-2}(mist 1 en 6; f. 121 en 125 zijn enkelbladen, wederhelften uitgesneden), $17\text{-}24^8$, 25^{10}, $26\text{-}36^8$, 37^{8+1} (f. 294 is een toegevoegd enkelblad), $38\text{-}42^8$, 43^{4+1}(enkelblad na 4).
Watermerken, n.g. Schrijfkader en aflijning in de kalender (6-21) met inkt. Schrijfkolom en liniëring in de tekst met loodstift. Prikgaatjes in de kalender bewaard. Besnoeid boekblok, met name aan de bovenzijde.

¶ SCHRIFT/VERLUCHTING: Littera gothica hybrida. Geschreven door twee handen. Hand 1: 6-21; hand 2: 22-336r^0. Below top-line. Inkt van wisselende kwaliteit. Correcties: doorhaling met rood, of met zwart en rood (vgl. bv. 228v^0).

62 Tekstuitgave van de *Boegaert*: SPAAPEN 1961, 274-299, bijlage.
63 Tekstuitgave: RICHSTÄTTER 1929.

Sobere rubricatie, van twee handen (rubr. 1: 6-21; rubr. 2: 22-336r⁰). Rode opschriften. Hoofdletters met rood aangestreept. Blauwe paragraaftekens.
Rode en blauwe hoofdletters. Rode en blauwe initialen (2 rr. hoog).
Representanten met rode inkt.

¶ BAND: Gelijktijdige boekband. Voorlopig toe te schrijven aan de Broeders van het Gemene Leven te 's-Hertogenbosch (Gregoriushuis). De vrijwel identieke banden van de hss. KHS 9 en KHS 14 (cat. I,9 en I,14) zijn afkomstig uit dezelfde binderij. Afm.: 144x104x62 mm. De boekband is licht beschadigd: schaafplekken, wormgaatjes. Aan de staart van het boek zit bovendien een flink gat in het rugleer (linksonder). Overstekende afgeschuinde houten platten met leer overtrokken.
Platten versierd met rol- en paneelstempeling. Bandvlak: kaders met filetlijnen. Kanten versierd met enkele lijn (fileet). In de buitenste kaders van het voor- en achterplat gedecoreerd met een rolstempel: slingerende tak met blaadjes, breedte: 7 mm. Eveneens op: Nijmegen, UB, hs. 310 (olim: Wittem, redemptoristenklooster, hs. 10). Middenveld van voor- en achterplat versierd met paneelstempel (99x65 mm): Christus als Man van Smarten, met gekruiste armen staand in een graftombe, met de Arma Christi (dwarshout van het Kruis, Kruisopschrift [midden], ladder, speer, hysopstengel met spons, trektang, twee balsemvaten [rechts], geselkolom met gesel en roede, balsemvat, dobbelsteen [links], drie spijkers), op het dwarshout van het Kruis loopt een haantje, op de voorgrond onder de tombe drie opschietende struiken, afbeelding in een venster. Spreukband: *O vos omnes qui transitis per viam attendite et videte si est dolor similis sicut dolor meus*; RH nr. 13951. Vgl. voor dit paneelstempel: VERHEYDEN 1933, 226-229, nr. 4 en afb. 7. Paneeltje ook op: Utrecht, Catharijneconvent, hs. 19; Tilburg, KUB, bibliotheek, hss. KHS 9 en KHS 14; Leuven, UB, hs. G218; Brussel, KB, hss. 5066, 5067 en 5069; en Berlijn, SPK, ms. germ. octav. 188. Vgl. *In Buscoducis 1450-1629*, vol. 1, 143, cat. 79.
Zadelsteekkapitaaltjes. Vier ribben, met koordjes geprofileerd. Vier leren naaistroken (ongelijke afmetingen) en de kapitaalbindingen zijn ingelaten in de platten en met houten spietjes afgekeild. Onregelmatige geschalmde inslag. Klampsluitingen: twee lange pijlvormige penmuiters met ciseleerwerk, twee schildvormige borgplaatjes, resten van leren sluitlippen. De spijkertjes waarmee de muiters zijn bevestigd, zijn aan de binnenzijde van het voorplat zichtbaar. Eén rood geverfd knopklaviertje. Resten van saffraan op snee.

¶ GESCHIEDENIS: Provenance: onbekend.
In de kalender is met zwarte inkt in een andere, contemporaine hand achter 7 of 8 jan. (6r⁰) de volgende naam bijgeschreven: Lisken Heren.
Op het verso van 2 een 'afdruk' in spiegelbeeld van een zeventiende- of achttiende-eeuws eigendomsmerk (met zwarte inkt, onleesbaar). Is dit hetzelfde eigendomsmerk dat uit f. 3 is weggesneden?
Op 1r⁰ staat in dwarsrichting met een donkerbruin stiftje het volgende getal (in een contemporaine hand): '[v]xxxij' (wellicht een aanduiding van/vóór de boekbinder?).
Olim: Gerrit van Orden, hs. 10. Door hem gelegateerd aan het PGNB.
Negentiende-eeuwse bezittersaantekening van C.R. Hermans op 6r⁰: 'N. 10. 1854'. Daarboven in dezelfde hand het jaartal 1516.

¶ SIGNATUUR: Oude nummers: 485, 644.

LITERATUUR. — a) Vermeld in Tilburg, KUB, bibliotheek, beschr. PGNB, hs. KHS 16. Notities van C.R. Hermans m.b.t. KHS 16 in: *Over Brabant geschreven*, vol. 2 (Archivalische Bronnen), cat. II,544, nr. 10. Vermeld in: HPGNB, jrg. 1855, 33, nr. 10 (=HERMANS 1855); *Cat. PGNB Oorkonden/Handschriften 1875*, 125, nr. 485; *Cat. PGNB Oorkonden/Handschriften 1900*, 249, nr. 644; SPAAPEN 1961, m.n. 176-185. De beschrijving van KHS 16 in dit laatste artikel is gebaseerd op een beschrijving in de BNM (cf. 176, noot 34); BOEREN 1964, 99, noot 20; CMD-NL 2, nr. 329; AXTERS 1966, 368. Het laatste artikel somt (p. 363-370, nr. 8) alle tot dan toe bekende Middelnederlandse hss. (56) op met de tekst van de *Oerloy der Ewigher Wijsheit*. Verder recentelijk: BAARDA/HERMANS 1992, 52-53, cat. 10 (afb. 21 [20r^{0}]); *Tent. Cat. Brabant te Boek 1992*, 7, cat. 10.
b) Voor Henricus Suso m.n.: *Heinrich Seuse. Studien zum 600. Todestag 1366-1966*.
Voor de Bossche fraters en hun bindwerkzaamheden: zie cat. I,8.
G. van Orden: lit. bij cat. I,7.
C.R. Hermans: lit. bij cat. I,8.

I,17 GEBEDENBOEK KHS 17
Olim: 645

Gebruikshandschrift. Papier. (iii)+294+(iii) ff. Afm.: 151-152x101 (100-110x70-80) mm. 15-19 regels. Zuidelijke Nederlanden? Eerste helft zestiende eeuw. *Afb.* 19

GEBEDENBOEK (folia 3-300r^{0}). In het Middelnederlands.
F. 3-26r^{0}: gebeden, o.a. tot God en Maria, met les, Te Deum en psalm, defect. Inc.: *...vrede en een duechticheit der kercken ons arme sundaers...* Expl.: *...alle ghelovighe zielen moeten ruesten in vreden.*
F. 26r^{0}-54v^{0}: gebeden voor de priem, terts en sext, met psalmteksten. Rubr.: *Hier beghient die prijem.* Inc.: *En leijt ons nu in becorijghen...*
F. 54v^{0}-55r^{0}: Mariagebeden. Rubr.: *Den vrouwen lof.* Inc.: *Ghegruet systu conige der bermhaerticheit...* Expl.: *...met haren goedertieren kijnde.*
F. 55v^{0}-94v^{0}: diverse gebeden, tot God en Maria, magnificat, niet verder geïdentificeerd. Op twee plaatsen defect (tekstovergangen op 72v^{0}-73r^{0}, 79v^{0}-80r^{0}). Inc.: *God ontfermt u mijns na dijn grote ontfermherticheit.* Expl.: *...een God ewelijck sonder einde.*
F. 94v^{0}-97r^{0}: gebeden tot Maria, op Jezus' Verrijzenis, Maria-Ontvangenis, Christus' Geboorte. Defect. De gebeden eindigen abrupt op 97r^{0} (onvoltooid?). Rubr.: *Desen vrouwen loeef lestmen te Paesen van die verrisenis.* Inc.: *O conigene des hemels weest verblijt alleluija...*
F. 97v^{0}-112v^{0}: psalmteksten, defect. Inc. van de eerste psalm: *...gesont om* (voorzetsel met zwart doorgehaald) *want alle mijn mijn gebeynte syn mede gestoert.* Expl.: *Alst was inden behin* (!).

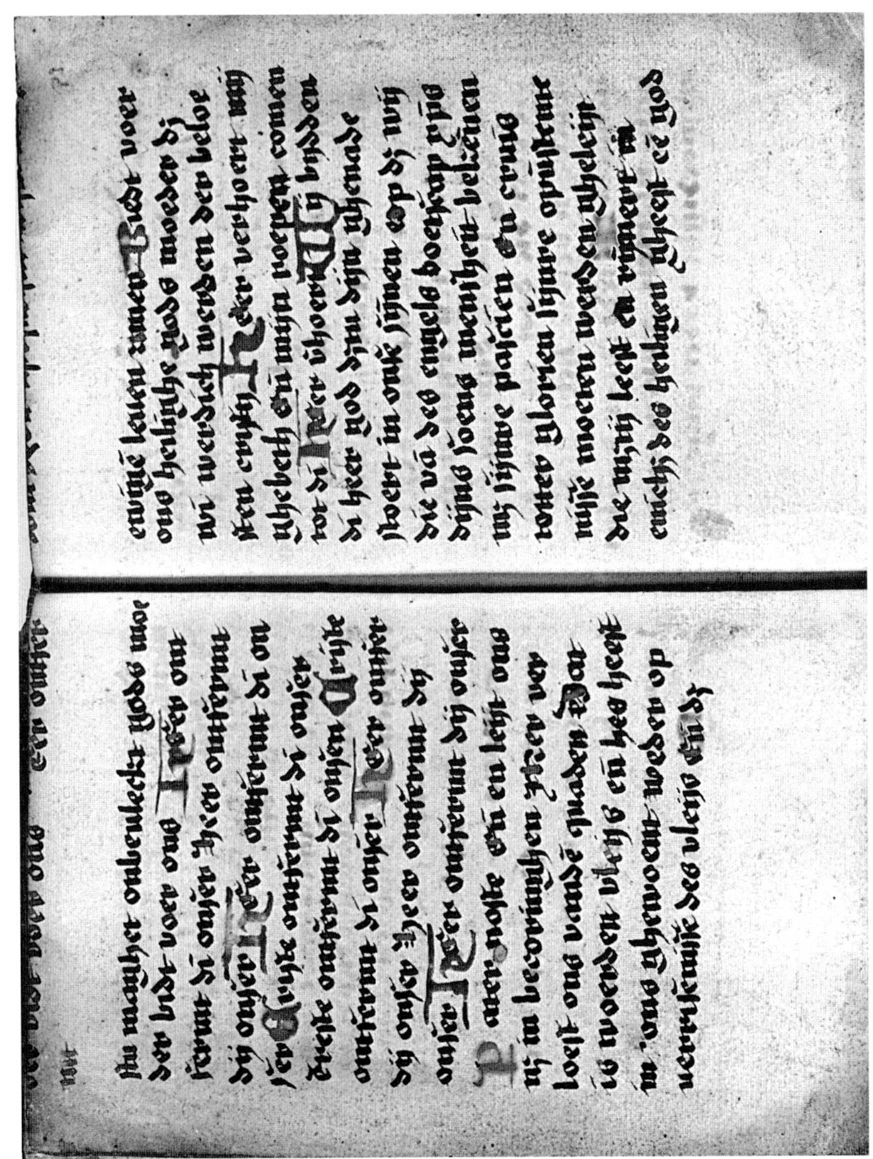

Afb. 19. – Tilburg, KUB, Bibliotheek, hs. KHS 17, f. 32v°-33r°.
(Copyright: B. Bergmans, AVC)

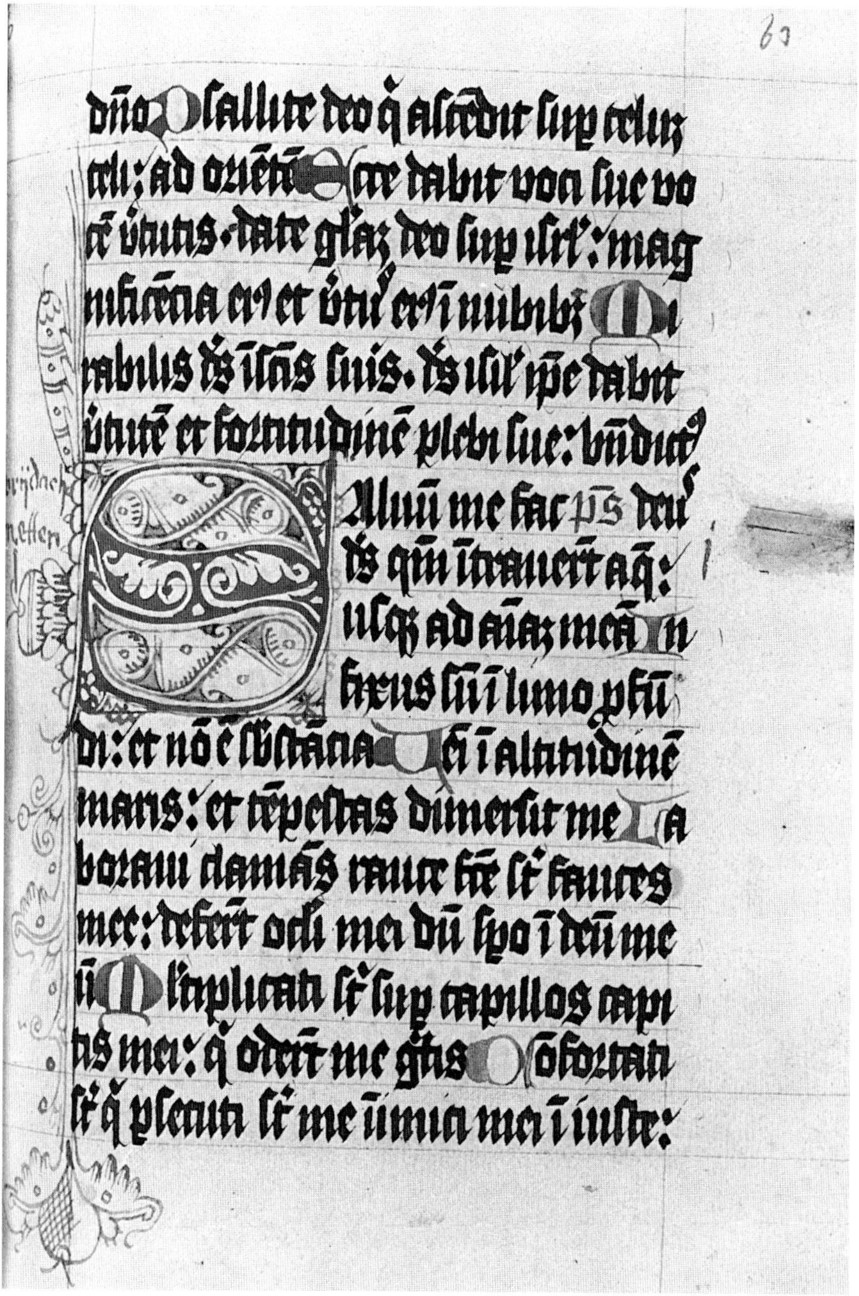

Afb. 20. – Tilburg, KUB, Bibliotheek, hs. KHS 18, f. 63r°.

F. 112v^{0}-123v^{0}: litanie van Alle Heiligen en gebeden. Rubr.: *Die verloesinge.* Inc.: *Heer ontfermt dij onser.* Expl.: *...ontsterffelijcke God ontfermt dij.*
F. 123v^{0}-178r^{0}: Lange Vigilie voor de doden, met negen lessen, psalmteksten en collecten. Rubr.: *Hier beghint die langhe fygelye met negen lessen ende metten leesse voer alle gelovige sielen.* Inc.: *Bidden wi voer die gelovige sielen.* Expl.: *...die bermherticheit Gods rusten in vreden.*
F. 178r^{0}-190r^{0}: rozenkransgebeden voor Maria, met Ave Maria's en paternosters. Rubr.: *Hier beghient den rosen crans van onser liever vrouwen Maria.* Inc.: *Gewerdich mij dij dat ick dij loef...* Expl.: *Gegruet sijstu coninge.*
F. 190r^{0}-242r^{0}: Berg van Calvarie. Rubr.: *Hier beghint den berch van Calvarien oeffent u daer in met groter dancbaerheit.* Inc.: *Mit zijn ziel beschout uw...* Expl.: *...en moet inder ewicheit amen.*
F. 243-300r^{0}: bewerkingen van zeven psalmteksten (op het H. Sacrament), met devotionele sacramentsgebeden tot de engelenkoren, enkele meditaties, en aansluitend vijftig smeekbeden (*coemt* etc.) tot het Allerheiligste. Rubr.: *Hier beghint den seven spalme* (!) *vanden H. Sacrament seer.* Inc.: *O Heer ick en ben niet werdich dattu ingaet onder mijn daeck...* De tekst bevat verder een sacramentsgebed van Thomas Aquinas op zijn sterfbed (269r^{0}-271r^{0}) en een sermoen op het *Chananesche vrouwke* (272v^{0}-274v^{0}). Ter afsluiting volgen enkele gebedsoefeningen op het ontvangen van het Allerheiligste (274v^{0}-300r^{0}).

¶ BOEKBLOK: Papier: sterk vervuild en beduimeld, vocht- en brandschade. Moderne potloodfoliëring: 1-302. F. 19v^{0} en 242v^{0} zijn blanco. Na 72 is een blad verminkt door uitsnijden. F. 3-9 zijn bedorven door wormgaatjes. Vernieuwde dek- en schutbladen (1-2 en 301-302).
Collatie: 1$^{8-1}$(mist 1?; katern 1 voorafgegaan door drie moderne papieren schutbladen), 2^{8+2}(twee bladen na 8), 3-6^{8}, 7$^{8-1}$(mist 1; f. 58 is een enkelblad), 8^{8}, 9$^{8-2}$(na 2 en 6 resten van twee uitgesneden bladen), 10-11^{8}, 12$^{8-1}$(mist 7; f. 92 is een enkelblad), 13-28^{8}, 29$^{8-1}$(mist 4 [blanco]), 30-35^{8}, 37$^{8-1}$(mist 1; f. 287 is thans een enkelblad), 38^{8}, 39$^{8-3}$(mist 2, 7 en 8, katern gevolgd door drie nieuwe schutbladen).
Watermerken, n.g. (geen 'running marks'). Resten van een afschrijving met loodstift. Bladcustoden, deels verloren door afsnijden.

N.b.: De tekst in dit handschrift werd door de kopiist geschreven op planovellen: kop-aan-kop, in eerste instantie op onversneden katernen. Vgl. hiervoor de folia 32v^{0}-33r^{0} (in het katern: blad 5 en 6). In de bovenmarges van de beide folia zijn, links en rechts, nog twee (afgesneden) tekstregels zichtbaar. Tekst op 32v^{0}: *[]der bidt voer ons. []eer ontfer/mt.* Het gaat hier om dezelfde frase als de tweede en deels derde regel in de schrijfkolom. F. 33r^{0} (tekst geschreven op de kop, horizontaal verminkt door afsnijden): *-[stu maghet] onbevleckt Gods moe[]*, gelijk aan de eerste regel in de kolom op 32v^{0}. Werkwijze: 33r^{0} (blad 6) werd, naar een voorbeeldtekst (?), allereerst geschreven, daarna heeft de kopiist het vel gedraaid, maar begon zijn kolom op 32v^{0} (blad 5) te hoog. Vervolgens corrigeerde hij zichzelf door de kolom van 32v^{0} nu iets lager opnieuw te beginnen. Pas in laatste instantie werden de katernen versneden. Zie afb. 19. Geen andere specimina in het handschrift voorhanden. Andere voorbeelden van 'imposed manuscripts' worden besproken in OBBEMA 1987, m.n. (p. 345) het schutblad in Leiden, UB, BPL 2836 (onversneden flyleaf [1v^0]).

¶ SCHRIFT/VERLUCHTING: Littera gothica hybrida. Geschreven door een onstabiele hand. Correctie: doorhaling met zwart en rood.
Rubricatie. Aangebracht door een zwakke en ongeoefende hand. Oxydatie van het rubrum. De gebruikte verf lijkt slecht te zijn gemengd. Zwarte opschriften, beklemtoond door doorhaling met rood. Rode opschriften. Zwarte hoofdletters met rood aangestreept. Rode en blauwe hoofdletters.
Blauwe initialen (2-3 rr. hoog), gedecoreerd met uitlopend rood (rank- en loverwerk, arabeske motieven).
Op 97v^0 duiden lijmresten op een (verloren) eertijds opgeplakt (devotie)prentje.

¶ BAND: Geheel vernieuwde boekband (aanvang twintigste eeuw). Afm.: 161x114x50 mm. Leer over kartonnen borden. Midden op het voorplat een gestempeld paneeltje. Gladde bandrug. Boekblok met linnen rugbeleg. Aangeplakte kapitaaltjes.

¶ GESCHIEDENIS: Herkomst niet bekend.
Zestiende-eeuwse bezittersinscriptie met zwarte inkt in de ondermarge van 3r^0: 'Soeck twee bleijder vort'. Andere eigendomssporen: penneproefjes met zwarte inkt, in margine, van een andere, contemporaine hand (43v^0-44r^0).

¶ SIGNATUUR: Oude nummers: 486, 645.

LITERATUUR. — a) In *Cat. PGNB Oorkonden/Handschriften 1875*, 126, nr. 486; *Cat. PGNB Oorkonden/Handschriften 1900*, 249, nr. 645.

I,18 GEBEDENBOEK KHS 18
Olim: 645a

Gebruikshandschrift. Convoluut, in twee delen. Papier (beduimeld, aantasting door schimmels). (ii)+i+152+58+(ii) ff. Holland? (pars I) of Zuidelijke Nederlanden, Brabant? Eerste kwart zestiende eeuw (pars I), tweede helft zestiende eeuw (pars II). *Afb.* 20

GEBEDENBOEK. Latijn, deels in het Middelnederlands (opschriften).
I: Psalterium per hebdomadam (3-154), in de numerieke bijbelse volgorde. Verdeling over de getijden en dagen van de week, de indeling komt niet overeen met de Romeinse psalmenordening. Met Cantica Biblica. Defect: ps. 1 en een gedeelte van ps. 2 ontbreken, alsmede een stuk van de Litanie (133v^0).
II: OFFICIA DE B. MARIAE VIRGINIS, per hebdomadam (155-212r^0). Zeven koorofficies voor Maria (155-195r^0). Bevat ook enkele formulieren voor Birgitta van Zweden. Aansluitend op 195r^0-212r^0: collectae, voor de getijden (gebeden

voor de verschillende Maria- en kerkelijke feesten). Met Middelnederlandse opschriften.
I: Papier, ondermarges van 4, 5 en 133 verstevigd met stroken. Afm.: 195xc. 125 (138x81-83) mm. 17 regels, over de volle bladspiegel.

¶ Boekblok: Moderne potloodfoliëring: 1-51, 51a, 52-154. De samenstelling van de katernen is onduidelijk; het boekblok is bij restauratie te strak ingebonden. Watermerken: éénarmige kan, gekroond, bloem boven de kroon. Bladspiegel en liniëring aangebracht met inkt.

¶ Schrift/Verluchting: Littera gothica textualis formata. Eén hand. Below top-line. Inkt van wisselende kwaliteit (vgl. $21v^0$). Correcties: bijschrijven in de marge, doorhaling met rood, de gecorrigeerde tekst is eventueel tussen de regels bijgeschreven.
Gerubriceerd. Aanstrepingen met rood. Rode opschriftjes (Middelnederlands, m.n. naast de initialen).
Verluchting: Hollands? Rode initialen (1-2 rr. hoog). Opengewerkte rode penwerkinitialen (3 rr. hoog), met zwart penwerk (enkelvoudige dubbele basislijn, driehoekje), onder en boven eindigend in een generfd blad, evt. onder uitlopend in een vruchtkolf, hoging met groen ($25v^0$, $39r^0$, $51v^0$, $63r^0$, $94v^0$, $112r^0$, $150v^0$). Het penwerk van de initiaal op $63r^0$ eindigt boven in een aubergine met sprieten. Veldzwikken en oog van de letter met arabeske motiefjes, uitgespaarde ruimten opgevuld met groen. Zie afb. 20.
Rode J-initialen in margine, evt. opengewerkt (vgl. $12v^0$).

II: Papier. Afm.: 195xc. 125 (135-140) mm. 16-18 regels.

¶ Boekblok: Moderne potloodfoliëring: 155-213. Onduidelijke samenstelling der katernen. F. 212 is gedeeltelijk verminkt door afsnijden. Resten van aflijning met inkt. Reclamanten.

¶ Schrift/Verluchting: Hybrida-achtig schrift. Geschreven door één hand. Below topline. Gerubriceerd. Opschriften met rood. Rode aanstrepingen. Onderstrepingen met rood. Rode initiaaltjes (1-2 rr. hoog), evt. opengewerkt. Rode J-initialen in margine, opengewerkt.

¶ Band: Geheel vernieuwde boekband. Aangebracht in de negentiende eeuw. Afm.: 208x139x37 mm. Leer over kartonnen platten. Ribben met koorden geprofileerd. Bestoken kapitaalbindingen (kruissteek). Perkamenten klaviertjes (rood en groen geverfd), deels verloren. Zwart gesprenkelde snede.

¶ Geschiedenis: Privaat gebedenboek. Pars II is wellicht ontstaan in een birgittinessenklooster.
Eigendomsmerk met jaartal op $2r^0$: 'B.N. Devoocht. 1596'.

¶ Signatuur: Oud nummer (PGNB?): 486a, 645a.

Literatuur. — a) In *Supplement II-1959*, nr. 645a.

I,19 GEBEDENBOEK KHS 19

Olim: 646

Papier en perkament. (ii)+ii+132+ii+(ii) ff. Afm.: 138-139x93 (90-93x64-65) mm. 15-16 regels. Kartuizerklooster Sophia, Vught. Derde kwart zestiende eeuw (1564). *Afb.* 21

GEBEDENBOEK (folia 4-136). In het Middelnederlands. Bevat gebeden op de belangrijkste kerkelijke- en Mariafeesten.

F. 4-12r^0: diverse gebeden voor Kerstmis, op de Geboorte van het Jezuskind en Zijn moeder Maria. Inc.: *Maria heeft ghebaert hueren eersten geboren soene.* Expl.: *O alder minlicste Iesu doer uwen alder heylichsten naem gheeft mij toch hier gratie ende namaels die glorie amen.*

F. 12r^0-18v^0: vier gebeden op Driekoningen. Rubr.: *Opten Heilighen Drie Coninghen dach.* Inc.: *Drie coninghen hebben dat kyndeken aen ghebeden ende hebben hem gheoffert gout, wieroeck ende myrre.* Expl.: *...ende u mach leeren minnen ende bekennen amen.*

F. 18v^0-26: drie gebeden op Maria-Lichtmis. Inc.: *Maria heeft dat lieve suete kijndeken Jesum inden tempel van Iherusalem gheoffert.* Expl.: *O werdighe moeder Gods wilt toch voer mij bidden.*

F. 27-37r^0: twee gebeden op Maria-Boodschap. Inc.: *Die enghel Gabriel is tot Maria ghesonden van God om die botscappe te draghen.* Expl.: *...mach gheestelike ontfanghen doer duechdelike wercken in een suver ende onbevlecte hertten amen.*

Gebeden voor de Goede Week. Drie gebeden tot Maria op Palmzondag (37r^0-40v^0). Rubr. (in zwart, met saffraan gehoogd): *Want dit hoechtijt compt somweilen ontrent Palmsondach so machmen oick wel over peijsen van die druefheit [/] rouwen ende wee van Marien.* Inc.: *Maria die moeder Ihesu stont byden cruce Iesu.* Expl.: *...ende hueren liefsten soene Ihesu nu inden cruce hangende om uwen wille.* Gebeden voor Witte Donderdag (40v^0-44r^0). Rubr.: *Opten Witten Donderdach.* Inc.: *Ons liefs Heer at dat pasch[l]am, hy wasschede die voeten der discipulen ende insette dat werdige Heylighe Sacrament.* Expl.: *...ende doer die crachte des Heylige Sacraments uws gebenedyde lichaems mach comen totten maeltijt des hemelscher bruloft inden ewigen leven amen.* Twee gebeden op Goede Vrijdag (44r^0-49v^0). Rubr. (met zwart): *Opten Goeden Vridach.* Inc.: *Ihesus Christus ons lief Heer heeft hem veroetmoedicht...* Expl.: *...dat ic u herttelike mach beminnen ende waerachtelikenen* (laatste drie letters onderstreept [verschrijving?]) *bekennen.*

F. 49v^0-77: passiegebeden. Bevat twee gebeden tot Pilatus en Herodes (57v^0-59r^0). Rubr.: *Die passye ons Heeren Jesue Chr[y]sti*. Inc.: *O Iesu o beminder mijnder zyelen nu beghinnen dy te beven, te scudden ende druevich te sijne*. Expl.: *...ende gheven vergiffenisse van allen mijnen sonden ende hier u godlike gracie ende hier na die glorie*.
F. 77v^0-86v^0: gebeden voor Paaszaterdag. Rubr. (in rood, hoging met saffraan): *Opten Heylighen Paeschdach*. Inc.: *Iesus Christus is ten derden daghe verresen vander doot*. Expl.: *...ende alsoe mijn sonden beweenen in druefheit ende bitterheit mijnder zyelen amen*.
F. 86v^0-90r^0: gebeden voor Hemelvaartsdag. Rubr.: *Op ons liefs heeren Hemelvaert dach*. Inc.: *Ons lief Heere Ihesus is opgevaten ten hemel ende sedt aen die rechte hant des Vaders Gods almachtich*. Expl.: *...daer ic u mijn Heer myn God inder ewicheit bescouwen mach amen*.
F. 90r^0-96v^0: gebeden voor Pinksteren. Rubr.: *Opten heylighen Sinxen dach*. Inc.: *Ons lief Heer Jhesus heeft vanden Vader gesonden den Heylighen Gheest in vierighe tonghen*. Expl.: *...wilt mynder ontfermen ende my in u vertroesten amen*.
F. 96v^0-101: gebeden op Sacramentsdag. Rubr.: *Opten Heilighen Sacramentsdach*. Inc.: *Ick ben dat levende broet dat vanden hemel gedaelt bent, sprect Iesus*. Expl.: *...op dat ic deelachtich worden dijnre gratien ende dijnre glorien sonder eynde durende amen*.
F. 102-106v^0: gebeden op Maria-Visitatie. Inc.: *Maria heeft ghegaen int gheberchte ende heeft huer nichte Elysabeth gevisiteert*. Expl.: *...ende van u o Maria ontfanghen worden amen*.
F. 106v^0-110r^0: gebeden tot Maria Magdalena. Inc.: *Maria Magdalena weende aen die voeten ons Heeren Jesu ende vercrech vergiffenisse van allen hueren sonden*. Expl.: *...op dat ic die salicheit mach vercrigen doer u verdienste amen*. Na het explicit volgt een leesinstructie van de kopiist: *Siet hier oick van Magdalena datter staet van huer opten heylighen Paeschdach* (110r^0).
F. 110r^0-116v^0: gebeden op Maria-Hemelvaart. Rubr.: *Op Onser Liever Vrouwen Hemelvaart*. Inc.: *Maria is opgenomen ende verheven boven allen choren der enghelen*. Expl.: *...mi onder uwen schoet uwer moederliker ghenaden ende bermherticheit amen*.
F. 116v^0-120v^0: gebeden op Maria-Geboorte. Rubr.: *Op Onser Liever Vrouwen Gheboerten dach*. Inc.: *Ende alte suete kyndeken een meysken is heden gheboren vander Anna ende dit meysken is ghenoemt Maria*. Expl.: *...ende ghenade wilt mi allendighe mensche leiden totter glorien des hemels amen*.
F. 120v^0-124r^0: gebeden op de Kerkwijding. Rubr.: *Opten Kermis dach*. Inc.: *Heden is gheworden salicheit desen huysen*. Expl.: *...ende droncken worden van uwer suetheit inder glorien amen*.

F. 124v^0-128r^0: gebeden op Allerheiligen. Rubr.: *Op Alderheilighen dach.* Inc.: *Salich sijn sij Heere die daer woenen in u huys...* Expl.: *...ende met uwen heilighen mach verblijen inder glorien des hemels amen.*
F. 128r^0-130r^0: gebeden tot Catharina. Rubr.: *Op sinte Katherinen dach.* Inc.: *Die brugom Iesus bemint syn bruyt Katherinam.* Expl.: *...ende hier na bi u onfanghen mach worden inden hemel.*
F. 130r^0-132v^0: gebeden op de Onbevlekte Ontvangenis van Maria. Rubr.: *Op Onser Liever Vrouwen dach Conceptie inden Advent.* Inc.: *Maria is onfanghen in huers moeders lichaem der werdigher vrouwen Anne.* Expl.: *...ende comen na deser tijt puer ende reyn tot synder glorien amen.*
F. 132v^0-135v^0: drie gebeden van Johannes Gerson voor het slapen gaan. Rubr.: *Die troestelike doctoer Joannes Gerson cancellier van Parijs raet en ieghelike christen mensche dat hi ten minsten tsavonts eer hi ter rusten gaet hem selven versoene met sijnen Heere met sijnen God bisonder als hi in enighe dootsonde ghevallen is. Segghende dese drie nascreven proposicien uut geheelder ganser herten. Soe wort hi weder om altyt ghestelt inder staet der gratien overmidts die grondeloese bermherticheit Gods.* Inc. van de eerste overweging: *O alder goedertierenste Vader mijn Heer mijn God.* Expl.: *...dat ic nummermeer van uwen moet worden ghescheiden amen.*
F. 135v^0-136r^0: oefening van Bernardus voor alle dagen van de week. Rubr.: *Dit is alsmen leest sijnte Bernaerts oefinghe. Des sondaechs.* Inc.: *O suete Iesu wilt mi verleenen dat ic u hertteliken minnen mach.* Expl.: *...die nu ende ewelijc moet sijn ghebenedijt amen.*

¶ BOEKBLOK: Papier, contemp. verstevigingen met papier, inktvraat. Het papier in het tweede katern is erg broos geworden. Inktpaginering van een andere, contemporaine (?) hand: 1-12. Jongere foliëring met potlood: 1-2, 4-139. F. 3 ontbreekt. Potloodfoliëring recentelijk aangevuld (1*, 141). F. 109 is verminkt door inscheuren. 121 en 122 liggen thans los in de codex; ook 4-5 zijn nagenoeg los. Negentiende-eeuwse papieren dek- en schutbladen. De perkamenten folia 1-2 en 138-139 zijn thans vliegende bladen (vgl. de verkleuringen aan de inslag van het leer op 1r^0 en 139v^0); op elkaar opgeplakt.
Collatie: 1^{2+1}(twee toegevoegde papieren enkelbladen voor 1), 2^6, 3-7^8, 8^8, 9^4, 10-15^8, 16^6, 17-18^8, 19^4, 20^{2+2}(opgebouwd als katern 1).
Diverse watermerken, onder andere: letter L in een gekroond wapenschild, geflankeerd door twee Franse lelies, onder het schild hangt de letter B; vgl. BRIQUET 1923, nrs. 8288-8294, wellicht nr. 8291: Brabant, 1561-65; tweekoppige adelaar op een schild, gekroond met een bloemetje, onder in een banderol het motto *Plus Oultre* (vgl. BRIQUET 1923, nrs. 333-337). Bladspiegel grof met inkt afgelijnd. Prikgaatjes voor het schrijfkader bewaard.

¶ SCHRIFT/VERLUCHTING: Littera gothica hybrida formata. Eén hand. Eerste regel below top-line. Correcties: fouten geëxpungeerd en vervolgens met rood doorgehaald, het gecorrigeerde woord is tussen de regels of in de marge bijgeschreven. Op de schriftspiegel van 85r^0 is een nieuw contemp. papieren blad met gecorrigeerde tekst opgeplakt.

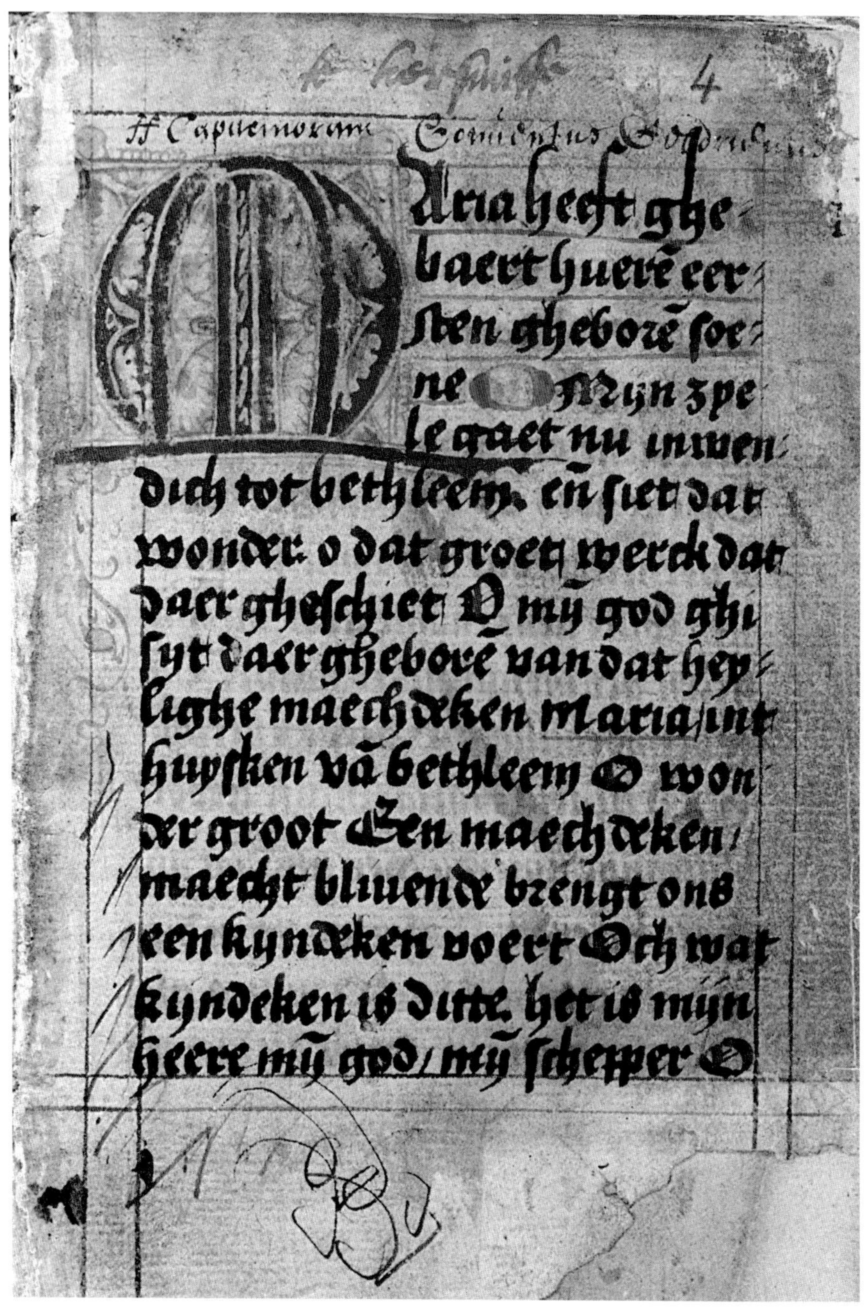

Maria heeft ghe-
baert huerē eer-
sten gheborē soe-
ne O Mijn zye-
le gaet nu inwen-
dich tot bethleem. eñ siet dat
wonder. o dat groet werck dat
daer gheschiet O mȳ god ghi
syt daer gheborē van dat heylighe maechdeken maria int
huysken vā bethleem O wonder groot Een maechdeken
maecht bliuende brengt ons
een kyndeken voert Och wat
kyndeken is ditte. het is mijn
heere mȳ god/ mȳ schepper O

Afb. 21. – Tilburg, KUB, Bibliotheek, hs. KHS 19, f. 4r°.

(Copyright: B. Bergmans, AVC)

Gerubriceerd. Het rubrum is hier en daar geoxydeerd. Rode opschriften en paragraaftekens. De opschriften zijn evt. met saffraan gehoogd. Enkele opschriften van de kopiistenhand in een littera gothica cursiva (vgl. 37r^0). Opschriften met zwarte inkt van een andere, contemporaine hand (vgl. 4r^0, 49v^0, 77v^0 [ingevoegd in een opschrift van de kopiist], 101v^0). Eén zwart paragraafteken. Hoofdletters met rood aangestreept, evt. met saffraan gehoogd. Onderstrepingen met rood. N.b.: de namen Jezus en Maria zijn steeds met rood onderstreept. Rode hoofdletters.
Rode initialen (2-3 rr. hoog), overwegend onversierd. Twee blauwe initialen (2 rr. hoog), op 18v^0 en 106v^0, tussen de schachten van de letter M opgevuld met saffraan. Eén rode initiaal I (3 rr. hoog), met saffraan gehoogd.
Opengewerkte rode en blauwe penwerkinitialen (3-5 rr. hoog), in een vierkant penwerkkader, gedecoreerd met contrasterend resp. paars en rood penwerk, tamelijk eenvoudig van uitvoering, hoging met saffraan en groen (4r^0, 12r^0, 27r^0, 37r^0, 40v^0, 44r^0, 49v^0, 90v^0, 96v^0, 102r^0, 110r^0, 120v^0, 124v^0, 128r^0 en 130r^0). Penwerkkader afgebiesd met zwak uitgevoerde ongeprikte parelranden. Veldzwikken met arabeske en florale motiefjes. In het oog van de letter versierd met gestileerde florale motieven, uitgespaarde ruimten met saffraan en groen ingekleurd. Aan de initiaal aangehechte slingerende ranken. Het penwerk in de ondermarge van het initiaaltje op 110r^0 is te betitelen als een variant op het Bossche rivierenpenwerk.
Representanten, met zwarte inkt.

¶ BAND: Opgelapte boekband. Ruïnes van de oorspronkelijke zestiende-eeuwse renaissanceband behouden (voor- en achterplat). Afm.: 149x103x32 mm. Overstekende afgeschuinde houten platten met leer overtrokken.
Zestiende-eeuwse bandversieringen met blind- en rolstempeling, sterk afgesleten. Buitenkaders met fileten. Binnenkader: rolstempel (rank- en loverwerk, medaillon [kopje, man, hoofd naar links gewend, ovale omlijsting]), breedte van de rol: 9 mm. Rechthoekig middenveld: versierd met blinde stempels (Franse lelie), geplaatst in de vier hoeken, in het centrum van de rechthoek vier lelies, met de basis naar elkaar toe.
Vier ribben. Bestoken kapitaalbindingen. Klampsluitingen: twee pijlvormige penmuiters, twee borgplaatjes.

¶ MACULATUUR: Twee perkamenten dubbelbladen (1-2 en 138-139) zijn gebruikt als schutbladen ter afscherming van het boekblok; de folia fungeerden ook als dek- en schutbladen in de oorspronkelijke boekband. Afkomstig uit een onvoltooid (?) of ongerubriceerd laat vijftiende-eeuws breviarium. Latijn. Versneden tot de afmetingen van het boekblok van KHS 19. 20 regels. Littera gothica hybrida formata. Gerubriceerd. Twee rode opschriften: *an.* en *psalmus* (2v^0). Hoofdletters niet aangebracht. Aflijning van de bladspiegel met rode inkt.

¶ GESCHIEDENIS: Colofon van de kopiist op 136v^0 (met zwarte inkt): 'Anno 1564 is dit boexken ghescreven van eenen cathuser buyten Ther[t]stoghen Bossche. Bidt voer syn zyele om Gods wille'. Geschreven in (en voor?) het Vughtse kartuizerklooster Sophia. Zestiende-eeuws eigendomsmerk van het capucijnenklooster te Gelder (Duitsland), met inkt (bovenmarge van 4r^0): 'Ff. capucinorum conventus Geldriensis'. Geknoei door de hele codex in de bovenmarge met inkt (door een andere, contemporaine hand). Vgl. o.a. 87r^0: G. Michiels (eigendomsmerk?). Verder op 102r^0 in een zestiende-eeuwse hand: 'Maria heeft gegaen' (herhaling van de eerste regel in de schrijfkolom).
Verworven door het PGNB rond 1925 (aantekening binnenzijde voorplat).

¶ SIGNATUUR: Oud nummer: 646.

LITERATUUR. — a) In Tilburg, KUB, bibliotheek, beschr. PGNB, hs. KHS 19; KRONENBURG 1904-11, vol. 3, 474, noot 2 (hier abusievelijk betiteld als Officium B.M.V. in Usum Religiosarum Ordinis s. Birgittae) en 520; HPGNB, jrg. 1925, 78-79; CMD-NL 2, nr. 330. In OLSEN 1977, 125 ten onrechte toegeschreven aan Mariënwater.
b) Zie voor het in 1466 gestichte kartuizerklooster Sophia (domus s. Sophiae Constantinopolitanae) te Olland, Den Dungen en Vught: SCHUTJES 1870-76, vol. 5, 857-862, nr. III; *Analecta Gysberti Coeverincx 1905-07*, vol. 2, 399-400; VERSCHUEREN 1935-36, 378-380; SCHOLTENS 1938-39; SMULDERS 1956-57; *In Buscoducis 1450-1629*, 488 en 612, noot 8. Over het scriptorium en de bibliotheekcatalogus van het Vughtse Sophiaklooster raadplege men: VERSCHUEREN 1935-36, resp. 400-402 en 7-58.
In het algemeen over kartuizerbibliotheken in de Nederlanden: GUMBERT 1974.
Over het capucijnenklooster Nazareth te Gelder: GERLACH 1935-2.

I,20 MEDITATIE- EN GEBEDENBOEK KHS 20

Olim: 647

Gebruikshandschrift. Papier. v+255+v ff. Afm.: 142-143x96 (c. 118x73-80) mm. 21-28 regels. Oost-Nederland (Gelderland?). Eerste kwart zestiende eeuw. *Afb.* 22

MEDITATIE- EN GEBEDENBOEK (folia 1-261). In het Middelnederlands. Een groot deel van de meditaties en gebeden in dit handschrift lijken afkomstig te zijn uit de kring van de SCHRIJFSTER VAN DE EVANGELISCHE PEERLE [=REINALDA VAN EYMEREN (1463-1540)], of kunnen daaraan tenminste worden toegeschreven.
F. 1-8r^0: twee gebeden. Het eerste gebed bevat zgn. *toegheestinghen*, die kunnen worden toegeschreven aan de Schrijfster van de *Evangelische Peerle*; AMPE 1964-1, 228, nr. 1, 241-245, I, nr. 1. Het tweede gebedje (7r^0-8r^0) is een vertaling van de *Imitatio* III, 47, 1-9 van Thomas a Kempis; vgl. AMPE 1964-1, 228-229, nr. 2, noot 2. Rubr.: *Dat vuerijge geschut van sante Augustinus*. Inc.: *O mijn Godt o gebenedide Godt o schoenheijt mijnre ogen*... Expl.: ...*daer nummer eijnde nae comen en sal Deo gracijas.*
F. 8r^0-11r^0: rozenkransgebeden voor Maria, met vier paternosters, Schrijfster van de *Evangelische Peerle*. De structuur is als volgt: tienvoudig gebed tot de Tien Ledematen en Deugden van Maria, aansluitend een vijfvoudig gebed tot de Vijf Momenten uit het Lijden van Jezus. Vgl. AMPE 1964-1, 229, nr. 3 en 245-247, II, nr. 3. Rubr.: *Aldus salmen een rosen crans lesen ter eren onser liever vrouwen op dat onse leeden doer hoer gebeden geheijlijcht moegen warden Godt mede te dijenen amen*. Inc.: *O Marija ter eren uwer heijlige ogen*... Expl.: ...*ende dat doer bede uwer lijever moeder Marija amen.*

F. 11r^{0}-13v^{0}: levensregel voor zeven handelingen, in drie manieren, gevolgd door meditaties op de dagen van de week. Rubr.: *Dijt sijnt guede punten.* Inc.: *O mensche leert wanderen in drijen.* Expl.: *Onwerdijch doer u groete sunde dije menijchvoldijch sijn.* Vgl. AMPE 1964-1, 229, nr. 4-5, noot 4 en 5.
F. 13v^{0}-18r^{0}: Zeven aardse Blijdschappen van Maria, gevolgd door Zeven hemelse Blijdschappen die Zij heeft geopenbaard aan Thomas Cantuariensis, met drie gebeden. Rubr.: *Nota dijt sijn die seven blijschapen onser liever vrouwen die sij had opter eerden. Dije eerste.* Inc.: *Vervrouwet dij Marija joffer fonteijne alre genade vol...* Expl.: *...O Ihesus helpt ons amen.* Vgl. AMPE 1964-1, 229, nr. 6-7, noot 6 en 7.
F. 18v^{0}-20r^{0}: offerande tot elk der Goddelijke drie Personen. Schrijfster van de *Evangelische Peerle*? Vgl. AMPE 1964-1, 230, nr. 12, 247-248, III, nr. 12. Rubr.: *Een levendijch offerhande tot ten hemelschen Vader.* Inc.: *O alder guedertijerenste Vader ick arme wormken...* Expl.: *...ende volbracht mocht warden tot u glorije loeff ende een amen.*
F. 20v^{0}-52v^{0}: preek op het H. Sacrament als geestelijke spijs, met prefiguraties uit de bijbel. Ontleedt de zes figuren van Elias en Jonathas. Door Ampe toegeschreven aan de Keulse karmeliet Koenraad van St. Joris (?-1305 of 1316/17); vgl. AMPE 1964-1, 230, nr. 13, noot 13. De tekst is vrijwel zeker bedoeld geweest voor een monastiek publiek. Rubr.: *Een seer devoet sermoen vanden werden H. Sacrament.* Inc.: *Dije Heer spreckt doer sunte Johan...* Expl.: *...doer sijn gracije ende barmhartijcheijt amen.* Vgl. AMPE 1964-2, 32-33, nr. 2.
F. 52v^{0}-54r^{0}: redactie van de zgn. Vijf-Gaven-tekst, gehavend cf. AMPE 1964-2, 18, nr. 12. Zonder het Albertus Magnus-dictum. Inc.: *O mijnsche alstu ontfangeste dat weerde H. Sacrament...* Expl.: *...dije dij brengen sal totter ewijger gloerijen amen.* Vgl. AMPE 1964-1, 230, nr. 14, noot 14.
F. 54r^{0}-56v^{0}: gebed op de Zoete Naam van Jezus (54r^{0}-55r^{0}), gevolgd door twee korte andere gebeden. Het gebed op Jezus' Naam met een reeks groeten wordt door Ampe wederom toegeschreven aan de Schrijfster van de *Evangelische Peerle*; vgl. AMPE 1964-1, 230, nr. 15 en 248-249, IV, nr. 15. Het gebed op 55v^{0}-56r^{0}, eveneens afkomstig van de Schrijfster, bevat opnieuw *toegheestinghen*; AMPE 1964-1, 230, nr. 16, 249-250, V, nr. 16. Ook het derde gebed kent Ampe eveneens toe aan de Schrijfster; AMPE 1964-1, 230, nr. 17, 250-251, VI, nr. 17. Rubr.: *Dijt is een gebet vanden suijeten naem Jesus.* Inc.: *Glorij loeff eer cracht benedijenge sij u...* Expl.: *...en wijl dan dat u behagelijck ijs amen.*
F. 57r^{0}-68r^{0}: niet-liturgische gebeden voor tijdens de mis. De tekst is identiek aan die van het *Hofken van Devocien*, een verzamelwerkje eveneens toegeschreven aan de Schrijfster van de *Evangelische Peerle*; vgl. AMPE 1964-1, 231, nr. 19, 251-265, VII, nr. 19. Rubr.: *Dijt is een devoete ende schoene mijsse om toe lesen onder myssen inden ijersten als dije prijester dat amijck*

opt hoefft seet soe denck mit harte offt spreckt. Inc.: *O lieve Heer Jesu Chrijste ick bijd u bedecket alle mijn sonden...* Expl.: *...ende dije ontfanger mijnder sijelen.*

F. $68r^0$-$70v^0$: enkele losstaande gebeden op o.a. Maria en op de Zoete Naam van Jezus. Rubr.: *Hijer offert den Heer een offer hande der jubijlacije nae dije mijsse.* Inc.: *Nu moet jubijlijeren alle dije inwendijge substancijen...* Expl.: *...ende nae u godelijck belijevens amen.*

F. $70v^0$-$80r^0$: schuldbekentenis, met belijdenis der zonden, gevolgd door een exempel en vijf Ave Maria's. Rubr.: *Dijt is ene apene bijcht.* Inc.: *Ick arme ellendijge sundijge mensche bekenne foer Gade...* Expl.: *...ende faer mijt Marija onser lijever vrouwen hulpe ten hemel amen.*

F. $80r^0$-$97v^0$: diverse gebeden; (aflaat)gebed tot Cecilia van paus Innocentius, met proloog ($80r^0$-$82v^0$), defect, sacramentsgebed ($82v^0$-$84v^0$), (defect) gebed tot de Hemelse Vader ($84v^0$-$89v^0$) en drie gebeden tot God, o.a. op de menselijke gebreken ($89v^0$-$97v^0$). Uitgebreide verwijzing vanwege het gebed tot Cecilia in AMPE 1964-1, 232, nr. 23, noot 23. Het gebed tot de Hemelse Vader ($84v^0$-$89v^0$) is afkomstig van abt Johannes de Fécamp (?-1078); AMPE 1964-1, 232, nr. 25, noot 25. Rubr.: *Hijer begijnt Sunte Cecijlijen gebet.* Inc.: *Dije paus Pocentijen begerden op een tijt...* Expl.: *...dije daer leefft ende regnijert ewelijcken amen.*

F. $97v^0$-$102r^0$: gebed, toegeschreven aan Anselmus. Rubr.: *Dijt ijs een ijnnijch devoet gebeet dat sunte Anselmus gemaeckt heefft.* Inc.: *Ick roep tot dij o mijn Godt ijck roep tot dij.* Expl.: *...ende regnijert alle mechtijge Godt ewelijcken sonder eijnde amen.*

F. $102r^0$-$105v^0$: aflaatgebed op Cecilia.

F. $105v^0$-$121v^0$: sacramentsgebeden. Rubr.: *Voer dije ontfanckenijsse des H. Sacraments.* Inc.: *Ick ontfange dijn H. Licham ons lief Heren IJesu Christij...* Expl.: *...soe com ijck daer geern mijt gansen begerten amen.*

F. $121v^0$-$122r^0$: gebed van Augustinus. Rubr.: *Dijt gebet schreff sunte Augustinus tott sijnen neve doe hij sijeck was.* Inc.: *O mijn Godt mijn barmhartijcheijt...* Expl.: *...ende regnijert Godt inder ewijcheijt amen.*

F. $122v^0$-$125r^0$: Acht Verzen aan Bernardus geopenbaard door de duivel. Ampe schrijft deze toe aan Bernardus Hildeshemensis. Vgl. AMPE 1964-1, 235, nr. 48, noot 48.

F. $125r^0$-$128v^0$: sacramentsgebeden. Rubr.: *Dije dijt gebedeken devoetelijcke leest ijnder tegenwoerdijcheijt des H. Sacraments dije verdijent daer mede cc hondert dage afflaets alsoe veer als hij ijnder gracijen Gades is.* Inc.: *Ghegruet sijstu Vader inder moegentheijt gegruet sijstu...* Expl.: *...dije levet ende regnijert ewelijcken sonder eijnde amen.*

F. $128v^0$-$141r^0$: gebed op de Vijf Wonden van Christus, met een gulden litanie. Inc.: *O almechtijge Godt ijck bijddij om dijn heijlijge wonden...* Expl.:

...ende nae desen leven dat ewijch leven doer Ihesum Christij onsen Here amen. Gevolgd door een aantal korte gebeden tot God (141r^0-149r^0). De gulden litanie (129r^0-141r^0) is afkomstig van Maria Magdalena Beutler von Kenzingen (of: Von Freiburg); AMPE 1964-1, 236, nr. 52, noot 52. De gebeden op 141r^0-149r^0 wordt door Ampe genoemd als basisoefening in de *Evangelische Peerle*; AMPE 1964-1, 236, nr. 15, 265-270, VIII, nr. 53.
De bundeling van teksten op de folia 149r^0-192r^0 noemt Ampe het werk van de Schrijfster van de *Evangelische Peerle*; AMPE 1964-1, 271, IX.
F. 149r^0-153r^0: sermoen van Augustinus op Maria-Boodschap. Hier abusievelijk toegeschreven aan Augustinus, maar in feite uit de koker van de Schrijfster van de *Evangelische Peerle*; AMPE 1964-1, 236, nr. 54, 271-275, IX.a, nr. 54. Rubr.: *[Ee]n Augustinus sermoen van Onsen Lieven Vrouwen Baetscap.* Inc.: *O dije heijmelijck bruloffte sijn gemeert in Marija slap camer...* Expl.: *...ende dat woert wort doer al dije werlt gepredijckt amen.* Vgl. DE VREESE 1962, 103, nr. 27,17.
F. 153v^0-155v^0: preek op het Boodschap-Evangelie. Schrijfster van de *Peerle*; AMPE 1964-1, 236, nr. 55, 276-278, IX.b, nr. 55. F. 155v^0-156r^0: bewerking van een fragment uit *Dits van agt Saken dar Got Mensche ombe waert* (=*Limburgsche Sermoenen*, nr. 32; KERN 1895, 466-475). Vgl. AMPE 1964-1, 236, nr. 56, 278, IX.c, nr. 56.
F. 156v^0-159v^0: sermoen 150 van Augustinus (In Dedicatione Ecclesiae), door De Vreese betiteld als 'alleenstaand'. Rubr.: *Sunte Augustijnus sermoen van dije toecomste ons Heren Jesu Chrijs[te].* Inc.: *O mijn alder lijeffste brueders overmijts der godtlijcker goedertijerenheijt...* Expl.: *...ende kijnder des alder oversten eerffgenaemen Gades des Vaders amen.* Vgl. PL, vol. 39, k. 1973-1974, 1-3, vol. 46, k. 1004; DE VREESE 1962, 104, nr. 27,37; AMPE 1964-1, 236-237, nr. 57, 278, IX.d, nr. 57.
F. 159v^0-162v^0: sermoen 2 van Maximus Taurensis. Rubr.: *Van dije werdijge toecomst ons lief Heren en ijs sunte Maxijmus sermo.* Inc.: *Gij weet wal hoe groete blijtschap datter is...* Expl.: *...laet ons onse conscijencije reijnijgen van alle smijtten der sunden.* Vgl. PL, vol. 57, k. 221-224; AMPE 1964-1, 237, nr. 58, 279, IX.e, nr. 58, met verwijzing naar twee andere hss. ('s-Gravenhage, KB, hss. 73 F 23 en 71 H 24).
F. 162v^0-166r^0: 'alleenstaand' sermoen, toegeschreven aan Augustinus. Niet geïdentificeerd door Ampe. De preek komt eveneens voor in het hierboven genoemde Haagse hs. 73 F 23. Rubr.: *Opten kersavont sunte Augustijnus sermoen.* Inc.: *Ghij moegende Soene wart begerdt...* Expl.: *...op dat wij werdijch moegen warden mijt hem ijn den hemel toe glorijeren amen.* Vgl. DE VREESE 1962, 104, nr. 27,37; AMPE 1964-1, 237, nr. 59, 279, IX.f, nr. 59.
F. 166r^0-167v^0: fragment uit een passie-allegorie: *Een soete Meditatie hoe die verloren Siele vanden Sone Gods vonden es.* In de zgn. A-redactie. Eveneens

in de hss.: Leiden, UB, MNL, Ltk. 303 (28r^0-30r^0); Brussel, KB, hs. 3057-58 (168r^0-183r^0), hs. 4944 (97r^0-103v^0); en olim: Münster, Hauptstaatsarchiv Dep. Landsberg-Velen, Bibl. J. Jostes, hs. 15 (54v^0). Rubr.: *Hoe dije hemelsche Vader om ons te verloesen sijnnen Soen gesant heefft*. Inc.: *Doe dije ewijge hemelsche Vader toe raede werdt...* Expl.: *...soe wollen en warde bedanck[t]*. Vgl. Ampe 1963, 52, nr. 3; Ampe 1964-1, 237, nr. 60, 279, IX.g, nr. 60.[64]

F. 167v^0-169r^0: *Dits van agt Saken dar Got Mensche ombe wart* (=*Limburgsche Sermoenen*, nr. 27; Kern 1895, 423-426). Rubr.: *Dijt sijnt viij saeken waer om dat Godt mijnsche wardt*. Inc.: *Dije ierste saecke ijs dat hij vervuellen woelde...* Expl.: *...ende mijt sijn gotheijt ende mijnschheijt verenijgen amen*. Men vergelijke Ampe 1964-1, 237, nr. 61, 279, IX.h, nr. 61.

F. 169r^0-v^0: *Bereydinghe van de gheestelijcke Geboorte Christi* (169r^0-v^0); Ampe 1964-1, 237, nr. 62, 279-280, IX.i, nr. 62.

F. 169v^0-171v^0: beschouwing op de Wederkomst van Christus. Rubr.: *Van dije werder toecomste ons Heren hoe wij aen mercken sullen wijt bij ijs*. Inc.: *Laet ons aen mercken wije hij ijs...* Expl.: *...ende deelachtijch al dat hij aen sijn edel mijnscheijt gewrocht heefft*. Vgl. Ampe 1964-1, 237, nr. 63, 280-281, IX.j, nr. 63.

F. 171v^0-172v^0: excerpten uit werk van Bernardus; Ampe 1964-1, 237, nr. 64, IX.k, 281-283.

F. 172v^0-180r^0: verhaal van de Geboorte van Christus, in een vertaling van Ludolfus van Saksen (?-1377) volgens het Bonaventura-Ludolfiaanse Leven van Jezus. Rubr.: *Van dije geboerte ons lief Heren ende hoe Marija ende Joseph hem hadden*. Inc.: *Als dije tijt van negen maenden om gecomen was...* Expl.: *...aver al ende baven alle dije godlijc leven amen*. Vgl. Ampe 1964-1, 237-238, nr. 65, 283, IX.l, nr. 65.

F. 180r^0-185r^0: excerpten uit Ludolfus van Saksen. Rubr.: *Van dije besnijdenijsse ons lief Heren Jesus Christus*. Inc.: *Des achten dages wart dat Kijnt besneden...* Expl.: *...ende leven den den doechden amen*. Vgl. Ampe 1964-1, 238, nr. 66-67, 283-284, IX.m-n, nr. 66-67.

F. 185r^0-187r^0: sermoen op Maria-Lichtmis. Abusievelijk toegeschreven aan Bernardus. Wellicht fragment uit Ludolfus van Saksen? Rubr.: *Van Onser Liever Vrouwe Lijchtmijssen uut sunte Bernardus sermoen*. Inc.: *Doe dije vijertijchste dach quam...* Expl.: *...ende waermede hij geloeft wart*. Vgl. Ampe 1964-1, 238, nr. 68, 285, IX.o, nr. 68.

F. 187r^0-192v^0: beschouwing op Maria-Lichtmis: met symboliek van de kaars, *nunc dimittis*, aansporing tot navolging der vier personen uit de processie en de inwendige tempel van de ziel. Rubr.: *Noch van Onser Liever Vrouwen Lijcht-*

[64] Tekstuitgave van deze meditatie: Ampe 1963, bijlage.

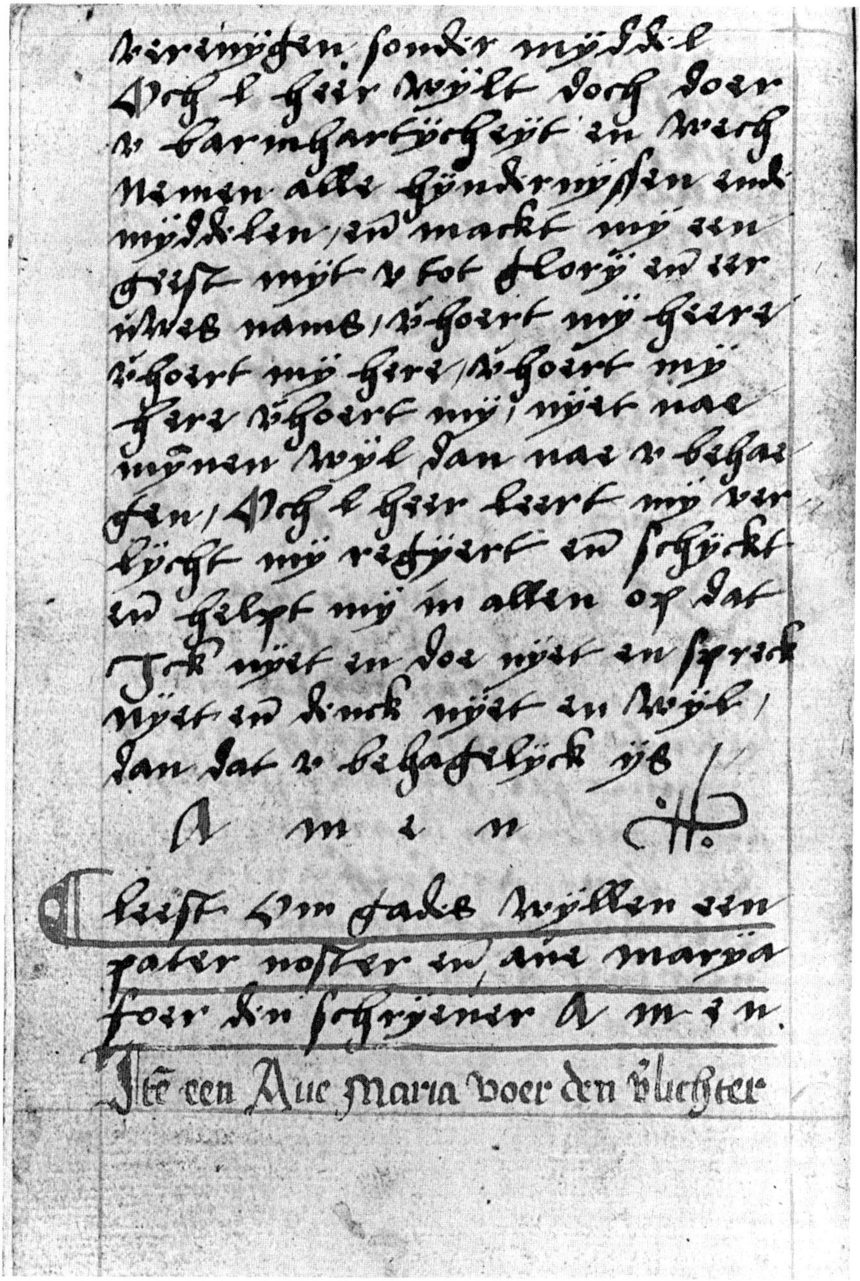
vereenyghen sonder myddel
Och l heer wylt doch door
v barmhartycheyt in wech
nemen alle sondernyssen ende
myddelen / ende maeckt my een
gheest myt v tot glorie ende eer
uwes naems / v hoert my heere
v hoert my here / v hoert my
here v hoert my / nyet nae
mynen wyl dan nae v behae
ghen / Och l heer keert my ver
lycht my regyert ende schyckt
ende helpt my in allen op dat
Ick nyet en doe nyet en spreeck
nyet ende denck nyet en wyl /
dan dat v behaghelyck ys
A m e n
Lieft kint gade wyllen een
pater noster ende ave marya
voer den schryuer A m e n.
Itē een Aue Maria voer den vlechter

Afb. 22. – Tilburg, KUB, Bibliotheek, hs. KHS 20, f. 56v°.
(Copyright: B. Bergmans, AVC)

mijssen. Inc.: *Huijden hebben Marija ende Joseph gedragen*... Expl.: ...*ende helpen hem ijn alder noet amen*. Vgl. Ampe 1964-1, 238, nr. 69, 285-289, IX.p, nr. 69.
F. 192v^0-220r^0: oefening over het Lijden van Christus. Sluit aan bij de Evangelieverhalen. Rubr.: *Dijt ijs een schoen gebet*. Inc.: *O uutvercaren bruijt Gades*... Expl.: ...*ende namaels ijn der ewijger glorijen amen*. Vgl. Ampe 1964-1, 238, nr. 70, noot 70.
F. 220r^0-255v^0: Die Oefeninghe des Herten, *Een Oeffeninge om dat Heylich Sacrament geestelic te ontfanghen*, en: *Een rechte Ordinancie*; Schrijfster van de *Evangelische Peerle*. Uitgebreide identificatie in Ampe 1964-1, 238-239, nr. 71-72, 289-319, XI, nr. 71-72. Rubr.: *Dijt ijs een schoen oeffenijnge*. Inc.: *O Godt o Vader ewijg heb ijck ijn u geweest*... Expl.: ...*mijt gracijen ende barmhartijcheijt amen*.
F. 255v^0-256r^0: rijmproza. Inc.: *O mijnsche gedenck woe haest dattet ijs gedaen*... Expl.: ...*ende alle dijngen sijn verwonnen amen*.
F. 256r^0-v^0: gebed, door Ampe toegeschreven aan Maria Magdalena Beutler. Inc.: *Dije wijsheijt Gades sij ijn mijn hoefft*... Expl.: ...*een mijndelijck aensijcht ijn mijn leeste eijnde amen*. Vgl. Ampe 1964-1, 239, nr. 75, noot 75.
F. 256v^0-258r^0: meditatie over wijwater, van (paus-martelaar) Alexander I (107-116?). Rubr.: *Dijt ijs van dat heijlijch wij water*. Inc.: *Dije paeus Alexander dije ierste heeft ijngeset*... Expl.: ...*ende belacht hem dije duijvel*. Vgl. Ampe 1964-1, 240, nr. 76, noot 76.
F. 258r^0-260v^0: Gulden Vrijdagen. Rubr.: *Hijer begijnnen dije gulden vrijdaegen*. Inc.: *Dijt sijn dije gulden vrijdagen dije dije paeus Clemens vant*... Expl.: ...*des behoede ons Godt dije Heer*. Vgl. Ampe 1964-1, 240, nr. 77, noot 77.
F. 261r^0-v^0: gebeden tot de H. Geest. Inc.: *Compt Heijlijge Geest toe mijtten tijt*... Expl.: *Godt wijl dencken ijn mijn holp Heer om mij*. Vgl. Ampe 1964-1, 240, nr. 78, noot 78.[65]

¶ Boekblok: Papier, met vochtschade, inktvraat, verstevigd en aangevezeld. Oudere foliëring met potlood: 1-262. Met potlood recentelijk aangevuld: 263-267. Vijf schutbladen zijn recentelijk met potlood gefolieerd (1*-5*). F. 262 is blanco. F. 33 is verminkt door afscheuren. Vernieuwde dek-en schutbladen (zeventiende eeuw?). Boekblok op drie perkamenten naaistroken.
Collatie: 1^8(1 en 2 zijn weggeplakt onder 3 [dekblad]), 2-11^8, 12^{6-2}(mist 1 en 8), 13-34^8, 35^8(als katern 1; wederhelften van f. 263-265 vormen [ondergeplakte] dekbladen). Watermerken: éénarmige kan, gekroond, met bloemetje. Bladspiegel met inkt. Prikgaatjes voor het schrijfkader bewaard. Katernsignaturen, deels afgesneden. Besnoeid boekblok (c. 1645?), bij het aanbrengen van een nieuwe band.

[65] Tekstuitgave van een groot deel van dit hs. in: Ampe 1963.

¶ SCHRIFT/VERLUCHTING: Littera gothica cursiva. Eén hand. Eerste regel below top-line. Correctie: doorhaling met zwart of rood, bijschrijven in de marge (vgl. 111v⁰-112r⁰), gecorrigeerde tekst tussen de regels.
Rubricatie van een onprofessionele hand. Rode onderstrepingen. Hoofdletters aangestreept met rood. Rode en blauwe paragraaftekens, evt. opengewerkt en opgevuld met geel, dan wel blauw. Fors uitgevoerde paragraaftekens (4-6 rr. hoog), uitgevoerd in rood en/of blauw, verticale balk opgevuld met geel.
Afwisselend rode en blauwe initialen (2-4 rr. hoog), in het oog van de letter opgevuld met geel, versierd met contrasterend resp. blauw en rood, de initiaaltjes zijn hier en daar opengewerkt. F. 258r⁰: blauwe initiaal (3 rr. hoog), in het oog van de letter geheel opgevuld met blauw.
Representanten met inkt. Vulling van het schrijfkader: opengewerkte rode balk (20r⁰).

¶ BAND: Heel perkamenten boekband op kartonnen platten, uit de zeventiende eeuw (na 1645). Afm.: 149x103x37 mm. Beduimeld voor- en achterplat, inktvlekken, wormgaatjes in het perkament. Perkamenten rugbeleg. Bestoken kapitaalbindingen. Resten van een zeventiende-eeuwse rugtitel met inkt? Thans onleesbaar. Rood gesprenkelde snede. Bepaalde kleine verkleuringen en lijmsporen op de zijkant van enkele bladen verraden de vroegere aanwezigheid van klavieren (vgl. 185r⁰-v⁰).

¶ GESCHIEDENIS: Provenance niet bekend.
Op 56v⁰ staat in de hand van de kopiist het volgende (met rood onderstreept): 'Lees om Gades wijllen een pater noster en Ave Marija foer (!) den schrijever amen'. Daaronder in rood in een andere, contemporaine hand (in de hand van de rubricator?): 'Item een Ave Maria voer den verlichter'; vgl. ook BAARDA/HERMANS 1992, 28, afb. 7 (56v⁰). Zie afb. 22.
F. 173v⁰-174r⁰ (bovenmarge): penneproefjes van een andere, contemporaine hand (herhalen eerste regel in de kolom).
In een andere laat zestiende-eeuwse hand (49v⁰, ondermarge), als aanvulling (in het Latijn) op de *substancije van broet ende wijn* (transsubstantiatie): 'Dogma datur Christianis quod in carnem transit panis et vinum in sanguinem sub diversis speciebus signis tantum et non rebus, latent res eximiae'.
Olim: jezuïetenhuis in de Hollandse Zending. In de ondermarge van 25v⁰ staat het volgende (deels afgesneden) tijddicht over Mutius Vitelleschi, zesde generaal overste der jezueten: 'Mutius Vitellescus sextus praepositus generalis societatis Iesu [] vixit [] igitur [] M LLL CCCC XX VVVVVVVVVVVV IIIIIIIIIIII'. In de aantekening is zijn sterfjaar (1645) in Romeinse cijfers verwerkt. Vgl. BAARDA/HERMANS 1992, 54-55, afb. 22.
Olim: Gerrit van Orden, hs. 13. Door hem gelegateerd aan het PGNB.

¶ SIGNATUUR: Oude nummers: 487, 647.

LITERATUUR. — a) In: *Cat. PGNB Oorkonden/Handschriften 1875*, 126, nr. 487; *Cat. PGNB Oorkonden/Handschriften 1900*, 249, nr. 647; DE VREESE 1962, 103, nr. 27,17, 104, nr. 27,37; AMPE 1963, 52, nr. 3 en 61, bijlage (als basis voor de tekstuitgave [o.m. varianten uit dit hs. KHS 20, in de bijlage geciteerd als H3]); AMPE 1964-1, passim, met afb. van 56v⁰-57r⁰ (na p. 240). Een codicologische beschrijving van hs. KHS 20 op de p. 225-228; AMPE 1964-2, 18, nr. 12 (Vijf-Gaven-tekst), 32-33, nr. 2 (preek Koenraad van St. Joris); LINGIER 1990, 332, noot 37; BAARDA/HERMANS 1992, 54-56, cat. 11 (afb. 22 [ondermarges 25v⁰-26r⁰]); *Tent. Cat. Brabant te Boek 1992*, 8, cat. 11.

De identificatie van het overgrote deel van de teksten in KHS 20 is gebaseerd op het artikel uit 1964 van pater Ampe.
b) Over het *Hofken van Devocien*: AMPE 1954.
Over de Schrijfster van de *Evangelische Peerle*: AMPE 1951; *Tent. Cat. Figuren en Facetten 1984*, 332-335, cat. 125.
Voor de *Limburgse Sermoenen*: DESCHAMPS 1972, 257-259 (lit.).
Voor de eucharistische preken van Koenraad van St. Joris: AMPE 1964-2, 31-34.
Over Mutius Vitelleschi (1563-1645): BE, vol. 19, 662.
Voor G. van Orden: lit. bij cat. I,7.

I,21 PASSIEVERHAAL EN SACRAMENTSGEBEDEN KHS 21

Olim: 648

Papier. (iii)+146+(i) ff. Afm.: 140x97-98 mm. 19-22 regels, geschreven over de volle bladspiegel. Brabant ('s-Hertogenbosch?). Overgang vijftiende, zestiende eeuw. *Afb.* 23

PASSIEVERHAAL EN SACRAMENTSGEBEDEN (folia 1-142). In het Middelnederlands.
F. 1-56: [DEN ROESENGAERT VANDEN LIJDEN ONS HEREN]. Passieverhaal met oraties. De tekst wordt afgesloten met twee gebeden en een oratie ($53v^0$-56). De tekst van de *Roesengaert* komt ook voor in twee andere verzamelhandschriften (Utrecht, Catharijneconvent; olim: Haarlem, coll. Bisschoppelijk Museum, hss. 96 en 101). Zie: KRUITWAGEN 1913, resp. 77, nr. 10 ($202r^0$-$231v^0$), 86, nr. 8 ($48r^0$-$76v^0$). Rubr.: *Hier beghijnt den roessengaert vanden lijden ons Heren.* Inc.: *O Heere Ihesu Christe milde sloteldrager der verborgender scatten der onbegripeliger rijcheit Gods...* Expl.: *Ende dat ons nemmermeer also wel noch alsoe wee en moet worden dat wij sijnre vergeten amen.*
F. 57-80: sacramentsgebeden voor de Lijdensweek. Rubr.: *Dit machmen oeffenen myn of meer nae dien dat die H. Geest werct als gij ten H. Sacrament gaen wilt.* Inc.: *Soe geeft u inder missen als gij misse hoert in die passie...* Expl.: *O Heer hude[n]* (?) *begeer ic te ontfaen u gebenedide Godheit tot sekerheit des ewigen levens amen.*
F. 81-88: niet-liturgische sacramentsgebeden. Rubr.: *Hier begijnt een goet ghebet vanden Heilighen Sacrament leest des saterdaechs alstu des sondaechs wilt gaen.* Inc.: *Here lof ende danckbaerheit sidi o hoge coninck der engelen...* Expl.: *...ende reijnige mi van alle dyngen die du niet en biste.*
F. 89-142: communiegebeden voor en na de communie, voor de hele gang rond het ontvangen van het Allerheiligste, met oraties. De twee laatste communiegebeden bevatten een duidelijke aanwijzing dat het veelvuldig ontvangen van de sacramentele communie aan het einde van de vijftiende en het begin van de zestiende eeuw nog niet gebruikelijk was. Van abt Johannes de Fécamp (?-1078)?:

Summe sacerdos et vere pontifex. Vgl. MEERTENS 1930-34, vol. 3, 58. Rubr.: *Hier beghijnt een goet ghebet als men ten Heiligen Sacrament wil gaen.* Inc.: *O overste priester ende ghewaer bisscop Heer Ihesu Christe...* Expl.: *En moet dat mi wil gonnen die Vader die Soen die H. Geest.*

¶ BOEKBLOK: Papier met begin van inktvraat, vochtschade. F. 1 is sterk beduimeld. Oudere potloodfoliëring: 1-142. Recentelijk met potlood aangevuld: 143. Twee bladen zijn recentelijk met potlood gefolieerd (1*-2*). Boekblok gebonden op naaibanden (touwen). Collatieformule: 1^{8+3}(drie [schut]bladen voor 1), $2\text{-}3^{8}$, 4^{12}, $5\text{-}6^{10}$, $7\text{-}13^{8}$, 14^{6}, $15\text{-}16^{8}$, 17^{8+1} (één [schut]blad na 8).
Watermerken: haantje in een wapenschild, met tekstband: S. Nivelle (vgl. BRIQUET 1923, nr. 4485); éénarmige kan, met monogram (SPO?). Schrijfkader aangebracht met loodstift. Katernsignaturen, deels afgesneden. Prikgaatjes hier en daar nog zichtbaar, afgesneden. Besnoeid boekblok.

¶ SCHRIFT/VERLUCHTING: Littera gothica cursiva formata. Drie onderscheiden handen; hand 1: 1-56; hand 2: 57-118, 127-142; hand 3: 119-126. On top-line.
Gerubriceerd. Rode opschriften, sporadisch buiten het schrijfkader ($73r^0$). Hoofdletters met rood aangestreept. Zwarte hoofdletters geheel met rood gehoogd. Enkele rode hoofdletters. Fraai kopje en profil aan de stok van de letter h (*here*) op $104v^0$. Cadellen (eerste en laatste regel van het blad). De rubricatie (aanstrepingen) werd niet uitgevoerd op de folia $120v^0$-126.
Onversierde rode en blauwe initiaaltjes (2-3 rr. hoog), maar niet consequent om en om. In de blauwe initiaal op $101r^0$ is met blauwe verf een klein kruisje geschilderd.
Blauw geschilderde initiaal (4 rr. hoog), met zwart uitlopend penwerk versierd (verbleekt), beschadigd ($1r^0$); BAARDA/HERMANS 1992, 57, afb. 23. Initiaalveld afgezet met een gedegenereerde parelrand en halve bollen (met groen en bladgoud opgevuld). Penwerk: enkelvoudige dubbele basislijn, met aangehechte onderbroken krommen uitlopend in bladeren en penwerkstaartjes, krommen bezet met een gedegenereerd parelrandje, in het midden een 'stralend' half bolletje in bladgoud. In de bovenmarge een aangehechte golvende aardbeienrank met twee bloemen (één in knop, één in bloei) en een aardbei. Bladeren opgevuld met groene verf. De knoppen van de bloemen zijn opgevuld met rood-oranje. In de ondermarge twee gekruiste 'afgeplukte' bloemstengels (beschadigd). Stengels en loofwerk in groen, de bloemen zelf zijn geschilderd in resp. blauw en rood. Zie afb. 23.
Representanten met zwart en rood.

¶ BAND: Gerestaureerde boekband (na 1933). De oorspronkelijke boekband moet voorlopig worden toegeschreven aan de Broeders van het Gemene Leven te 's-Hertogenbosch (Gregoriushuis). Afm.: 149x109x27 mm. Overstekende houten platten met leer overtrokken. Voor- en achterplat van de oorspronkelijke boekband behouden.
Bandvlak gedecoreerd met blinde stempels en twee paneelstempels. Kaders met fileten. Blinde stempels: bladornament, ruitvormig, breedte: 34 mm, boven en onder het paneel; gekroond klimmend leeuwtje in een ruit, 17x13 mm, in de vier hoeken van de beide platten; Franse lelie, in een ruitje met geparelde rand, 12x8 mm, links en rechts van het paneel. Dezelfde blinde stempels als satellieten van het paneel op: Gent, UB, hs. 1052; vgl. VERHEYDEN 1933, afb. 4. Klimmend leeuwtje op: Utrecht, Catharijneconvent, hs. 19;

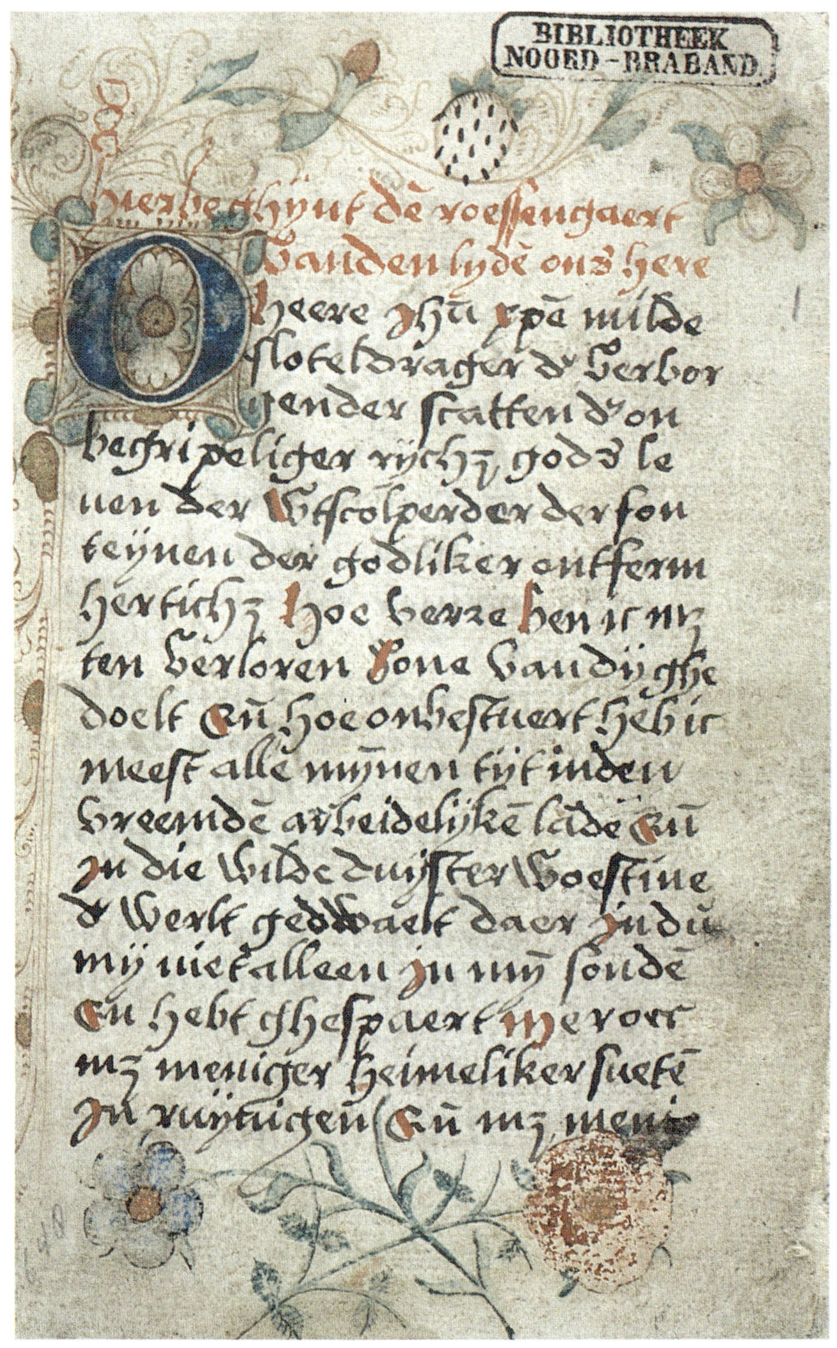

Afb. 23. – Tilburg, KUB, Bibliotheek, hs. KHS 21, f. 1r°.
(Copyright: B. Bergmans, AVC)

VERHEYDEN 1933, resp. afb. 5 en 7. Klimmend leeuwtje en Franse lelie in ruitje op: Leiden, UB, MNL, Ltk. 311; vgl. VERHEYDEN 1933, afb. 9. Middenveld versierd met paneelstempels, afgesleten. Op het voorplat (72x50 mm): voorstelling van de Onbevlekte Ontvangenis, Onze-Lieve-Vrouw-in-de-Zon, gekroond, op haar rechterarm het Jezuskind dragend, staand op een maansikkel. Met monogram (links- en rechtsboven): DF. Bandspreuk: *Ave Regina Celorum. Ave Domina Angelorum. Salve radix sancta. Ex qua mundo lux est orta*; RH nr. 2070. Vgl. BAARDA/HERMANS 1992, 32, afb. 10. Paneelstempel op het achterplat (73x49 mm): Hiëronymus, frontaal, met lange tot op de grond reikende mantel en met kardinaalshoed, opengeslagen boek in de rechterhand, in de linkerhand de kruisstaf, links van hem een opspringend leeuwtje. Tafereel gepresenteerd als een venster. Monogram (links- en rechtsboven): DF. Hiëronymus rechts geflankeerd door een ranke steel met bloem. Bandspreuk: *Salve pater flos doctorum. Salve flos decusque morum inclite Iheronime respice finem*; vgl. RH nr. 18106. Identieke paneelstempels op: Tilburg, KUB, bibliotheek, hs. KHS 8; Nijmegen, UB, hs. 310 (olim: Wittem, redemptoristenklooster, hs. 10). Vgl. *Tent. Cat. Boekbanden 1930*, 181-182, cat. 262; VERHEYDEN 1933, 215-219 (paneelstempels), 219 (blinde stempels), verder afb. 1 en 2; *In Buscoducis 1450-1629*, vol. 1, 145, cat. 81 (=Nijmegen, UB, hs. 310); BAARDA/HERMANS 1992, 32, afb. 9. Het paneelstempel met Onze-Lieve-Vrouw-in-de-Zon verder in het zgn. 'Douce-scrapbook', nr. 44 (Oxford, Bodleian Library); VERHEYDEN 1940-42, 43, afb. bij 43.
Vijf ribben. Aangeplakte kapitalen (aangebracht bij restauratie). Sporen van sluitstukken. Papieren dek- en schutbladen aangebracht bij de restauratie; voorin in de kneep thans opnieuw opengescheurd.

¶ GESCHIEDENIS: Herkomst niet bekend. Het boek is hoogstwaarschijnlijk gebonden te 's-Hertogenbosch (Broeders van het Gemene Leven, Gregoriushuis).
Aangekocht door C.R. Hermans uit de nalatenschap van A.W. Nobelen, pastoor te Utrecht (mededeling in Tilburg, KUB, bibliotheek, hs. KHS D122, nr. 6; vgl. *Over Brabant geschreven*, vol. 2 (Archivalische Bronnen), cat. II, 544.
In het bezit geweest van Gerrit van Orden. Door hem gelegateerd aan het PGNB; vgl. HPGNB, jrg. 1855, 33, nr. 6. Enkele etymologische aantekeningen van Hermans op het woord *werscapcleet* (93v^0).

¶ SIGNATUUR: Oud nummer: 648.

LITERATUUR. — a) Notities van C.R. Hermans m.b.t. KHS 21 in: *Over Brabant ge-schreven*, vol. 2 (Archivalische Bronnen), cat. II,544, nr. 6. Het handschrift wordt vermeld in: HPGNB, jrg. 1855, 33, nr. 6 (=HERMANS 1855); *Cat. PGNB Oorkonden/ Handschriften 1900*, 249, nr. 648; KRONENBURG 1904-11, vol. 4, 387, noot 3 en 462; *Tent. Cat. Boekbanden 1930*, 181-182, cat. 262; VERHEYDEN 1933, 218, nr. 1 (foto [ongerestaureerde] boekband: afb. 1 en 2 [voor- en achterplat]). Verder in: BAARDA/ HERMANS 1992, 56-58, cat. 12 (afb. 23 [1r^0]); *Tent. Cat. Brabant te Boek 1992*, 8, cat. 12.
b) Voor de eucharistische vroomheid in de Nederlanden raadplege men: CASPERS 1992.
Voor de Bossche fraters: lit. bij cat. I,8.
Voor het 'Douce-scrapbook': VERHEYDEN 1940-42, 42, noot 1.
G. van Orden: lit. bij cat. I,7.
C.R. Hermans: lit. bij cat. I,8.

I,22 DIURNALE (PARS HIEMALIS) KHS 22
Olim: 649

Perkament. i+162+i folia. Afm.: 96-97x65 (65-66x44) mm. 19 regels, geschreven over de volle bladspiegel. Zuidelijke Nederlanden. Cuijk, kruisherenklooster St. Agatha? Tweede helft, wellicht laatste kwart vijftiende eeuw. *Afb.* 24

DIURNALE: PARS HIEMALIS (folia 2-163r^0). In het Latijn.
F. 2-6: kalender van het bisdom Keulen, winterdeel (dec. t/m apr.). Vermeldenswaard zijn de volgende feestdagen: O Sapientia (16.12), Antonius (17.1; in rood), Julianus (27.1), Dorothea (7.2) en Thomas Aquinas (7.3). De kalender bevat de traditionele gulden getallen (iii/xi/xix etc.); vgl. OBBEMA 1991, 132.
F. 7-69r^0: Proprium de Tempore, winterdeel, gaande van de eerste zondag van de Advent tot en met Paaszaterdag. Rubr.: *Dominica prima adventus Domini sabbato procedenti ad vesperas antiphonas.*
F. 72-119: Psalterium feriatum, in de niet-numerieke Romeinse weekordening. Rubr. (72r^0): *Communes psalmi ad laudibus.* F. 94v^0 bevat de volgende tekst in rood: *Octo versus psalterij revelati sancto Bernardo a dyabolo quorum valor creditur esse tantus legenti ut totum psalterium dixisse se gaudeat.* Gevolgd door genoemde teksten.
F. 120-138r^0: Commune Sanctorum. Rubr.: *In communi apostoli vel apostoliorum seu unius evangeliste ex tempus paschale. Ad vesperas super psalmos an.* Bevat onder meer het formulier voor het officie van het H. Kruis.
F. 139r^0-163r^0: Proprium Sanctorum. Cotidie per octavo fiat Memoria de Sancto Andrea (eerste formulier op 140r^0-v^0). Het Sanctorale bevat onder andere formulieren voor de volgende heiligen: Julianus, Dorothea (6.2), Apollonia (9.2), Albinus (1.3), Thomas Aquinas (7.3) en Gertrudis (17.3).

¶ BOEKBLOK: Perkament, met aanzienlijke vochtschade. Oudere potloodfoliëring: 1-163, recentelijk met potlood aangevuld: 164. De f. 1, 69v^0-71, 81r^0, 138v^0 en 163v^0 zijn blanco. De folia 20 en 21 zijn in de bovenmarge verminkt door inscheuren. Contemp. schutbladen. Perkamenten dekbladen vernieuwd (aangeplakt op 1r^0 en 164v^0).
Collatie: 1^6, $2\text{-}9^8$, 10^{10}, $11^{8\text{-}1}$(de [wsch. blanco] wederhelft van f. 87 ontbreekt), $12\text{-}16^8$, 17^{10}, $18^{10\text{-}1}$ (mist 10), 19^8, 20^{10}.
Bladspiegel en liniëring met inkt. De prikgaatjes voor de aflijning en liniëring zijn grotendeels bewaard gebleven. Katernsignaturen met inkt, steeds aangebracht over de eerste helft van ieder katern, rechtsonder, deels afgesneden. Besnoeid boekblok.

¶ SCHRIFT/VERLUCHTING: Littera gothica hybrida formata. Eén hand. Below top-line. Verluchting in twee stijlen. Rubricatie. Rode opschriften. Rode onderstrepingen. Hoofdletters met rood aangestreept. Rode en blauwe paragraaftekens. Afwisselend rode en blauwe hoofdletters (1-2 rr. hoog), evt. opengewerkt.
Rode en blauwe J-initialen in margine, evt. omgeklapt.

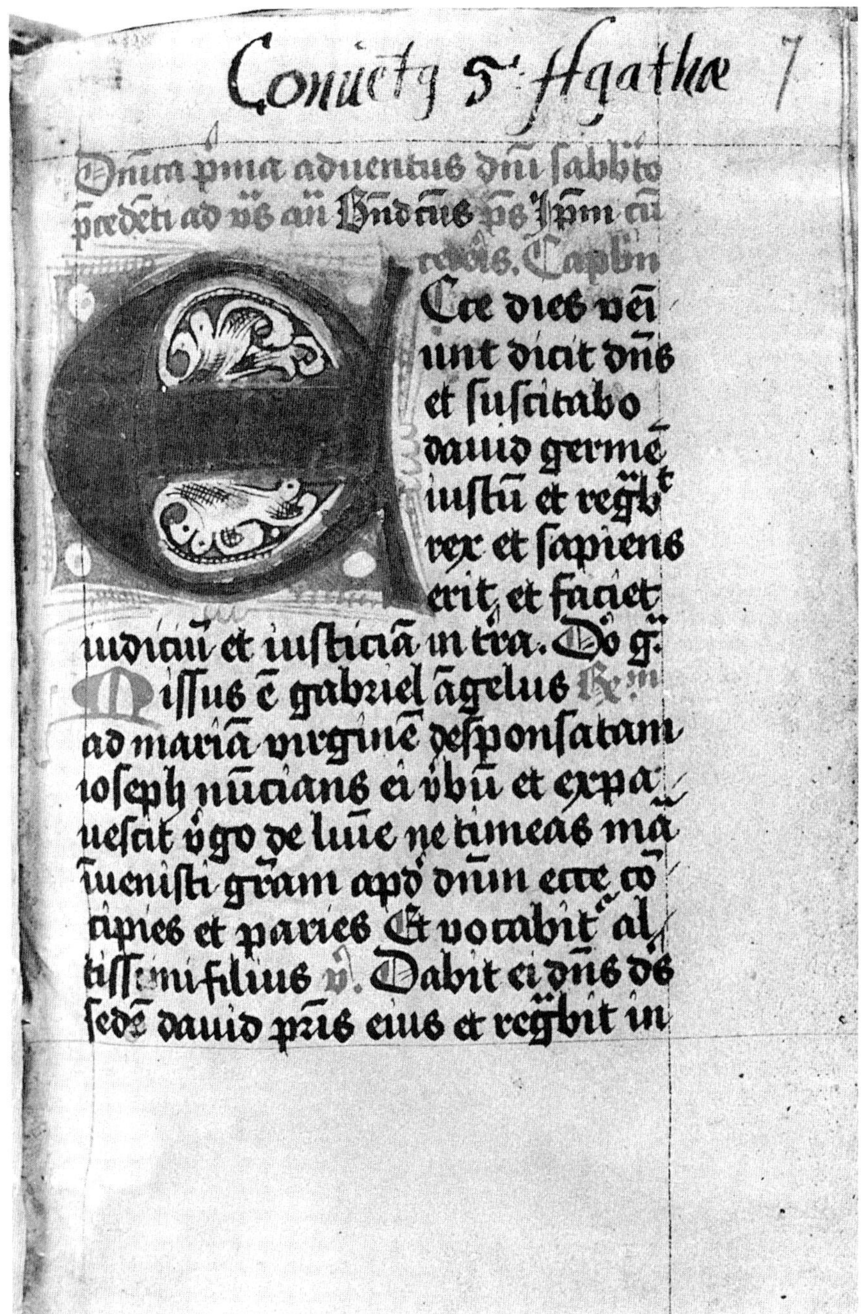

Afb. 24. – Tilburg, KUB, Bibliotheek, hs. KHS 22, f. 7r°.

Vier blauwe initialen (5 rr. hoog), evt. opengewerkt, in een rood penwerkkader (81v^{0}, 86v^{0}, 89r^{0}, 92r^{0}). In het initiaalveld en het oog van de letter versierd met blad- en siermotieven (bladeren met omkrullende lobben [m.n. 86v^{0}]), rommelige penwerkuitstraling met rood (arcering, schaduwwerking), opvulling met groene inkt. Penwerk loopt uit in margine (enkelvoudige lijnen, uitgebreid met losse pennestreken [golfjes]). Initiaaltjes met bladgoud (3 rr. hoog), geplaatst op een lichtblauw geverfd fond, initiaalveld gedecoreerd met zeer eenvoudig uitlopend blauw penwerk (104v^{0}, 108r^{0}, 111v^{0}, 123r^{0}, 129r^{0}). In het oog van de letter eventueel opgevuld met blad- en bloemmotiefjes. Het initiaaltje op 129r^{0} is alleen afgewerkt (grof) met zwarte inkt (wellicht aangebracht door een latere hand).
Grotere initialen van bladgoud (3-8 rr. hoog), geplaatst op een lichtblauw geverfd fond, versierd met eenvoudig uitlopend blauw penwerk (7r^{0}, 20r^{0}, 72r^{0}, 76r^{0}, 96r^{0}, 99r^{0}, 100v^{0}, 102v^{0}, 116v^{0}, 120r^{0}, 139r^{0}, 142r^{0}, 149v^{0}). Significant aan dit penwerk is een regelmatig terugkerende groep (gedegenereerde) bolletjes met korte verticale penwerkuitstraling aan de bovenzijde van het initiaalveld. In het oog van de letter opgevuld met uitgespaarde gestileerde blad- en bloemmotieven (sterk krullende acanthusachtige bladeren: opgezet met zwarte inkt [schaduwwerking, arcering]; roset). De initiaal op 96r^{0} is geplaatst op een initiaalveld van zwarte inkt, blauw fond. Dito marginaal zwart penwerk. De initialen op 139r^{0}, 142r^{0} en 149v^{0} zijn sterk bedorven door vochtschade.
Representanten voor de opschriften met zwarte inkt.

¶ BAND: Geheel vernieuwde boekband (Oosterhout, St. Catharinadal, 1954). Afm.: 105x73x38 mm. Overstekende afgeschuinde houten platten met leer overtrokken.
Platten versierd met rol- en blindstempeling. Kaders met filetlijnen. Bandvlak: middenveld door dubbele diagonale lijnen in acht driehoeken en vier ruiten, losse velden gedecoreerd met blinde stempels (in de driehoeken: roset rond 'losse' knop, met zes blaadjes: diam. 4 mm; in de ruiten: Franse lelie: ruitvormig, 12 mm; draak, naar links gewend: ruitvormig, 16-17 mm). Het middenveld grenst links (voorplat) en rechts (achterplat) aan de kneep. Boven, onder en aan één zijkant begrensd door geblindstempelde borders (alternerend: Franse lelie: zie boven; adelaar, naar links gewend: c. 10 mm.
Boekblok bevestigd op drie naaibanden (touwen). Ribben met koorden geprofileerd. Zadelsteekkapitalen. Perkamenten klaviertjes, deels groen geverfd. (Vernieuwde) klampsluitingen: twee penmuiters, twee klamparmen, sluitlippen, vijfhoekige borgplaatjes.

¶ GESCHIEDENIS: Herkomst niet bekend. Olim: kruisherenklooster St. Agatha te Cuijk. In de bovenmarge van 7r^{0} bevindt zich de volgende inscriptie met zwarte inkt (zestiende-eeuwse hand): 'Conventus s. Agathae'. Het handelt hier om een eigendomsinscriptie van Gerardus Golt, prior van het Agathaklooster (1647-71); mededeling van pater T. Elsen, huidig bibliothecaris van St. Agatha, aan Dr. J.M.M. Hermans (Rijksuniversiteit Groningen). Vgl. BAARDA 1993. Het handschriftje moet derhalve in de zeventiende eeuw nog in Cuijk zijn geweest.
In het bezit geweest van de collectioneur Gerrit van Orden (als hs. 2). Het handschrift werd door hem gelegateerd aan het PGNB; vgl. HPGNB, jrg. 1855, 33.

¶ SIGNATUUR: Oud nummer: 649.

LITERATUUR. — a) In Tilburg, KUB, bibliotheek, beschr. PGNB, hs. KHS 22. Verder: HPGNB, jrg. 1855, 33, nr. 2 (=HERMANS 1855); VAN DEN BOSCH 1974, 631, noot 324;

IMDC, 45; BAARDA/HERMANS 1992, 58-59, cat. 13 (afb. 24 [7r^{0}]); *Tent. Cat. Brabant te Boek 1992*, 8, cat. 13.
b) Voor het kruisherenklooster St. Agatha (Cuijk): HERMANS 1858, passim; *Monasticon Batavum 1941-42*, vol. 2, 8-9; DOUMA 1971; DOUMA 1972, viii-xxii. De bibliotheek van het Agathaklooster komt ter sprake in: VAN DEN BOSCH 1974, 629 en 631-632, m.n. noot 324. Bevat een uitgebreide opgave van literatuur omtrent bibliotheek en scriptorium. Voor G. Golt: HERMANS 1858, vol. 4, 139, nr. 36 (necrologium); BAARDA 1993.
G. van Orden: lit. bij cat. I,7.

I,23 PS. BONAVENTURA-TRAKTATEN KHS 23
Olim: 650

Papier, aangevezeld. (v)+52+(v) ff. Afm.: 144-145x102 (c. 100x70) mm. 26-28 regels, over de volle bladspiegel. Midden vijftiende eeuw. *Afb.* 25

TWEE THEOLOGISCHE PS. BONAVENTURA-TRAKTATEN. In het Latijn.
S. BONAVENTURA (dubium), SPECULUM DISCIPLINAE AD NOVITIOS (folia 5-26). Excerpten uit de partes I (cap. 1-6, 9-10, 12-13, 15, 17, 19, 21-26) en II (1-4). Hier toegeschreven aan BONAVENTURA, maar elders ook vaak aan BERNARDUS A BESSA (?-c. 1300/1304). Vgl. DISTELBRINK 1975, 193-194, nr. 216. Rubr. (begin van de proloog): *Prologus de excerpto ex speculo disciplinari domini Bonaventura cardinali incipit feliciter*. Inc. van de proloog: *Ad honesta tendentes imprimis necessarium habent.*. Inc. van de tekst: *Deponendus est secundum apostolorum vetus homo...* Expl.: *...et honor et gloriam in secula seculorum amen.*[66]
MATTHEUS DE CRACOVIA, TRACTATUS DE CONFESSIONE, of: SPECULUM VERAE CONFESSIONES, of: CONFESSIONALE SEU LIBELLUS PEROPTIMUS DE MODO CONFITENDI ET DE PURITATE CONSCIENTIAE CUILIBET CONFESSORI (folia 28-56). Ook toegeschreven aan BONAVENTURA en THOMAS AQUINAS (hier aan de laatste). Vgl. BLOOMFIELD 1979, nr. 4945; het handschriftje wordt daar niet opgegeven. Rubr.: *Incipit libellus de puritate conscientiae et de modo confitendi magistri Thome de Aquino*. Inc.: *Quoniam fundamentum et ianua virtutum omnisque gracie ac spiritualis consolationis principium est conscientie puritatem...* Expl.: *...qui divit et regnat Deus amen.*[67]

¶ BOEKBLOK: Op 28 één bladnummer van een oudere hand (met paars potlood): 24. Moderne potloodfoliëring: 1-60. De f. 1-4 en 27 zijn blanco. Moderne papieren dek- en schutbladen. Na 56 zijn drie bladen verminkt door uitsnijden.

[66] Tekstuitgave: S. BONAVENTURA ed. 1882-1902, vol. 8, 583-622; *Selecta pro instruendis Fratribus 1942*, 275-422.
[67] Tekstuitgave: S. BONAVENTURA ed. 1866, vol. 7, 559-582.

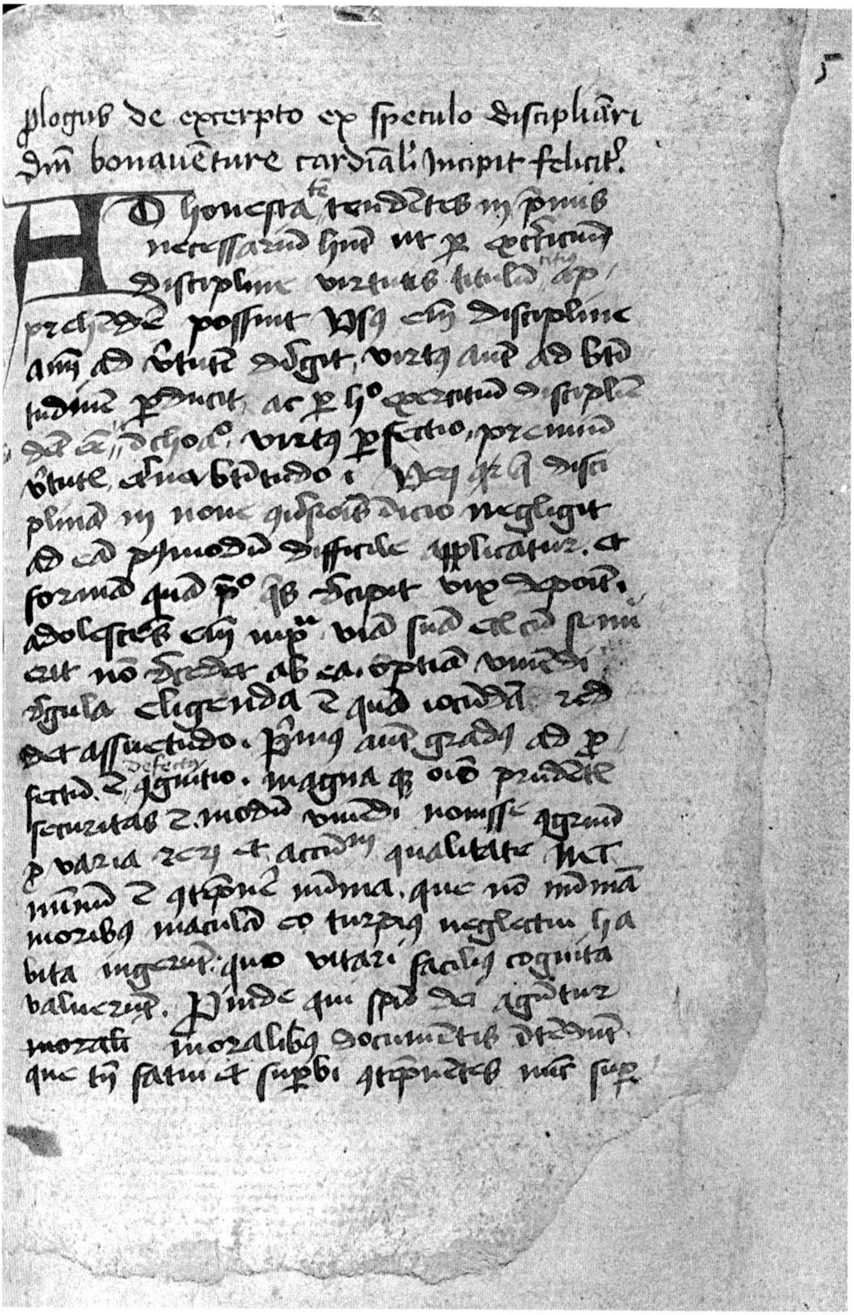

Afb. 25. – Tilburg, KUB, Bibliotheek, hs. KHS 23, f. 5r°.

Het boek is bij restauratie te strak ingebonden zodat de samenstelling van de katernen niet meer is vast te stellen.
Watermerken: anker, met kruisje, op de kop; gekroond wapenschild met drie Franse lelies. Resten van een schrijfkader met loodstift. Prikgaatjes voor de bladspiegel bewaard. Resten van reclamanten, rechtsonder op het verso van het laatste blad, goeddeels afgesneden. Besnoeid boekblok.

¶ SCHRIFT/VERLUCHTING: Littera gothica cursiva libraria (hand 1) en hybrida formata (hand 2). Hand 1: 5-26; hand 2: 28-56. Below top-line. Correctie: aanvullingen of wijzigingen bijschrijven tussen de regels of in margine, expungeren en doorhalen met rood. Gerubriceerd. Zwarte opschriften met rood onderstreept. Rode opschriften en paragraaftekens. Hoofdletters met rood aangestreept. Rode onderstrepingen, m.n. de namen van auctoritates. Rode hoofdletters.
Onversierde rode initialen (2-3 rr. hoog). Rode J-initialen in margine. Regelvulling met rood op 56v^{0}: gevlochten balk, rechts uitlopend in een klein trifolium.
Representanten voor de initiaaltjes met zwarte inkt, deels overgeschilderd. Idem forse representanten voor de rubrieken, onderaan de bladzijde, deels verloren door afsnijden.

¶ BAND: Geheel vernieuwde boekband. Gerestaureerd in 1963 in het Kunstatelier St. Catharinadal (Oosterhout). Afm.: 162x118x25 mm. Overstekende afgeschuinde houten platten met leer overtrokken.
Borden versierd met blindstempeling. Kaders met fileten. Centraal middenveld: grotere rechthoek, met daarin twee kleinere rechthoekjes boven elkaar. De kleinere rechthoeken zijn door dubbele lijnen verdeeld in vier driehoeken. Binnen- en buitenkaders versierd met blinde stempels. Verzonken grepen aan drie zijden. Drie ribben, met koorden geprofileerd. Zadelsteekkapitalen. Moderne klampsluitingen: twee pijlvormige penmuiters, twee klamparmen, sluitlippen, twee borgplaatjes. Rood geverfde snede (resten).

¶ GESCHIEDENIS: Herkomst niet bekend.

¶ SIGNATUUR: Oud nummer: 650.

LITERATUUR. — a) In *Cat. PGNB Oorkonden/Handschriften 1900*, 248, nr. 650. Het traktaatje van Bonaventura wordt daar abusievelijk geïdentificeerd als 'epilogus'.

I,24 OBSEQUIALE KHS 24
Olim: 668

Gebruikshandschrift. Papier. (i)+52 folia. Afm.: 202xc. 146 (140xc. 90) mm. Cuijk, kruisherenklooster St. Agatha. Derde kwart zestiende eeuw: 1555 (in de hand van de kopiist: *altera Brictii*; cf. 51r^{0}). *Afb.* 26

OBSEQUIALE: VISITATIO AEGROTANTIUM IN USUM MONASTERII S. AGATHAE (folia 1-51r^{0}). In het Latijn.

F. 1-2: Obitus fratrum, over de periode 1435-1557. Vermeerderd met aanvullingen van een vroege achttiende-eeuwse hand over de jaren 1590-1723 ($2v^0$). Rubr.: *Nomina fratrum conventualium defunctorum, monasterij dive Agathae, quae quidem inveniri potuerunt* Inc.: *Venerabilis pater Emundus prior sancte Agathe, qui diffinitor fuit capituli generalis anno Domini .1416. ...*
F. $5\text{-}6r^0$: *Nomina fratrum conversorum et donatorum defunctorum coenobij Dive Agathe* (rubr.). Lopende over de periode 1443-1558. Voor het jaar 1508 staat achter de namen van vijf overleden fraters achter een accolade nog de volgende notitie: *peste 1508*.
F. $8v^0$: Absolutio in Articulo Mortis. F. $9\text{-}11r^0$: Ordo ad Visitandum Infirmum Ungendum (=ritueel voor de bediening van het H. Oliesel), besprenkeling met wijwater, gebeden der stervenden, met oraties. Inc.: *Pax huic Domini.*
F. $11r^0\text{-}15v^0$: Septem Psalmi Poenitentiales (ps. 6, 31, 37, 50, 101, 129 en 142), oraties (vgl. MALHERBE 1951, 39), en absolutio. F. $17v^0\text{-}39r^0$: De Transitu Fratris (=Officium Commendationes), met Litanie, vijftien Boetpsalmen (ps. 119-133) en oraties, met zangwijze (Libera me Domine): voorbereiding op begrafenis en teraardebestelling.
F. $39r^0\text{-}40r^0$: De Modo recipiendi Extraneos ad Sepulturam (rubr. op $39r^0$). Inc.: *Quando aliquis extraneos in conventus* (doorgehaald) *nostro...*
F. $40r^0\text{-}51r^0$: Officium Mortuorum, met oraties en responsoria, met zangwijzen. Op $44r^0$ aangevuld door een andere, contemporaine hand.

¶ BOEKBLOK: Papier, inktvraat, enigszins beduimeld. Foliëring met een fijn potlood, aangebracht door een oudere hand: 1-52. Eén achttiende-eeuws schutblad recentelijk met potlood gefolieerd (f. 1*). De f. 3-4, $6v^0\text{-}8r^0$ en $51v^0$-52 zijn blanco.
Collatie: 1^{8+1}(ingeplakt schutblad voor 1), $2\text{-}6^8$, 7^4.
Watermerken: letter P, in een driehoek, met onder in een banderol de naam Pinette; vgl. BRIQUET 1923, nr. 8518 (1546-73); letter P, gekroond met bloemetje; één watermerk n.g. Bladspiegel en liniëring met loodstift (vgl. $4r^0$). Prikgaatjes voor de bladspiegel bewaard. Resten van katernsignaturen, goeddeels afgesneden. Besnoeid boekblok.

¶ SCHRIFT/VERLUCHTING: Littera gothica hybrida formata, afgewisseld met een cursiva libraria. Geschreven door één hand, met een voortreffelijk gevoel voor organisatie van de bladspiegel. Below top-line. De liber obitus met aanvullingen van een vroeg achttiende-eeuwse hand. Correcties: doorhaling met rood, enkele aanvulling met zwarte inkt in margine.
Gerubriceerd; oxydatie van het rubrum. Rode opschriften. Rood aangestreepte hoofdletters. Rode onderstrepingen (m.n. 1-2 en $5\text{-}6r^0$). Zwarte hoofdletters, met rood gehoogd (alleen gebruikt bij het Gregoriaans).
Muziekschrift in kwadraatnotatie, op 4-lijnige rode notenbalken ($35r^0\text{-}37v^0$, $40v^0\text{-}41v^0$, $42r^0\text{-}42v^0$).
Rode initialen (1 en 2 rr. hoog). Eén rode initiaal op $17v^0$ (2 rr. hoog) is niet uitgevoerd. Ook een andere (wellicht te decoreren?) initiaal (4 rr. hoog) op $11v^0$ werd niet aangebracht.

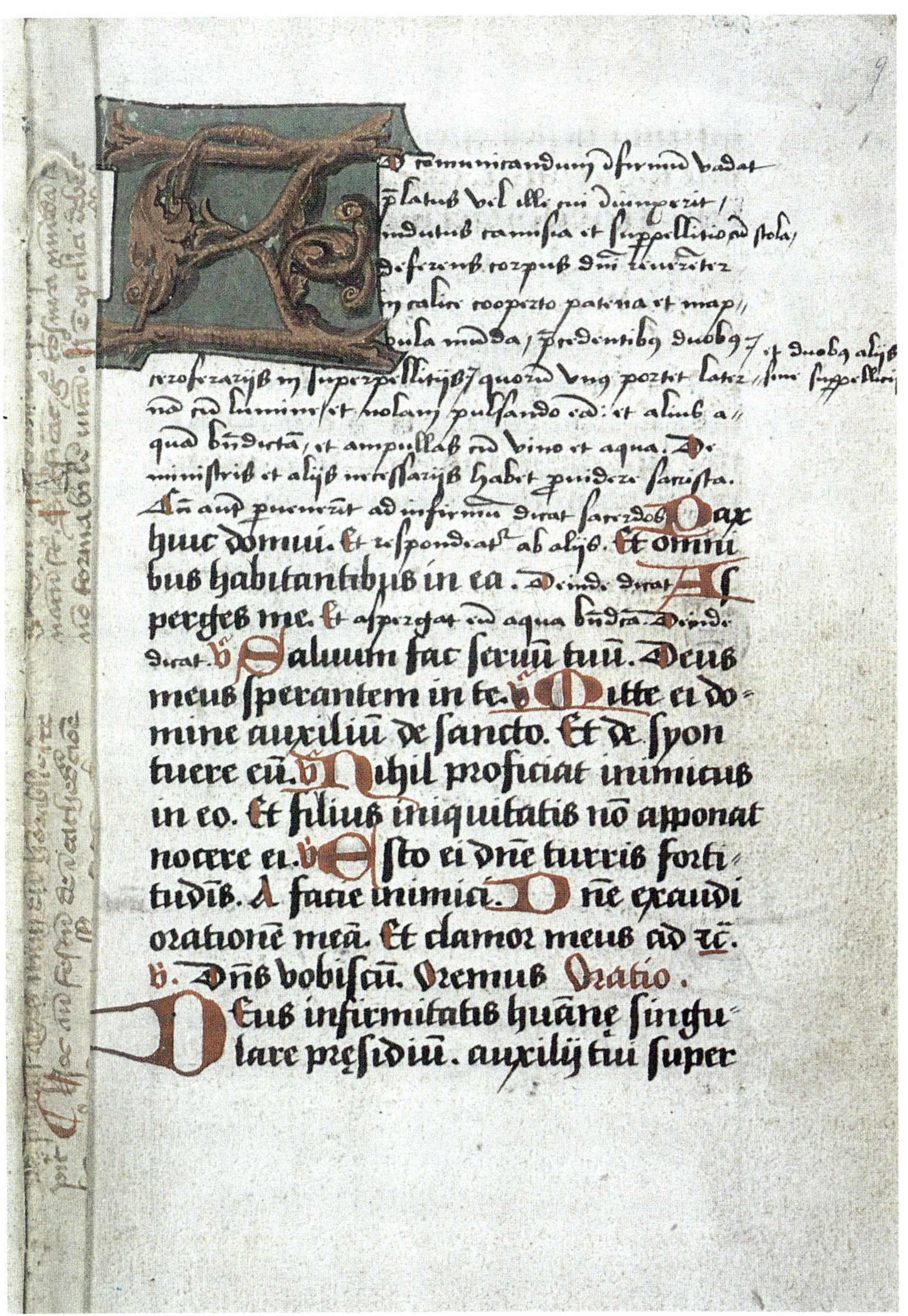

Afb. 26. – Tilburg, KUB, Bibliotheek, hs. KHS 24, f. 9r°
(Copyright: B. Bergmans, AVC)

Eén fraai gedecoreerde initiaal (6 rr. hoog) op 9r^0: geschilderde barokke hoofdletter A, trompe d'oeil-effect (houten takken, aangehechte acanthusbladeren), lichtbruin, schaduwwerking met zwart, met goud geaccentueerd, geplaatst op een olijfgroen fond (met zwarte inkt afgebiesd). De initiaal is in de linkerbovenhoek licht beschadigd. Zie afb. 26. Vgl. de gedecoreerde initiaal (uit 1518) in CMD-NL 2, nr. 335, pl. 614 (='s-Gravenhage, KB, hs. 78 A 32).

¶ BAND: Boekband aangebracht in de achttiende eeuw. Afm.: 208x152xc. 12 mm. Kartonnen platten met gemarmerd papier. De binnenzijden van de platten bevatten perkamenten resten van een ouder handschrift (zie: MACULATUUR). Leren rug, in slechte conditie (beschadigd, gebroken). Drie ribben, met koorden geprofileerd. Hoeken verstevigd met leer. Kanten zwaar geschonden.

¶ MACULATUUR: Twee veertiende-eeuwse fragmenten van een EXEGETISCH COMMENTAAR zijn in de achttiende eeuw door de binder gebruikt ter bekleding van de binnenzijden van de kartonnen platten. Huidige afm.: c. 155-158x200 mm. De breedte van de bladspiegel bedraagt 153 mm. Perkament. Latijn. Twee kolommen. Resten van een liniëring met inkt. Littera gothica hybrida formata. Gerubriceerd. Rode paragraaftekens. Rode aanstrepingen. Tekstcorrecties: doorhaling met rode inkt, rasuur. Het fragment op het voorplat is door een vroegere bezitter (i.e. de hertog van Sussex) bedorven door een opgeplakt ex-libris.

¶ GESCHIEDENIS: Vervaardigd in het kruisherenklooster St. Agatha te Cuijk. Het manuscript moet tot c. 1723 in dat klooster zijn gebleven.
Olim: Augustus Frederick (1773-1843), hertog van Sussex (ex-libris binnenzijde voorplat). Verworven door Dr. Sparrow Simpson, 'subdean of S. Paul's', op de AUCTIE-Augustus Frederick, 1844, nr. 505; vgl. ingeplakte notitie op 52r^0 en bijbehorende beschrijving: 'Visitatio aegrotantium in usum monasterii s. Agathae (Holland), containing the prayers for the anointing of the dying, liturgy at the graveside (cum notis), together with a register of the fathers and laybrothers of the convent from 1435 to 1557, and (more sparsely) to 1723, written on 50 leaves of vellum-like paper, sm. 4to, half old calf, early ms. end leaves. Saec. XVI'. Vgl. ook *Bibliotheca Sussexiana 1827*, part 1, 19, cxcv-cxcvi, nr. 143. Het handschrift werd door A.F.O van Sasse van Ysselt in 1925 geschonken aan het PGNB; vgl. HPGNB, jrg. 1916-27, 79.
Los ingestoken in het manuscript: klein papieren blaadje met vroeg achttiende-eeuwse aanvullingen op de liturgie van Allerheiligen. Opschrift (met zwarte inkt): 'In die Omnium Sanctorum: post vesp. defunctorum: fit processio cum cruce pro ambitum aspergente praelato aqua benedicta cantatur sequens resp. reverti in templum dictr. miserere cum V et collecta'. Gregoriaans. Kwadraatnotatie op gedrukte 4-lijnige notenbalken. Afm. van het blad: 148-150x178 mm. De hand lijkt identiek te zijn aan de hand die op 2v^0 enkele namen van overleden broeders heeft aangevuld.
In de handschriftencollectie van het PGNB bevindt zich een vroeg twintigste-eeuwse kopie van hs. KHS 24 (1-23v^0): hs. KHS C172. De rubricatie in hs. KHS 24 werd in deze kopie overgenomen.

¶ SIGNATUUR: Oude signatuur (niet-PGNB): VI.Hi12, 47.
Oud nummer: 668.

LITERATUUR. — a) In Tilburg, KUB, bibliotheek, beschr. PGNB, hs. KHS 24. Vermeld in HPGNB, jrg. 1916-27, 78-79; CMD-NL 2, nr. 331.
b) Over de Agenda Mortuorum (vóór 1614): MALHERBE 1951 (Luikse ritualia); KLEINHEYER/VON SEVERUS/KACZYNSKI 1984, 204-213.
Over het kruisherenklooster St. Agatha: literatuur bij hs. KHS 22. Lijsten met de namen van overleden fraters in: DOUMA 1972, vol. 1, 126-143, nr. 34-35.
Voor Augustus Frederick: CENB, vol. 1, 61.
Voor A.F.O. van Sasse van Ysselt (1852-1939) [=president Gerechtshof te 's-Hertogenbosch (1924-33), lid Tweede Kamer en vanaf 1929 lid Eerste Kamer der Staten-Generaal, lid PGNB): *Encyclopedie van Brabant 1985*, vol. 4, 12.

I,25 GENEALOGIE VAN JEZUS — KHS 25

Olim: 670

Papier. (iii)+i+252+iii ff. Afm.: 204x137-140 (165x95) mm. 26-30 regels. Matthias Brouwers van Aken voor Alken Anthonissen van Erp, birgittines in Mariënwater (Coudewater). Kruisherenklooster, 's-Hertogenbosch. Voltooid op 3 mrt. 1600. *Afb.* 27

LEVEN VAN JEZUS: 'GENEALOGIE OFTE AFCOMSTE ONS HEEREN JHESU CHRISTI' (folia 5-257r⁰). In het Middelnederlands. In 50 hoofdstukken (opgesomd in *Clairlieu*, vol. 18, 1960, 87). Rubr.: *Hier beghint die genealogie oft afcomste ons Heeren Jhesu Christi met veel soeter contemplatien. Dat eerste capittel.* Inc.: *Liber generationis Jhesu Christi filij David filij Abraham. Dit Heylich Evangelie beschrijft ons sinte Matheus...* Expl.: *...inden grave tot eenen troost der geloovigher menschen amen.*

¶ BOEKBLOK: Papier, in uitstekende staat, aantasting door vocht en inktvraat. Moderne potloodfoliëring: 1-260. Vernieuwde dek- en schutbladen. 4 en 259 zijn contemp. schutbladen. F. 259 is verminkt door afsnijden. Perkamenten scharnieren.
Collatie: 1^{4}(moderne papieren dek- en schutbladen, 1 geplakt onder 2), 2^{4+1}(mist 6 [blanco]), $3\text{-}33^{8}$, 34^{4+1}(als katern 2), 35^{4}(moderne papieren dek- en schutbladen, 4 geplakt onder 3).
Watermerk: gekroonde adelaar met uitslaande vleugels, met op de borst een kromstaf; vgl. BRIQUET 1923, nr. 1364 (1576-85). Resten van een schrijfkader en aflijning met loodstift. Prikgaatjes voor de liniëring bewaard. Rode en zwarte reclamanten. Katernsignaturen met zwarte inkt, middenonder. Besnoeid boekblok, met name aan de bovenkant en rechterzijde (afgesneden over de prikgatjes).

¶ SCHRIFT/VERLUCHTING: Littera gothica hybrida formata. Eén, geoefende hand. Eerste regel in de kolom geschreven below top-line. Correcties door wegraderen.
Sobere rubricatie. Rode opschriften.
Opengewerkte rode initiaaltjes (2-3 rr. hoog), onversierd.
Eén opengewerkte rode initiaal (5 rr. hoog), dito onversierd (5r⁰).
Opengewerkte J-initialen (41v⁰, 94v⁰), in de kolom (4-5 rr. hoog).

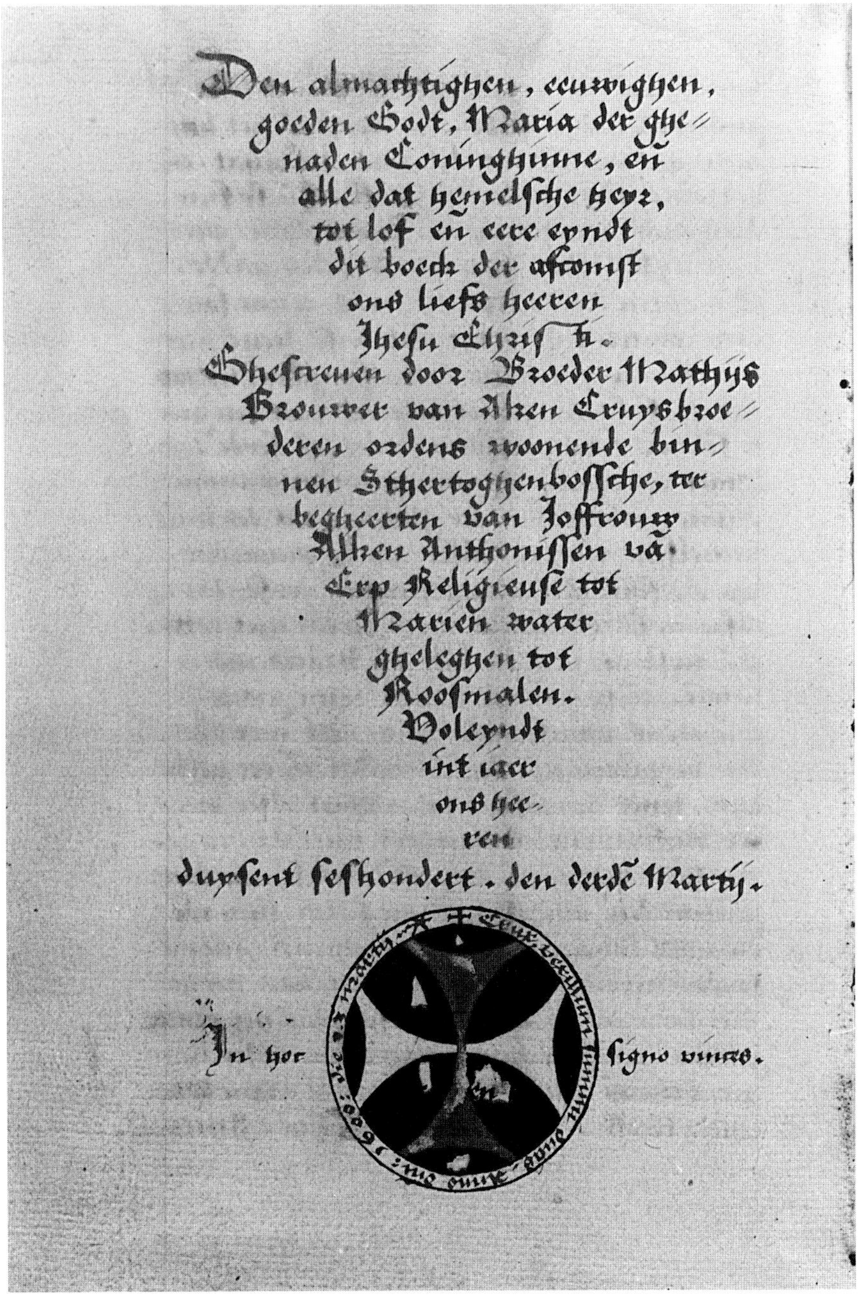

Den almachtighen, eeuwighen,
goeden Godt, Maria der ghe
naden Coninghinne, en
alle dat hemelsche heyr,
tot lof en eere eyndt
dit boeck der afcomst
ons liefs heeren
Jhesu Christi.
Ghescreuen door Broeder Mathys
Brouwer van Aken Cruysbroe
deren ordens woonende bin
nen Shertoghenbossche, ter
begheerten van Joffrouw
Alken Anthonissen vā
Erp Religieuse tot
Marien water
gheleghen tot
Roosmalen.
Voleyndt
int iaer
ons hee
ren
duysent seshondert. den derdē Martij.

In hoc signo vinces.

Afb. 27. – Tilburg, KUB, Bibliotheek, hs. KHS 25, f. 257v°.

(Copyright: B. Bergmans, AVC)

F. $46v^0$: rood kruisje in de lopende tekst. Regelvullingen met zwart en rood.
Te oordelen naar de lijmsporen op $200r^0$ heeft daar eertijds een (devotie)prentje opgeplakt gezeten.

¶ BAND: Gelijktijdige boekband, opgelapt. Gebonden in het jaar 1600. Afm.: 221x 149x55 mm. Voor- en achterplat alsmede een deel van de rug behouden. Overstekende afgeschuinde houten borden met leer overtrokken.
Borden versierd met blind- en goudstempeling. Voor- en achterplat met fileten verdeeld in een rechthoekig buiten- en binnenkader. Op de buitenhoeken van het binnenkader met goud gestempelde semi-florale bloemmotieven. Middenonder en -boven in het binnenkader zijn vier gouden bolletjes gegroepeerd in de vorm van een ruit. Centraal in de binnenste rechthoek een met goud gestempeld paneeltje (monogram jezuïeten): Christus aan het Kruis, met in drie kapitalen daaronder het Christusmonogram, in een ovaal, afgebiesd met een stralenkrans. Onder in de binnenste rechthoek op het voorplat is in goud het jaartal 1600 gestempeld, buitenkader en grepen dwars gestempeld met blindstempellijnen.
Verzonken grepen aan drie zijden. Boekblok op vier dubbele leren naaibanden. Oorspronkelijk met koordjes geprofileerd. Bestoken kapitaalbindingen. Klampsluitingen: twee taps toelopende koperen penmuiters met ciseleerwerk, twee koperen klamparmen met ciseleerwerk, leren sluitlippen, op het achterplat vastgezet met twee koperen nagels. Resten van een rood gesprenkelde snede. Groen leeslint.

¶ GESCHIEDENIS: Pro pretio (?) geschreven door Matthias Brouwers van Aken (?-1617), kruisheer te 's-Hertogenbosch, voor zuster Alken Anthonissen van Erp, birgittines te Mariënwater (Coudewater).
Uitgebreid colofon op $257v^0$ van zijn hand (in rood): 'Den almachtighen, eeuwighen, goeden Godt, Maria der ghenaden coninghinne, ende alle dat hemelsche heyr, tot lof ende eere eyndt dit boeck der afcomst ons liefs Heeren Jhesu Christi. Ghescreven door broeder Mathijs Brouwer van Aken cruysbroederen ordens woonende binnen stHertoghenbossche, ter begheerten van joffrouw Alken Anthonissen van Erp religieuse tot Marien water gheleghen tot Roosmalen. Voleyndt int iaer ons Heeren duysent seshondert. den derden martij'. Onder het colofon een rood-wit kruis op een zwart fond (kruisheren), met het volgende randschrift (in rood): 'Crux vexillum summi ducis. Anno Domini .1600. die .3 martij'. Aan weerszijden van deze afbeelding: 'In hoc/signo vinces'. Zie afb. 27.
In een necrologium van het Bossche kruisherenconvent komt op 27 aug. de volgende notitie over Matthias Brouwers van Aken voor: 'Obiit anno Domini 1617 dilectus confrater noster fr. Matthias Brouwers van Aquensis qui in supprioris ac sacristae officio laudabiliter atque fideliter se gessit'; vgl. HERMANS 1858, vol. 2, 340. Matthias Brouwers van Aken wordt ook genoemd als de auteur van een ander handschrift d.d. 7 feb. 1597 (Brussel, KB, hs. IV 202): *Een excellente Oeffeninghe van het Lijden ende Passie O.H.J.C. ende wordt ghenaemt het Cruysgebet*; vgl. *Clairlieu*, vol. 18, 1951, 89-90. Een andere *Excellente Oeffeninghe* (15 okt. 1610) van deze kruisheer in Leiden, UB, MNL, Ltk. 500. Volgens HERMANS 1858, vol. 18, 1960, 87 was de birgittines Alken Anthonissen van Erp (Aelken Thonis?) in 1595 29 jaar oud en pas na 1591 geprofest.
Olim: Van Ittersum (ingeplakt ex-libris binnenzijde voorplat).
Geschonken aan het PGNB in 1908 of 1909 door A.F.O. van Sasse van Ysselt; vgl. HPGNB, jrg. 1903-09, 172.

¶ SIGNATUUR: Oud nummer: 670.

LITERATUUR. — a) Een mededeling m.b.t. dit hs. in: *Clairlieu*, vol. 18, 1960, 86-87. Verder: Tilburg, KUB, bibliotheek, beschr. PGNB, hs. KHS 25. In: HPGNB, jrg. 1903-09, 172; OLSEN 1977, 107-108, nr. 114.
b) Voor Matthias Brouwers van Aken [=supprior in het Bossche kruisherenconvent]: HERMANS 1858, vol. 2, 320-359, nrs. 111-113; SCHUTJES 1870-76, vol. 4, 433; *Clairlieu*, vol. 8, 1951, 89-90, vol. 18, 1960, 86-87.
Voor het kruisherenklooster te 's-Hertogenbosch: SCHUTJES 1870-76, vol. 4, 427-434; *Monasticon Batavum 1941-42*, vol. 2, 92, nr. 3.
Voor Mariënwater: lit. bij cat. I,5.
Voor A.F.O. van Sasse van Ysselt: lit. bij cat. I,24.

I,26 HEILIGENLEVENS KHS 26
Olim: 672

Papier en perkament (iv)+285+(iv) ff. Afm.: 209xc. 133 (140x85) mm. 23 regels. Birgittinessenklooster Mariënwater. Tweede helft, wellicht laatste kwart vijftiende eeuw.
Afb. 28

LEVEN EN MIRAKELEN VAN BIRGITTA VAN ZWEDEN, CATHARINA VAN ZWEDEN EN ELISABETH VAN THÜRINGEN (folia 1-281). In het Middelnederlands.
F. 1-100: Leven en Mirakelen van Birgitta van Zweden. Voorafgegaan door een proloog (1-6r^0). Rubr.: *Hier beghint dat prologus der overheiliger bruyt Christi sancta Birgitta die daer is een ny licht der heiliger kercken nalinge gecanozeert vanden Stoel van Romen gheboren van den koninckliken geslechte van Zweeden.* Inc. (hoofdtekst): *Alsoe wi lesen van sancte Iohannes Baptista die Doper ons Heren...* Expl.: *Doe dit ghesciet was waert si rechtevoert weder horende ende si volbracht haer geloefte.*
F. 102-203r^0: Leven en Mirakelen van Catharina van Vadstena. Rubr.: *Hier beghint dat leven der edelre maghet sancta Katherina van Watsteyn een dochter onser heiliger moeder ende patroenster sancta Birgitta ende was die yerste abdissa te Watsteen van allen onsen cloesteren der regulen sancti Salvatoers.* Inc.: *Wy brueder Peter prior des cloesters Alvastro...* Expl.: *...des moet hi syn gebenedijt geloeft ende gheeert van nu tot inder ewicheit amen.*
F. 205-281: Leven en Mirakelen van Elisabeth van Thüringen, voorafgegaan door een proloog. Defect. Rubr. van de proloog: *Hier beghint dat boec vanden leven ende der doot der heiliger vrouwen sancta Elisabet van Dorningen een conincs dochter.* Inc. van de hoofdtekst: *In dien tijden doen Philippus hertoge van Zweden die keyser Henricus brueder was.* Laatste woorden: *Soe sach hi in droem dat een...* (hier breekt de tekst af).

Afb. 28. – Tilburg, KUB, Bibliotheek, hs. KHS 26, f. 6r°.

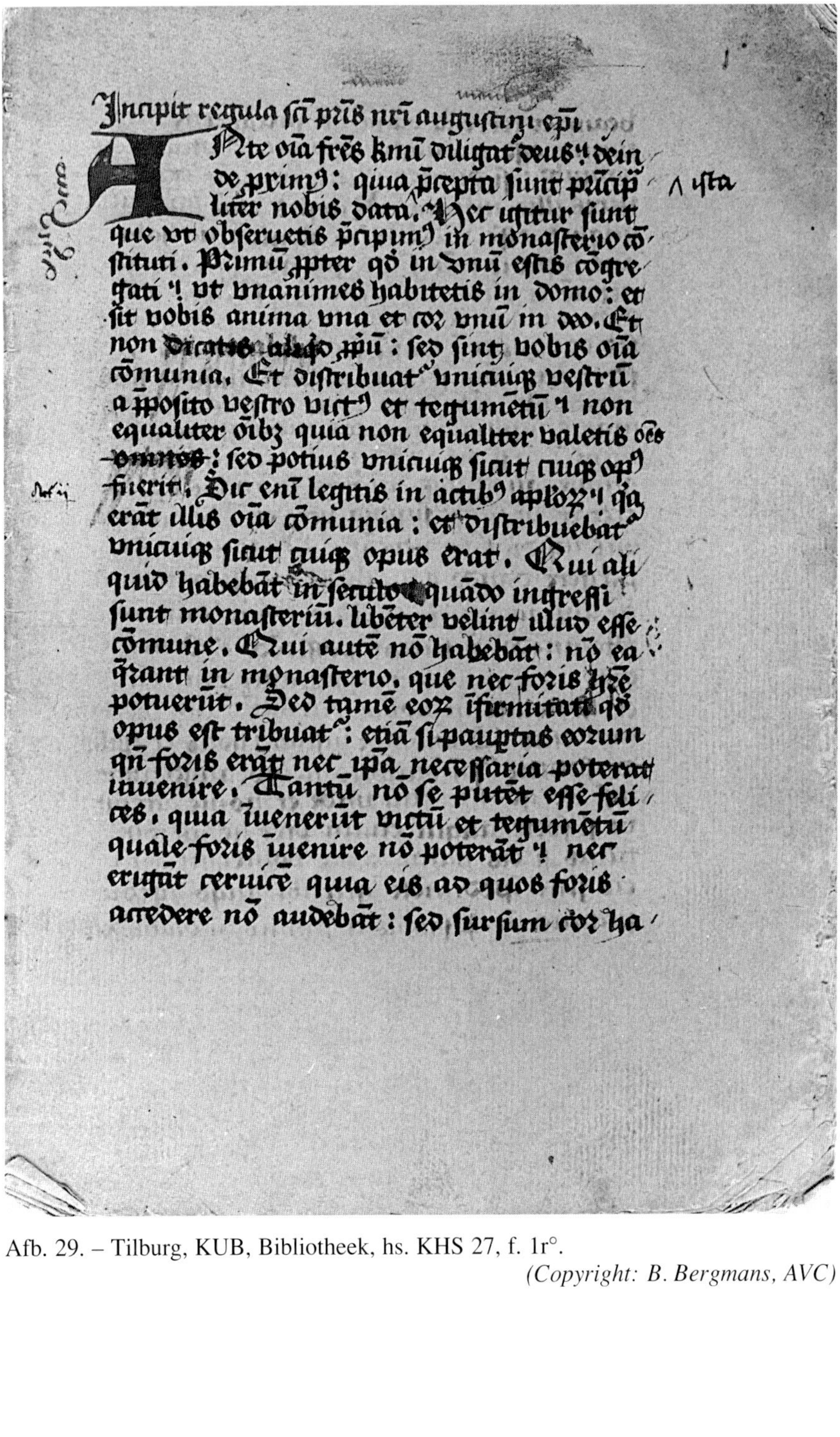

Afb. 29. – Tilburg, KUB, Bibliotheek, hs. KHS 27, f. 1r°.
(Copyright: B. Bergmans, AVC)

¶ BOEKBLOK: Papier, fors aangevezeld. Moderne potloodfoliëring: 1-285. Aangebracht vóór 1980? Hier en daar sterk vervaagd. Correcties in deze foliëring van een andere hand. Rechts onderaan de bladspiegel resten van een andere potloodfoliëring. Zes bladen recentelijk met potlood gefolieerd (1*-3*, 286-288). De f. 1*-3*, 101, 203v^0-204 en 286-288 zijn blanco. Moderne dek- en schutbladen.
De samenstelling van de katernen is onduidelijk omdat het boekblok bij restauratie veel te strak is ingebonden. De folia 1, 6, 29, 42, 67, 102, 156 en 206 zijn ingevoegde perkamenten enkelbladen. Watermerken, n.g. (geen 'running marks'). Bladspiegel met zwarte inkt. Prikgaatjes voor de liniëring bewaard, deels afgesneden. Reclamanten op het laatste blad van ieder katern. Katernsignaturen.

¶ SCHRIFT/VERLUCHTING: Littera gothica hybrida formata. Eén hand. Below top-line. Correcties: aanvullingen met zwarte inkt in de marge, doorhaling met rood, de letter l aangevuld met rood (227v^0).
Gerubriceerd. Rode opschriften. Enkele rode paragraaftekens. Hoofdletters met rood aangestreept. Forse zwarte hoofdletters, versierd met eenvoudig rood penwerk.
Verluchting in Bossche stijl (riviertype). Initialen geschilderd in alternerend rood en blauw, evt. opengewerkt (1-3 rr. hoog). Blauwe initiaal op 148v^0 bedorven door vochtschade.
Drie opengewerkte blauwe initialen (5 rr. hoog), initiaalveld slechts éénmaal versierd met een strikrand (gedegenereerde parelstreng, tussenruimten opgevuld met afwisselend rood en blauw tot het effect van een strikje), uitlopend complementair rood en/of paars penwerk (riviertype, of: variant van het rivierenpenwerk: dunne ranken met kleine zijtakjes, vruchtjes in rood of blauw [164r^0, 205r^0, 269r^0]). Veldzwikken en oog van de letter met arabeske motiefjes versierd, uitgespaarde ruimten met rood of blauw gehoogd. Vijf opengewerkte rood-blauwe penwerkinitialen (8-10 rr. hoog), littera duplex, initiaalveld afgebiesd met strikrand en/of groepjes bolletjes (combinatie van drie bolletjes in rood en blauw, het middelste bolletje is ongekleurd), versierd met uitlopend rivierenpenwerk, uitgevoerd in rood en/of paars, hoging met blauw en/of rood (1r^0, 6r^0, 102r^0, 156v^0 [variant], 206r^0). Veldzwikken gedecoreerd met arabeske motieven, uitgespaarde ruimten opgevuld met rood en blauw. Kroonmotief in het lichaam van de initiaal. De penwerkuitstraling (riviertype) in de linker- en ondermarge bij de initiaal op 156v^0 is gereduceerd tot dunne paarse ranken met kleine zijtakjes, vruchtjes in rood en blauw. Opengewerkte rode en blauwe J-initialen in margine, hier en daar omgeklapt. Representanten, voor de initialen en opschriften (ondermarge, rechtsonder [vgl. 58v^0] deels afgesneden), met zwarte inkt, hier en daar met rood (vgl. 257v^0).

¶ BAND: Vrijwel geheel vernieuwde boekband. Gerestaureerd in 1980 in het Kunstatelier St. Catharinadal (Oosterhout). Ruïnes van het oorspronkelijke leren achterplat behouden. Afm.: 219x150x66 mm. Overstekende houten borden met leer overtrokken.
Horizontale en verticale driedubbele lijnen met fileten. Centrale rechthoek op het middenveld met dezelfde fileten in vier ruiten en acht aanvullende driehoeken verdeeld. Eén driedubbele lijn op het achterplat is verkeerd gerold. Losse velden gedecoreerd met blinde stempels. Centrale rechthoek: Franse lelie, breedte: 6 mm (in de ruiten); ruitvormig kruisje, breedte: 6 mm (omliggende driehoeken). De horizontale en verticale banden rond de centrale rechthoek versierd met: forse roset, zes blaadjes rond centraal knopje, diam.: 11 mm. Het vernieuwde voorplat is versierd met identieke, maar opnieuw aangemaakte stempeltjes.

Vier ribben, met koorden geprofileerd. Zadelsteekkapitalen. Moderne klampsluitingen: twee penmuiters, twee klamparmen, sluitlippen, twee (oorspronkelijke) borgplaatjes. Geverfde snede (saffraan).

¶ GESCHIEDENIS: Provenance: birgittinessenklooster Mariënwater te Rosmalen. Vervolgens: Maria-Refugie te Uden.
Gebruikerssporen: de (chronologisch onjuist ingebonden) f. 282-285 bevatten twintig laat achttiende-eeuwse aantekeningen (1783-96) van conventzusters, en meisjes (10-14 jaar) die bij deze zusters op kostschool zaten (huidige volgorde): Maria van Niekerk, A. Esfers (20 mrt. 1796), M. Aprisaans, A.E. van der Heyden (1790), Anna Maria van der Wielen (1792), Alida de Hoogh (24 okt. 1787), Ida Maria Hubers (1791), Anna Judith van Linde (2 mrt. 1786), Johanna Catharina Wilsman (2 mrt. 1786), Cathrina van Dijk (2 mrt. 1786), Johanna Catrina Visman, C. de Hoogh (28 sep. 1787), Maria Dorothea Josepha Olifiers (10 dec. 1789, apr. 1790), Anna C. Marteellen, M. van Heekeren, Maria Verkerk (17 mei 1792), Maria Elisabeth van Elsenbroek (1789) en Maria de la Genest.
Cf. *Tent. Cat. Birgitta van Zweden 1303-73*, 103, cat. 34 werd het handschrift in 1901 door H.A. Geurts (1865-1933), oud-directeur van Rolduc, gekocht van antiquaar C. van Leeuwen (Leiden). Door vererving in 1933 in het bezit gekomen van A.H.M. Geurts, pastoor te Afferden. In 1973 voor fl. 5000,= met hs. KHS 5 van Geurts voor het PGNB aangekocht door pater Gerlach en J. Deschamps (bron: aantekeningen en correspondentie pater Gerlach [Tilburg, KUB, bibliotheek, z.s.]). Vroeger door De Vreese aangeduid als: Rolduc, H.A. Geurts, hs. 2.

¶ SIGNATUUR: Oud nummer: 672.

LITERATUUR. — a) In *Tent. Cat. Birgitta van Zweden 1303-73*, 103, cat. 34 (afb. van 206r⁰ op p. 102); GERLACH 1974, 117-119 (afb. van 205r⁰ op p. 117); OLSEN 1977, 107, nr. 113, en fig. 47; IMDC, 45.
b) Over het leven van Birgitta van Zweden (1303-73), Catharina van Zweden en Elisabeth van Thüringen: *Tent. Cat. Birgitta van Zweden 1303-73*, resp. 6-8, 64-68.
Voor Mariënwater en Maria-Refugie te Uden (sinds 1713): lit. bij cat. I,5.

I,27 ONVOLTOOID VERZAMELHANDSCHRIFTJE KHS 27

Papier. 8 ff. Afm.: 205x145 (140xc. 95) mm. 27-30 regels. Regulierenklooster Domus b. Mariae (Gaesdonck)? Eerste, wellicht tweede kwart zestiende eeuw. *Afb.* 29

VERZAMELHANDSCHRIFTJE (folia 1-8). In het Latijn. Vier dubbelbladen.
S. AUGUSTINUS, REGULA AD SERVOS (354-430), c. 397 (1-6r⁰). Rubr.: *Incipit regula sancti patris nostri Augustini episcopi*. Inc.: *Ante omnia fratres karissimi diligatur Deus...* Expl.: *...orans ut et debitum dimittatur et in temptationem non inducatur*. (Aansluitend in een andere, contemporaine hand:) *Explicit regula*.

ARNULPHUS DE BOERIIS, SPECULUM MONASTICUM (7v^{0}-8). Hier toegeschreven aan Bernardus Claraevallensis. Vgl. BLOOMFIELD 1979, nr. 5582 (handschriftje onvermeld). Deze tekst is in dit handschrift onvoltooid gebleven. De laatste drie zinnen zijn aangevuld door een andere, contemporaine hand. Rubr.: *Incipit speculum beati Bernardi abbatis*. Inc.: *Si quis emendatioris vite desiderio...*[68]

¶ BOEKBLOK: De randen van de bladen zijn enigszins afgebrokkeld. Moderne potloodfoliëring: 1-8. Naaigaren verloren.
Vier dubbelbladen.
Watermerken: hert, vol, maakt zich op om te gaan springen, bloemetje boven het midden van de rug; vgl. BRIQUET 1923, nr. 3319 (periode van verspreiding: 1522-43). Resten van een schrijfkader met loodstift. Prikgaatjes voor de bladspiegel bewaard.

¶ SCHRIFT/VERLUCHTING: Littera gothica textualis formata. Eén hand. Correcties: bijschrijven in de marge, rasuur, vervolgens overschrijven met nieuwe tekst, doorhalen met zwart.
Gerubriceerd. Hoofdletters met rood aangestreept. Twee rode opschriften. Rode paragraaftekens. Twee rood geschilderde initialen (resp. 3 en 5 rr. hoog), linksonder aan de initiaal resp. twee en één apestaartje(s) met rood.

¶ GESCHIEDENIS: Vermoedelijk afkomstig uit het regulierenklooster te Gaesdonck (nabij Goch).
Onleesbare inscriptie in de bovenmarge van 8r^{0} in een contemporaine hand.
Recentelijk verworven door de bibliotheek van de Katholieke Universiteit Brabant (Tilburg) op de AUCTIE-Van Stockum, 4-6 dec. 1991, nr. 1312.

LITERATUUR. — b) Voor de Regel van Augustinus: VERHEIJEN 1967; VAN BAVEL 1982; *Tent. Cat. Figuren en Facetten 1984*, 174-176, cat. 58.
Voor het regulierenklooster te Gaesdonck (domus b. Mariae): SCHOLTEN 1906; HÖVELMANN 1968; MW, vol. 2, 154-167.

[68] Tekstuitgave: PL, vol. 184, k. 1175-1178.

II

FRAGMENTEN IN BOEKBANDEN

I,28 DEVOOT MIDDELNEDERLANDS (in: KHS C162)

Twee fragmenten, gebruikt als rugbeleg. Zichtbaar in de kneep. Perkament. Devoot Middelnederlands. Onberijmd. Vijftiende eeuw. Resp. vijf en zes regels. Liniëring met inkt.
Littera gothica textualis formata.
Gerubriceerd. Eén rood initiaaltje (1 rr. hoog).

I,29 REKENING? (in: KHS B46)

Drie perkamenten fragmenten zijn gebruikt ter versteviging van het boekblok. Zichtbaar in de rug (open rug). REKENING? Middelnederlands. Vijftiende eeuw. Huidige afm.: c. 40 mm. breed.
Littera gothica cursiva.

I,30 OORKONDE (in: KHS [B142])

OORKONDE, verwerkt tot kopertomslagje. Afschrift. Perkament. Nederlands. Derde kwart van de zestiende eeuw: 'Int iaer ons Heren duysent vijffhondert twe ende tsestich den derden decembris'. Afm.: 360-367x420-450 mm. Klerkenschrift. Beschreven over de gehele breedte van het vel.

I,31 ROMEINSRECHTELIJK FRAGMENT? (in: KOD 19A15)

Drie horizontaal versneden stroken vormen aaneengepast een deel van één blad. Versneden tot dekblad. Voorlopig slechts globaal als Romeinsrechtelijk geidentificeerd. Overgeleverd zijn een groot gedeelte van de glossen in de linkermarge van de hoofdtekst (recto: 27 rr.; verso: 26 rr.) alsmede tekstruïnes van de hoofdtekst. Een geglosseerd woord wordt aangeduid met een lettertje, rood of blauw paragraafteken en met zwart onderstreept.

Perkament. Latijn. Veertiende eeuw. Huidige afm.: 21x20-30 mm (bovenste strook), 98-103x56-60 mm (middelste strook) en: 14-15x63-64 mm (onderste strook). Bladspiegel oorspronkelijk verdeeld in twee kolommen.
Littera gothica textualis formata. Hoofdtekst en glossen van dezelfde hand. Gerubriceerd. Alternerend rode en blauwe paragraaftekens. Eén blauwe initiaal (verso, 2 rr. hoog), met rood penwerk (enkele lijn, uitlopend naar boven en onderen). Op het recto in de intermarge tussen glossen en hoofdtekst resten van rood penwerk.

Aangetroffen aan de binnenzijde van het voorplat van het volgende convoluut: S. AUGUSTINUS ed., *De Doctrina christiana Libri IIII (...)*, Eucharius Cervicornus, Coloniae 1529 (mei); S. AUGUSTINUS ed., *De Natura & Gratia Liber unus*, Eucharius Cervicornus, s.l., 1533; S. AUGUSTINUS ed., *De Spiritu & Litera, Liber unus*, Johannes Soter, s.l., 1530, in: *Cambridge Libr. 1501-1600*, vol. 1, 80, nr. 2206; en: ISIDORUS HISPALENSIS ed., *De Officiis Ecclesiasticis Libri duo (...)*, Johannes Steelsius, Antverpie 1534, in: NK, vol. 1, 423, 1181; BCNI, nr. 1339; STC, 101. Niet in VAN DER HAEGHEN 1979. Geen van de titels is nog opgenomen in de GGC.

I,32 FRAGMENT VAN EEN DUITSE TEKST (in: KOD 19C10)

Linkerhelft van een blad. Slechts één scharniertje voorin is maar zichtbaar. Tekst niet geïdentificeerd. Devoot traktaatje? Perkament. Duits. Onberijmd. Huidige afm.: 130x54-57 mm. Eind veertiende, vroeg vijftiende eeuw.
Littera gothica textualis.

In: ANTONIUS VANDER HULST, *Die gheestelijcke Loopbaane. Daer een Christen Mensch hem in sal oeffenen met Loopen wil hi Prijs hebben*, s.l., 1556 (16 sep.). Vgl. BCNI, nr. 2543. Alleen het Tilburgse exemplaar is bekend (GGC).

I,33 FRAGMENT VAN EEN MISSALE? (in: KOD 19C20)

Twee fragmenten, versneden uit de onderkant van één blad. Afkomstig uit een MISSALE? Dertiende eeuw. Latijn. Afm.: 91x79 mm (voorplat); 95x79 mm (achterplat). Blinde liniëring.
Karolingische minuskel.
Gerubriceerd. Rode hoofdletters. Twee rode opschriften.

Als bandbekleding van: ANTONIUS A BURGUNDIA, *Linguae Vitia et Remedia*, Antverpiae 1652. Vgl. LANDWEHR 1988, 68, nr. 96 (vier exemplaren). Eén ander exemplaar in: Friesland, PB (GGC). Nog niet in STCN.

I,34 MUZIEKFRAGMENT UIT EEN GRADUALE? (in: KOD 19C21)

Muziekfragment, afkomstig uit een dertiende-eeuws GRADUALE? Gebruikt ter bekleding van de boekband. Gesneden uit de rechterzijde van een blad. Latijn. Afm.: c. 194x144 mm. Negen regels.
Karolingische minuskel.
Gerubriceerd. Muziekschrift genoteerd in hoefnagelnotatie. Negen notenbalken met vier lijnen, één centrale rode lijn. Aanstrepingen met rood. Eén rood opschrift (Matutinis laudibus). Eén rode hoofdletter. Blinde liniëring.

Om: SIMON VEREPAEUS, *De Epistolis latine conscribens, Libri III*, s.l. ('s-Hertogenbosch?), 1579. Niet in: VAN DEN OORD 1984. Nog niet in GGC en STCN.

I,35 FRAGMENTEN VAN EEN BREVIARIUM (in: KOD 19F25)

BREVIARIUM, Proprium de Tempore. Eén smalle strook is verticaal uit een perkamenten blad gesneden. Aan één zijde is het fragment boven en onder aan de hoek schuin afgesneden. Boven- en ondermarge van het oorspronkelijke blad niet versneden. Latijn. Vijftiende eeuw. Huidige afm.: 163x17-28 mm. 25 regels. Aflijning met inkt.
Littera gothica hybrida formata.
Gerubriceerd. Rode en blauwe paragraaftekens.

Als scharnier in: JACOBUS SIMANCA, *Collectaneorum de Republica Libri IX*, Antverpiae 1574. In: VOET 1981-83, vol. 5, 2092, nr. 2213. Het onderhavig exemplaar wordt daar niet gesignaleerd. Vgl. ook SORGELOOS 1990, 389-391, nr. 406. Nog niet in GGC en STCN.

I,36 FRAGMENT VAN EEN GRADUALE? (in: KOD 20A07)

GRADUALE? De aangetroffen fragmenten bevatten een deel van psalm 44 (Eructavit cor meum verbum bonum). Twee stroken vormen aaneengepast de onderzijde van een perkamenten blad. Gebruikt als scharnieren. Latijn. Huidige afm.: 126xc. 53-54 mm. Veertiende eeuw.

Muziekschrift in hoefnagelnotatie, met bijbehorende 4-lijnige notenbalken. Gerubriceerd: rode aanstrepingen, één rode A-initiaal. Aflijning van de notenbalken in het fragment met rode inkt.

In: BARTHOLOMEUS CARRANZA, *Controversia de necessaria Residentia personali Episcoporum, & aliorum inferiorum Ecclesiae Pastorum, Tridenti explicata (...)*, Antverpiae 1554. Vgl. *Belgica Typographica 1541-1600*, vol. 2, nr. 7694. Nog niet in GGC en STCN.

I,37 DIVERSE FRAGMENTEN (in: KOD 21B23/1-2)

Twaalf fragmenten van een Middelnederlands getijdenboek of brevier zijn verwerkt tot rugbeleg en scharniertjes. Perkament. Vijftiende eeuw. Diverse afmetingen. Liniëring met inkt.
Littera gothica textualis formata.
Gerubriceerd. Rode aanstrepingen. Rood opschrift. Blauwe initiaaltjes (1-2 rr. hoog).

Twee stroken zijn gebruikt als scharnieren. Verticaal gesneden uit een dubbelblad van een breviarium. Eén strook bevat de bovenmarges van het dubbelbladen. Perkament. Latijn. Wisselende afmetingen. Liniëring met loodstift.
Littera gothica cursiva libraria.
Gerubriceerd. Rode onderstreping. Rode initiaaltjes (1 rr. hoog).

In: ARISTOTELES ed., *Aristoteles tou stageiritou ta soozomena. Operum Aristotelis stagiritae Philosophorum, omnium longe Principis nova Editio, Graecè & Latiné*, 2 vol., Lugduni 1597 (kal. feb.). Vgl. *Cambridge Libr. 1501-1600*, vol. 1, nr. 1739. Nog niet in GGC en STCN.

I,38 FRAGMENTEN VAN EEN MISSALE (in: KOD 21B24/1-2)

Tien fragmenten van een MISSALE zijn gebruikt als rugbeleg. Afkomstig uit dezelfde codex? Perkament. Latijn. Vijftiende eeuw. Wisselende afmetingen.
Littera gothica textualis formata (groot formaat) en cursiva libraria.
Gerubriceerd. Resten van rode aanstreping en opschriften.

In: PLUTARCHUS ed., *Ploutarchou Chaeairooneoos ta soozoomena syngrammata. Plutarchi Chaeronensis quae extant Opera, cum latine interpretatione,* vol. 1, 3, 5 en 7, s.l. (Genève), 1572. Vgl. *Cambridge Libr. 1501-1600*, vol. 2, nr. 1607.

I,39 FRAGMENT VAN EEN ANTIFONARIUM (in: KOD 21C22)

Fragment van een ANTIFONARIUM. Vijftiende eeuw. Latijn. Afm.: 227x337 mm. Littera gothica textualis formata.
Gerubriceerd. Rode opschriften. Eén rode en één blauwe hoofdletter. Muziekschrift genoteerd in kwadraatnotatie. Notenbalken met vier lijnen, getrokken met zwarte inkt.

Als bandbekleding om: FR. NOEL, *Dictionarium latino-gallicum. Dictionnaire latin-français, composé sur le Plan de l'Ouvrage intitulé: Magnum totius latinitatis Lexicon de Forcellini, (...)*, Paris 1824.

I,40 MIDDELNEDERLANDS FRAGMENT (in: KOD 21F07)

Twee perkamenten repen zijn gebruikt als rugbeleg (overgeleverd zijn resp. twee en drie regels). Middelnederlands. Vijftiende eeuw. Liniëring met inkt.
Littera gothica textualis formata.

Aangetroffen in de rug van: JOHANNES A SANDE JCTI, *Commentarii duo singulares (...)*, Franeker 1633. Dit is het enig bekende exemplaar in Nederland (GGC). Nog niet in STCN.

I,41 NIET GEIDENTIFICEERD FRAGMENT (in: KOD 27B04)

Fragment gebruikt ter bekleding van een deel van voor- en achterplat. Niet geïdentificeerd. Op de kop bevestigd (traktaatje?). Fors beschadigd door overplakken met bordpapier. Maar deels zichtbaar. Dertiende eeuw. Latijn.
Karolingische minuskel.
Gerubriceerd. Rode opschriften.

Op de borden van: LUCIUS ANNAEUS SENECA ed., *Opera l'Annaei Senecae et ad dicendi Facultatem, et ad bene vivendum utilissima, per Des. Erasmum Roterd. & Matthaeum Fortunatum (...)*, Johannes Hervagius?, Basileae, s.d. (c. 1540). Vgl. *Cambridge Libr. 1501-1600*, vol. 2, nrs. 884-885. Nog niet in GGC.

I,42 KANONIEKRECHTELIJK FRAGMENT? (in: KOD 27B12)

Twee stroken zijn gebruikt als scharnieren in een postincunabel. Verticaal versneden. Eveneens horizontaal afgesneden in de ondermarge. Niet geïdentificeerd, maar wellicht kanoniekrechtelijk? Perkament. Latijn. Veertiende eeuw. Afm.: 286xc. 65 mm. Twee kolommen.
Gerubriceerd. Drie blauwe initiaaltjes met uitlopend rood penwerk (lussen).

In: PUBLIUS VERGILIUS MARO ed., *Bucolica, Georgica, & Aeneis, nunc cum veris Commentariis Tib. Donati & Servii Honorati summa cura editis et diligenter emendatis: quorum Castigationem & Novitatem sequens perstringit Epigramma*, Basileae 1551. Nog niet in GGC.

I,43 ENKELE NIET GEIDENTIFICEERDE FRAGMENTEN (in: KOD 1568 's Hert 2)

Drie n.g. tekstfragmenten zijn verwerkt tot schutbladen en kapitaalverstevigingen in: PUBLIUS VERGILIUS MARO ed., *Aenei dos Libri duodecim, iam denuo castigati, annotationibusque ut brevissimis, ita & doctissimis ubique; exactissime illustrati*, Sylvaeducis 1568. Vgl. TEN BRINK 1966, 117-118, nr. 51; VAN DEN OORD 1984, 154, nr. 142. Nog niet in GGC en STCN.
Het perkamenten blad (t.o. titelpagina) behelst een veertiende-eeuws fragment (n.g.). Latijn. Afm.: 139-140x184-185 mm. Eén kolom (124x85 mm). 38-39 regels. Blad bijgebonden in dwarsrichting. Eén kolom grotendeels verminkt door afsnijden. Niet gerubriceerd. Alleen onderstrepingen met zwart.

Twee dertiende-eeuwse (bijbel?)fragmentjes in de rug. Latijn. Afm.: 15x76 mm. Littera gothica textualis formata. Ongerubriceerd. Gesneden uit één blad.

I,44 FRAGMENT VAN EEN ANTIFONARIUM (in: KOD 1586 's Hert 3)

ANTIFONARIUM. Fragment gesneden uit (de linkerbovenzijde van) een blad. Wellicht afkomstig uit het Bossche Gregoriushuis? Perkament. Latijn. Vijftiende eeuw. Afm.: c. 230xc. 143 mm. Zeven regels.
Littera gothica textualis formata. Muziekschrift in neumennotatie, met bijbehorende vier-lijnige notenbalken. Bladspiegel en notenbalken getrokken met zwarte inkt.

Gerubriceerd. Rode hoofdletters. Zwarte hoofdletters, oorspronkelijk uitgevoerd met zwart penwerk (weggesleten).

Als kopertbandje om: BARTHOLOMEUS HONORIUS, *Elucidarium b. Anselmi Cantuariensis Archiepiscopi*, Silvaeducis 1586. Vgl. TEN BRINK 1966, 144, nr. 143; VAN DEN OORD 1984, 198, nr. 283. Nog niet in GGC en STCN.

I,45 OORKONDE (in: KOD [1601 's Hert 2)

Tot omslagje versneden OORKONDE. Zijkanten ter hoogte van het drukje afgesneden en als klep omgeslagen. Uit het oorspronkelijke midden van de oorkonde is meer perkament uitgespaard, omgevouwen en vervolgens verlijmd. Perkament. Nederlands. Huidige afm. (opengevouwen): 131-161x180-290 mm. Met de volgende dagtekening (voorplat): 's Hertogenbosch 1579'. Cursief klerkenschrift.

Als omslagje van: *Ballade op de Belegeringhe ende Verlossinghe vande Stadt van t'sHertogen-Bossche. Carmina duo chronographica*, t'sHertogenbossche 1601. Vgl. TEN BRINK 1969, 136, nr. 172; VAN DEN OORD 1984, 287, nr. 299. Nog niet in GGC. Twee exemplaren vermeld in STCN.

III

LOSGENOMEN FRAGMENTEN

1. De Megense fragmenten

I,46 FRAGMENTEN VAN DE SPIEGEL HISTORIAEL Fragment 1a-b

Afb. 30

JACOB VAN MAERLANT, SPIEGEL HISTORIAEL, Derde Partie, boek 7. Bevat de volgende tekstdelen: c. 31, vs. 35-57, c. 32, vs. 24-46, 74-88, c. 33, vs. 1-7 (1r^0), vs. 34-42, c. 34, vs. 1-13, 41-54, c. 35, 1-7, 35-57 (1v^0), c. 57, vs. 36-62, 90-104, c. 58, vs. 1-7 (2r^0), c. 59, vs. 77-84, c. 60, vs. 1-13 en 39-60 (2v^0). Cf. DE VRIES/VERWIJS 1863, vol. 3, resp. 29-33 en 54-58.

¶ Twee perkamenten fragmenten zijn gebruikt als scharnieren (papierresten, verkleuringen door bevestiging aan inslag van het leer). Boekband niet nader geïdentificeerd. Deze stroken vormen samen de onderste helft van één dubbelblad. Datering: eerste helft of tweede kwart van de veertiende eeuw. Vlaams, wellicht Brugge (*guene[n]* i.p.v. *gene[n]*). Huidige afm.: 70-73x350-357 mm (bovenste strook) en 88-89x348-358 mm (onderste strook). Bladspiegel in drie kolommen. Van f. 2 zijn de rectokolom c en de versokolom a verticaal afgesneden. Er resteren 23 regels per kolom. Op grond van het bijbehorende Damme-fragment (zie onder) kan het aantal regels per tekstkolom worden vastgesteld op 50. Mise-en-page: 21<52>9<48>10<55>26] mm (gemeten aan de prikgaatjes van 1r^0 [onderste strook]). Prikgaatjes voor de bladspiegel bewaard (in de ondermarge van f. 1).
Schriftsoort: littera gothica textualis libraria. Eén hand. Traditionele rubricatie. Rode op-schriften en kapittelnummers. Rode aanstrepingen, alleen hier en daar bij de eerstvolgende letter naast de kapittelinitiaal. Afwisselend rode en blauwe paragraaftekens (vooral bij eigennamen, begin van een nieuwe passage). Rode en blauwe initialen (3-4 rr. hoog), met complementair blauw en rood penwerk. Initiaalveld afgebiesd met dubbele lijnen en onversierde parelstrengen, evt. onderbroken. In de open initiaal E en H centrische (blad)motiefjes. Penwerkuitstraling naar links. Het penwerk loopt onder en boven uit in de marge, direct voortgezet, zonder echte onderbreking, evt. afgewerkt met een klein krulletje. Het penwerk van de versneden initiaal E (1r^{0}b) is bedorven door papierresten. Representanten voor de initialen en paragraaftekens. Eén gerepareerde scheur, garen verloren.

¶ De beide stroken van fragment 1 behoren bij het zgn. Damme-fragment (olim: Damme, Maerlant Museum, z.s. [coll. Neuhuys], thans spoorloos [Versailles?]). Dat fragment behelst twee stroken welke aaneengepast de bovenste helft vormen van hetzelfde dubbelblad als waartoe de stroken te Tilburg hebben behoord. Het genoemde Damme-fragment werd in 1896 door de Antwerpse ingenieur en verzamelaar Paul Ver Eecke aangetroffen op de borden van: AMBROSIUS MEDIOLANENSIS ed., *Omnia Opera*, Claudius Chevallonius, Parisiis 1529 (feb.); vgl. *Cambridge Libr. 1501-1600*, vol. 1, 31, nr. 936. Nog niet in GGC. Gereconstrueerde hoogte van deze boekband: c. 360 mm. Een foto van dit fragment berust in de Koninklijke Academie voor Nederlandse Taal- en Letterkunde te Gent. Afm.: 163x219-222 mm (aantekening gebaseerd op een beschrijving van W. de Vreese [Leiden, BNM]). 27 regels per kolom. Op drie na binnenste dubbelblad van een katern. Identieke verticale afsnijding als bij het fragment-Tilburg.

¶ GESCHIEDENIS: De fragmenten van de *Spiegel historiael* en *Der Leken Spieghel* (fragment 1-4) werden in feb. 1858 door pater A.F. Nieuwenhuizen (1832-1918), secretaris van de Nederlandse Provincie der franciscanen, aangetroffen in (twee) incunabelen in de bibliotheek van het minderbroedersklooster te Megen. De fragmenten van *Der Leken Spieghel* werden in eerste instantie door Nieuwenhuizen voorgelegd aan de bibliothecaris van het PGNB, Dr. C.R. Hermans (brief A.F. Nieuwenhuizen aan C.R. Hermans d.d. 17 feb. 1858 [Tilburg, KUB, bibliotheek, z.s.]) en belandden door verruiling met niet verder aangeduid ander materiaal in de boekerij van genoemd genootschap (brief A.F. Nieuwenhuizen aan C.R. Hermans d.d. 19 apr. 1858 [Tilburg, KUB, bibliotheek, z.s.]). Hermans heeft op zijn beurt alle fragmenten ter beoordeling voorgelegd aan Prof.Dr. W. Moll (1812-79), die ze vervolgens heeft gemeld aan de Maatschappij der Nederlandsche Letterkunde. M. de Vries (namens de Maatschappij belast met de rapportage) en E. Verwijs hebben de fragmenten gecollationeerd en gebruikt voor hun nieuwe uitgave van de *Spiegel historiael* van 1863 (=DE VRIES/VERWIJS 1863): vgl. de kopie van een verslag van M. de Vries d.d. apr. 1860 (Tilburg, KUB, bibliotheek, z.s.). De fragmenten werden in apr. 1860 teruggezonden naar Dr. C.R. Hermans in 's-Hertogenbosch, onder dankzegging van L.J.F. Janssen (1806-69), toenmalig voorzitter van de Maatschappij der Nederlandse Letterkunde (brief aan C.R. Hermans d.d. 15 apr. 1860 [Tilburg, KUB, bibliotheek, z.s.]). Daarna raakten de Megense fragmenten uit het zicht. Verwarrende antwoorden en onbegrijpelijke arrogantie van Nieuwenhuizen zijnerzijds gaven diverse geleerden (o.m. B. Kruitwagen en W. de Vreese) steeds meer aanleiding tot de veronderstelling dat de fragmenten onbereikbaar, en wellicht zelfs zoek waren. In ieder geval weigerde Nieuwenhuizen te vertellen dat de fragmenten berustten in de bibliotheek van het PGNB te 's-Hertogenbosch.
Waarom Nieuwenhuizen zich zo heeft opgesteld, valt niet goed te begrijpen. Waren er bindende afspraken gemaakt met De Vries om de fragmenten niet aan anderen te laten inzien vóór de publikatie van diens nieuwe uitgave van de *Spiegel historiael* een feit was? Een andere reden wellicht was dat Nieuwenhuizen in feite een belangrijke wetenschappelijke vondst uit handen had gegeven. Bij de deponering van de bibliotheek van het PGNB in 1986 bij de KUB te Tilburg verhuisden de Megense fragmenten, nog steeds onopgemerkt, mee in een ongesignatureerde portefeuille. Eind 1990 bij de voorbereiding van deze catalogus werden ze door mij herontdekt en geïdentificeerd als de verloren gewaande Megense fragmenten.

LITERATUUR. — a) Aangetekend in het notulenboek van de Maatschappij der Nederlandse Letterkunde (Leiden, UB, Archief MNL, nr. 660); verder in de HMNL, 1860, 47; DE VRIES/VERWIJS 1863, vol. 1, xci-xcii, C. als fragment 3, en 445 (collatie van dit

Afb. 30. – Tilburg, KUB, Bibliotheek, Fragment 1a-b, f. 1r°.
(Copyright: B. Bergmans, AVC)

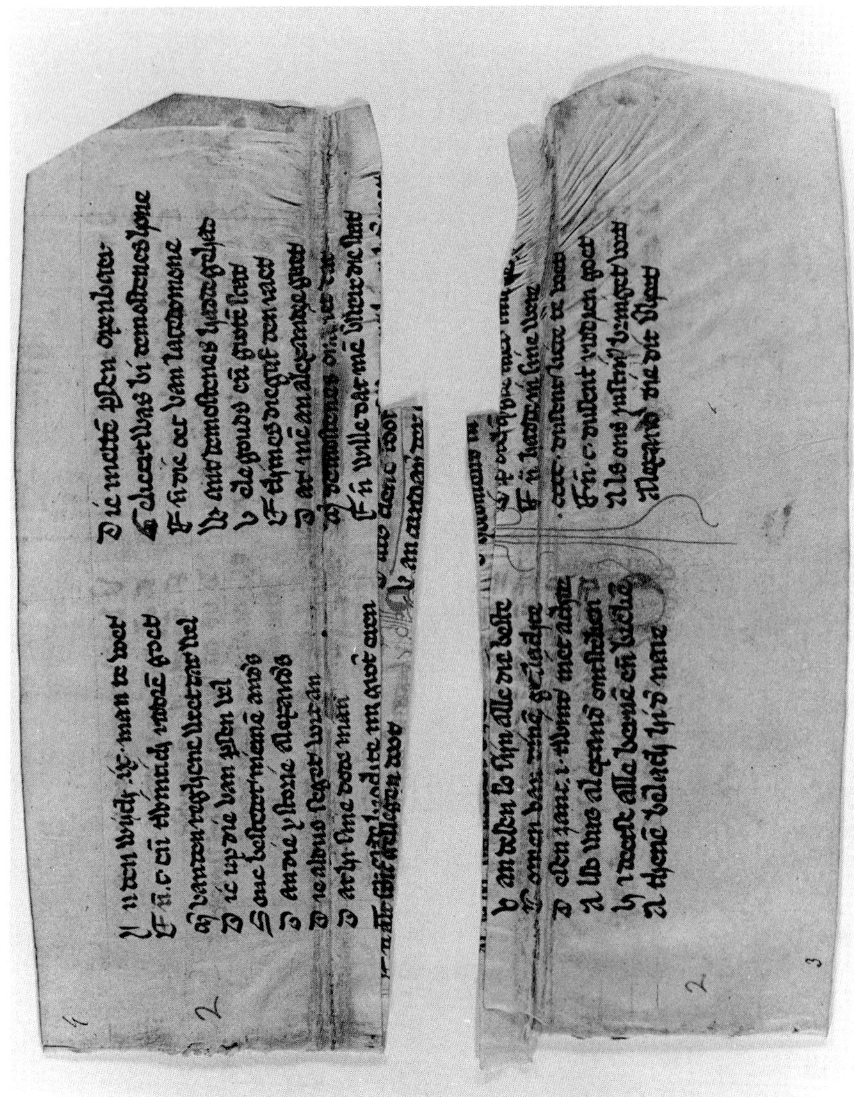

Afb. 31. – Tilburg, KUB, Bibliotheek, Fragment 2a-b, f. 1r°.
(Copyright: B. Bergmans, AVC)

fragment 3); DE PAUW 1903, 257-259 (Tafel der Fragmenten); DE VREESE 1962, 133, met onjuiste datering van de vondst. De Vreese heeft zich waarschijnlijk gebaseerd op de mededelingen in de HMNL (1860).
b) Voor C.R. Hermans: lit. bij cat. I,8.
Voor W. Moll wordt verwezen naar: WILLEUMIER-SCHALIJ 1983.
Bij de beschrijving van de Megense fragmenten dank ik Drs. J.A.A.M. Biemans voor zijn bereidwillige medewerking. De hier beschreven membra disiecta zullen door hem t.z.t. worden opgenomen in zijn dissertatie over de handschriftelijke overlevering van de *Spiegel historiael*.

I,47 FRAGMENTEN VAN DE SPIEGEL HISTORIAEL Fragment 2a-b

Afb. 31

JACOB VAN MAERLANT, SPIEGEL HISTORIAEL, Eerste Partie, boek 4. Identificatie van de overgeleverde tekstgedeelten: c. 19, vs. 41-49, c. 20, vs. 22-36, c. 21, vs. 5-10 (1r^{0}), vs. 11-20, 45-54, c. 22, vs. 1-3, 29-32, c. 23, vs. 1 (1v^{0}), c. 41, vs. 51-56, c. 42, vs. 1-3, 28-42 (vs. 34-42 verminkt), c. 43, kapittelopschrift (verminkt door afsnijden), 25-30 (verminkt) (2r^{0}), 31-40 (verminkt), 66-74 (vs. 66-71 verminkt), c. 44, vs. 1-6 en 31-36 (2v^{0}). Cf. DE VRIES/VERWIJS 1863, vol. 1, 149-151 en 164-166. Met opgave van de varianten in dit fragment.

¶ Twee perkamenten stroken vormen samen het bovenste en onderste deel van een dubbelblad; het middenstuk van dit bifolium ontbreekt. Versneden en gebruikt als scharnieren. Boekband niet nader geïdentificeerd. Datering: tweede kwart der veertiende eeuw. Wellicht Vlaams? Huidige afm.: 65x260-277 mm (bovenste strook); 60-67x264-268 mm (onderste strook). Bladspiegel verdeeld in twee kolommen. Van f. 2 zijn delen van de rectokolom b en versokolom a verminkt door verticale afsnijding. Er resteren 14-16 vs. per kolom. Gereconstrueerd aantal regels per tekstkolom: 40 vs. Mise-en-page (gemeten aan 1r^{0}): c. 20<61>11<56>22] mm. Prikgaatjes voor de bladspiegel deels bewaard (bovenmarge bovenste strook [f. 1]). Bladspiegel en liniëring aangebracht met een loodstiftje.
Littera gothica textualis libraria. Eén hand (opvallende hand). Correcties en aanvullingen in margine door een andere, contemporaine hand. Linksonderaan op 2v^{0}b is in de marge toegevoegd: [...] *[Al]exander zere*. Standaardrubricatie. Rode onderstrepingen van de kapitteltitels, i.e. afbakening (vgl. 1r^{0}, titel c. 22). Afwisselend rode en blauwe para-graaftekens. Alternerend rode en blauwe initialen (2 rr. hoog), met complementair paars en rood penwerk. In het oog van de letter opgevuld met arabeske (blad) motiefjes. Initiaalveld afgebiesd met onversierde parelstrengen. Penwerkuitstraling naar links. Het penwerk loopt boven en onder uit in de marge, uitlopende lijnen met spiegelbeeldeffect. Representanten voor paragraaftekens en initiaaltjes. Twee gerepareerde scheuren, garen verloren.

¶ Geschiedenis: In 1858 door pater A.F. Nieuwenhuizen O.F.M. aangetroffen in een incunabel (verkleuringen aan de fragmenten door de inslag van leer) in de bibliotheek van het minderbroedersklooster te Megen. Gereconstrueerde hoogte van de boekband: c. 290 mm. Het fragment werd eind 1990 teruggevonden en geïdentificeerd. Signatuur met inkt (C.R. Hermans [1858?]). Voor een korte geschiedenis van de Megense Fragmenten zie fragment 1a-b.
Een ander, zeer bescheiden fragment van hetzelfde teksthandschrift is in het bezit van J.A.A.M Biemans te Leiden (z.s.). Het betreft een restant van een blad genomen uit het midden van de onderste helft (deel van een scharnier). Door Biemans als volgt geïdentificeerd: Eerste Partie, boek 2, c. 2, vs. 44-53, c. 2, 85-c. 3, vs. 2, opschrift van c. 4, gevolgd door zeven regels uit c. 3 (vs. 35-41), c. 4, vs. 20-29; vgl. De Vries/Verwijs 1863, vol. 1, 55-57. Alle versregels zijn slechts fragmentarisch overgeleverd. Afkomstig uit: Hieronymus Stridonensis ed., *Index in Tomos omnes Operum divi Hieronymi (...)*, Johannes Frobenius, Basiliae 1538.

Literatuur. — a) Aangetekend in het notulenboek van de Maatschappij der Nederlandse Letterkunde (Leiden, UB, Archief MNL, nr. 660); verder in de HMNL, 1860, 47; De Pauw 1903, 257-259 (Tafel der Fragmenten); *Bouwstoffen 1934*, 427, nr. 1188, 3,I, C.; De Vries/Verwijs 1863, vol. 1, xci, C. als fragment 1; De Vreese 1962, 133, met onjuiste datering van de vondst.

I,48 Fragmenten van de Spiegel historiael — Fragment 3a-d

Afb. 32

Excerpten uit: Jacob van Maerlant, Spiegel Historiael. Bevat de volgende tekstdelen: [Philip Utenbroeke:] Tweede Partie, boek 5 (vgl. de *Ordinandse vanden anderen boeken*, De Vries/Verwijs 1863, vol. 1, 457-461): c. 23, vs. 530-629 (1r^{0}), vs. 630-634 (1v^{0}a, rr. 1-5); cf. De Vries/Verwijs/Von Hellwald 1879, 300-302 (reprint 1982: vol. 4). De geschiedenis van paus Silvester, die in dit boek 5 van de Tweede Partie wordt verteld, is ook terug te vinden in Jan van Boendale's *Der Leken Spieghel* (boek II, c. 46, vs. 1-72).
Vervolgens: Eerste Partie, boek 6, c. 25 (met opschrift), vs. 7-36, boek 3, c. 29 (met opschrift), vs. 1-63 (1v^{0}), vs. 64-72; cf. De Vries/Verwijs 1863, vol. 1, 117-118, met opgave der varianten in dit fragment. Eerste Partie, boek 4, c. 31 (met opschrift), vs. 31-56; De Vries/Verwijs 1863, vol. 1, 157. Verder boek 6, c. 52 (met opschrift), vs. 7-62, c. 53, vs. 1-6, 11-12 (2r^{0}). F. 2r^{0}b bevat een slotformule: *Hijr en is [...]/God laet [...]* (rr. 48-49). De tekst van fragment 3a-d is hier en daar zwaar verminkt door afsnijden. De versozijde van f. 2 is niet beschreven. De identificatie van de inhoud van een deel van de stroken van dit fragment werd mede vastgesteld door J.A.A.M. Biemans.

Afb. 32. – Tilburg, KUB, Bibliotheek, Fragment 3a-b, f. 1r°.
(Copyright: B. Bergmans, AVC)

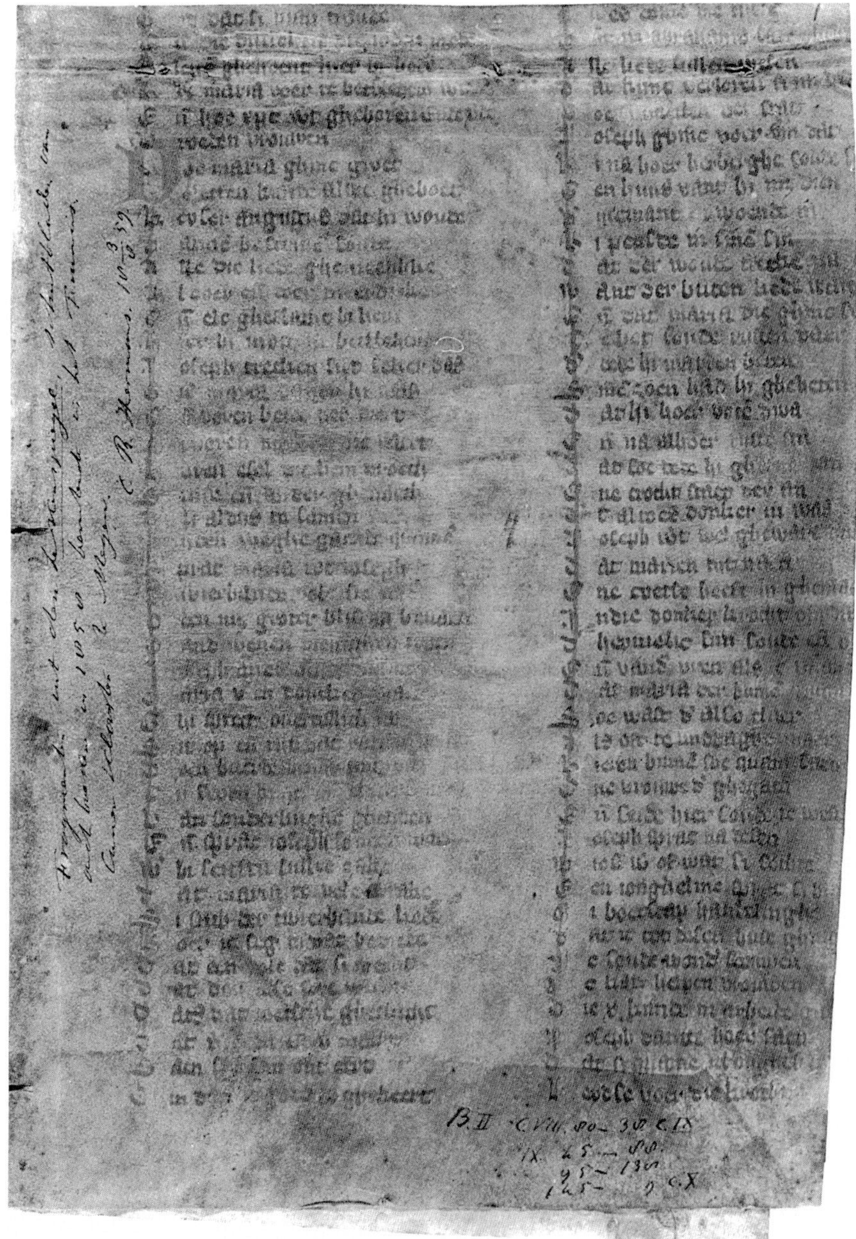

Afb. 33. – Tilburg, KUB, Bibliotheek, Fragment 4a-d, f. 1r°.
(Copyright: B. Bergmans, AVC)

¶ Vier aaneensluitende perkamenten stroken zijn versneden tot scharnieren ten behoeve van een boekband. De band is niet nader geïdentificeerd. Gereconstrueerde hoogte: c. 310 mm. De stroken vormen tezamen één dubbelblad. Datering: eerste helft van de veertiende eeuw. Huidige afm. van de fragmenten: strook a: 74x266-308 mm; strook b: 66-68x265-270 mm; strook c: 66-69x252-310 mm; en strook d: 65-66x252-310 mm. Bladspiegel verdeeld in twee kolommen. De beide bladen zijn met name ter rechterzijde zwaar besnoeid. In principe per kolom 50 regels, behalve 2r^{0}a: 49 rr. Mise-en-page: 24<63>13<c. 65] mm. Prikgaatjes voor de bladspiegel bewaard (ondermarge van f. 1). Littera gothica textualis libraria. Eén hand. Het betreft hier dezelfde hand als de kopiistenhand in het fragment 4a-d. We stellen vast dat de fragm. 3a-d en 4a-d afkomstig zijn uit één (verzamel) codex (*Der Leken Spieghel*, aangevuld met bruikbare didactische excerpten uit de *Spiegel historiael*). Correctie van een andere, contemporaine hand (i.e. dezelfde corrigerende hand als in fragment 4a-d [8r^{0}b]). In de marge van 1r^{0}b (b-strook) is het volgende voorzetsel bijgeschreven: *In*.
Gerubriceerd. Rode aanstrepingen (beginletters in de afzonderlijke kolom, eerste kleine letter naast een initiaal). Rode paragraaftekens. Rode initialen (2 rr. hoog), onversierd. Representanten voor de paragraaftekens en initiaaltjes.

¶ GESCHIEDENIS: In 1858 door pater A.F. Nieuwenhuizen O.F.M. aangetroffen in een incunabel in de bibliotheek van het minderbroedersklooster te Megen. Kort geleden terug-gevonden en geïdentificeerd. Voor de geschiedenis van de MEGENSE FRAGMENTEN zie fragment 1a-b. Fragment 3 hoort bij enkele membra die thans in de KB berusten ('s-Gravenhage, KB, 76 D 41,4 [mededeling van J.A.A.M. Bie mans d.d. 22 jan. 1991]); vgl. DESCHAMPS 1972, 117, nr. 36; JANSEN-SIEBEN 1989, 72.

LITERATUUR. — a) Aangetekend in het notulenboek van de Maatschappij der Nederlandse Letterkunde (Leiden, UB, Archief MNL, nr. 660); verder in de HMNL, 1860, 47, met expliciete melding van de versregels uit de verloren gewaande Tweede Partie; DE VRIES/VERWIJS 1863, vol. 1, xci, C. als fragment 2; DE PAUW 1903, 257-259 (Tafel der Fragmenten); *Bouwstoffen 1934*, 427, nr. 1188,II,5; DE VREESE 1962, 133, met onjuiste datering van de vondst; DESCHAMPS 1972, 96, nr. 28.
Zie ook fragment 4a-d.

I,49 FRAGMENTEN VAN DER LEKEN SPIEGHEL Fragment 4a-d

Afb. 33

Excerpten uit: JAN VAN BOENDALE, DER LEKEN SPIEGHEL, boek 2 en 3. De geidentificeerde tekstdelen zijn de volgende: boek 2: c. 8, vs. 80-82, c. 9, vs. 1-38, 45-88 (1r^0), vs. 95-138, 145-176, c. 10, 1-9 (1v^0), c. 17, vs. 1-40, 47-98 (2r^0), vs. 105-149, 156-184, c. 18, vs. 1-10 (2v^0); cf. DE VRIES 1844-48, vol. 2, 62-70 en 103-111. Boek 3: c. 4, vs. 158-200, 208-250 (3r^0), vs. 258-300, 308-350 (3v^0), c. 4, vs. 358-400, 408-450 (4r^0), vs. 458-500, 508-550 (4v^0), c. 5, vs. 1-40, 49-89 (5r^0), vs. 99-107, c. 6, vs. 1-31, 41-81 (5v^0), c. 7, vs. 1-39, c. 8, vs. 8-48, (6r^0), vs. 58-64, c. 9, 1-34 en 44-84 (6v^0), c. 9, vs. 92-134, c. 10, vs. 2-44 (7r^0), vs. 52-94, 102-144 (7v^0), c. 10, vs. 152-194, 202-244 (8r^0), vs. 252-276, c. 11, vs. 1-17, 25-67 (8v^0). Cf. DE VRIES 1844-48, vol. 3, 87-134.

¶ Vier perkamenten dubbelbladen zijn gebruikt ter bekleding van de borden van niet nader geïdentificeerde boekbanden (verkleuringen door bevestiging aan de inslag van het leer, geen papierresten). De folia 3-8 sluiten tekstueel op elkaar aan (boek 3). Afkomstig uit dezelfde katern. Op basis van de kopiistenhand en de hand van de corrector/gebruiker is vrijwel zeker dat de fragmenten 3a-d en 4a-d afkomstig zijn uit dezelfde verzamelcodex (handschrift van *Der Leken Spieghel*, met excerpten van de *Spiegel historiael*). Eerste helft der veertiende eeuw. Huidige afm. van de dubbelbladen: 220-222x319-320 mm (f. 1-2); 209-214x325-327 mm (f. 3+8); 219-220x 315-316 mm (f. 4+7); 220-223x311 mm (f. 5-6). Bladspiegel verdeeld in twee kolommen. (Beperkt) tekstverlies door horizontaal (aan de bovenzijde) en verticaal (ter rechterzijde) afsnijden. Tekstbederf door kleine gaatjes in het perkament, inscheuren. Iedere kolom telt 41-44 regels. Oorspronkelijk aantal regels per kolom is bepaald op 50. Mise-en-page: 19<66>14<52-64] mm. Prikgaatjes voor de bladspiegel bewaard (f. 3-8, ondermarge), deels afgesneden. Resten van een liniëring met loodstift.
Littera gothica textualis libraria. Eén hand. Correctie van een andere, contemporaine hand: op 8r^{0}b, rr. 30 (boek 3, c. 10, vs. 231) heeft de kopiist zich verschreven: i.p.v. *een wijs man* staat er *en is man*; boven het woordje *is* staat *wi* en daarmee is de tekst verbeterd. Deze wijziging lijkt overigens ook van dezelfde corrigerende hand te zijn als die in fragment 3a-d. De inkt lijkt hier en daar op het perkament slecht te pakken. Standaardrubricatie. Rode aanstrepingen (beginletters in de afzonderlijke kolom, eerste kleine letter direct naast de initiaal [niet consequent], horizontale aanstreping van de kapittelnummers). Rode paragraaftekens. Rode initialen (2 rr. hoog). Zonder penwerk. Representanten. Indruk in het perkament van een gerepareerde scheur (2v^0).

¶ GESCHIEDENIS: In feb. 1858 door pater A.F. Nieuwenhuizen O.F.M. aangetroffen in een incunabel (verkleuringen aan de fragmenten door de inslag van leer) in de bibliotheek van het minderbroedersklooster te Megen en voorgelegd aan C.R. Hermans, bibliothecaris van de bibliotheek van het PGNB (brief A.F. Nieuwenhuizen aan C.R. Hermans d.d. 17 feb. en 19 apr. 1858 [Tilburg, KUB, bibliotheek, z.s.]). Gereconstrueerde hoogte van de boekband: c. 330 mm. Fragmenten recentelijk door mij teruggevonden en geïdentificeerd. Aantekening met zwarte inkt in dwarsrichting in de marge voor de eerste kolom van 4a/r^0: 'Fragmenten uit den Lekenspiegel, schutbladen van oude boeken in 1858 berustende in het minderbroedersklooster te Megen' (C.R. Hermans, 3 aug. 1859). In de ondermarge van iedere eerste rectozijde is in dezelfde hand de identificatie van de versregels opgenomen. Fragment 4a-d behoren bij enkele membra welke thans in de KB berusten (KB, 's-Gravenhage, 76 D 41,4 [mededeling van J.A.A.M. Biemans d.d. 22 jan. 1991]); opgenomen in DESCHAMPS 1972, 117, nr. 36; JANSEN-SIEBEN 1989, 72. Voor een korte geschiedenis van de MEGENSE FRAGMENTEN zie fragment 1a-b. Dankzij een verwijzing in LAMBERMONT 1980, 72, noot 14 kon worden achterhaald dat te Leiden collatie van de fragmenten is genomen door Huet t.b.v. J. Verdam (Leiden, UB, MNL, Ltk. 1751-I).

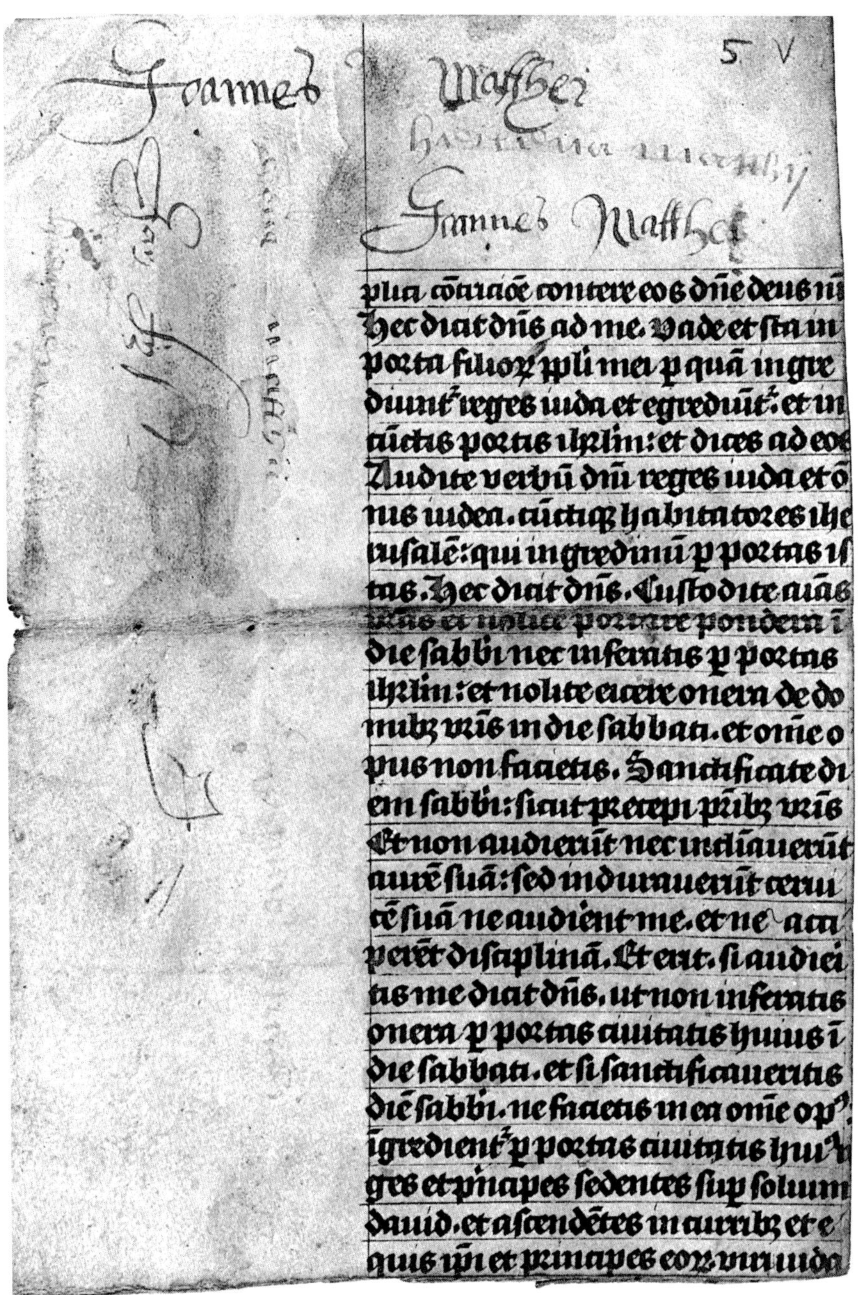

Afb. 34. – Tilburg, KUB, Bibliotheek, Fragment 5, versozijde.
(Copyright: B. Bergmans, AVC)

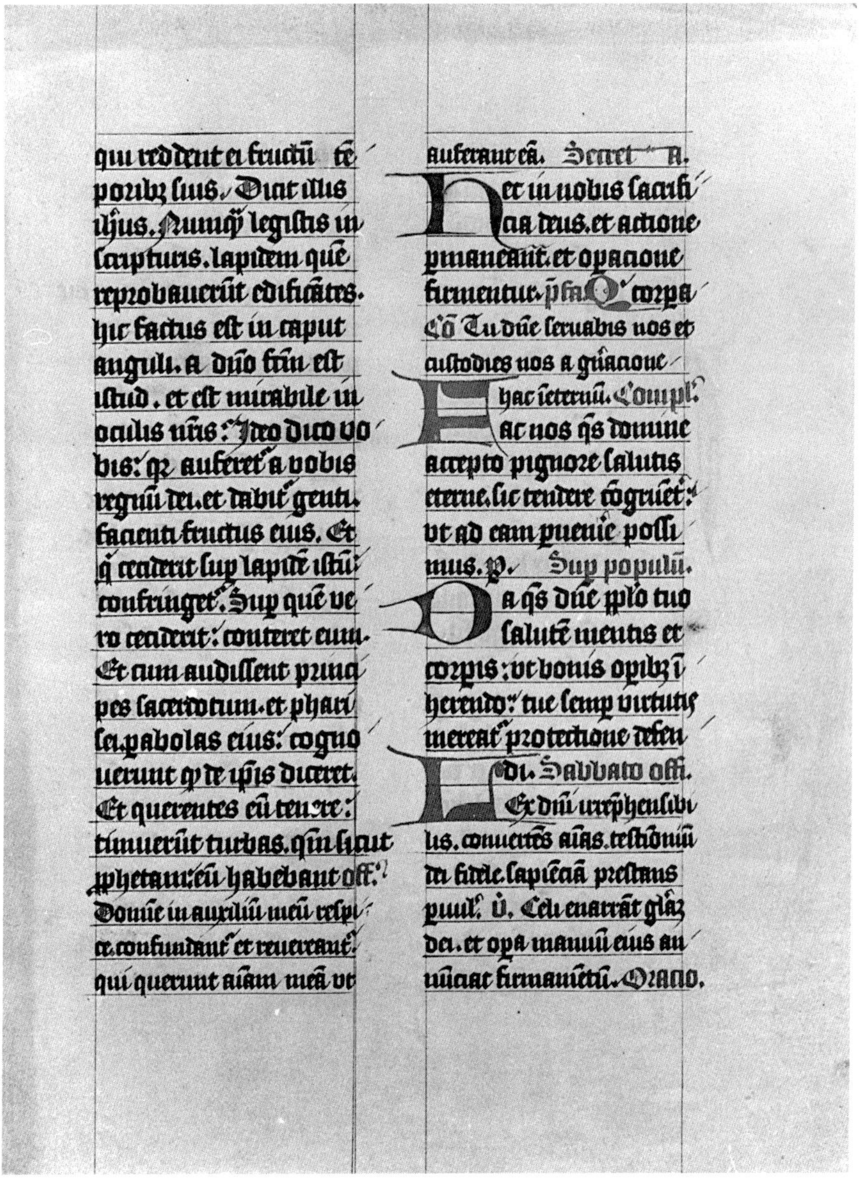

Afb. 35. – Tilburg, KUB, Bibliotheek, Fragment 6, f. 2r°.
(Copyright: B. Bergmans, AVC)

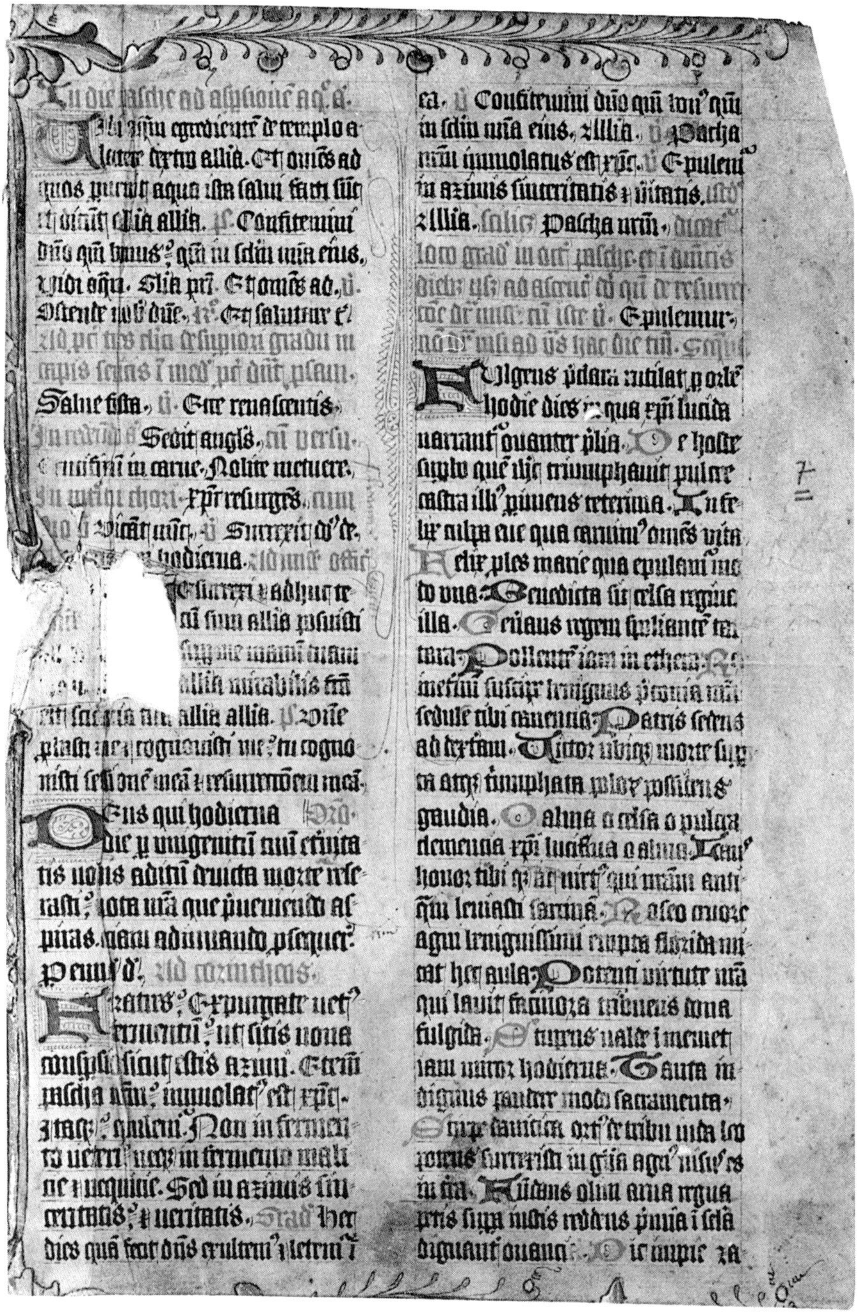

Afb. 36. – Tilburg, KUB, Bibliotheek, Fragment 7, rectozijde.
(Copyright: B. Bergmans, AVC)

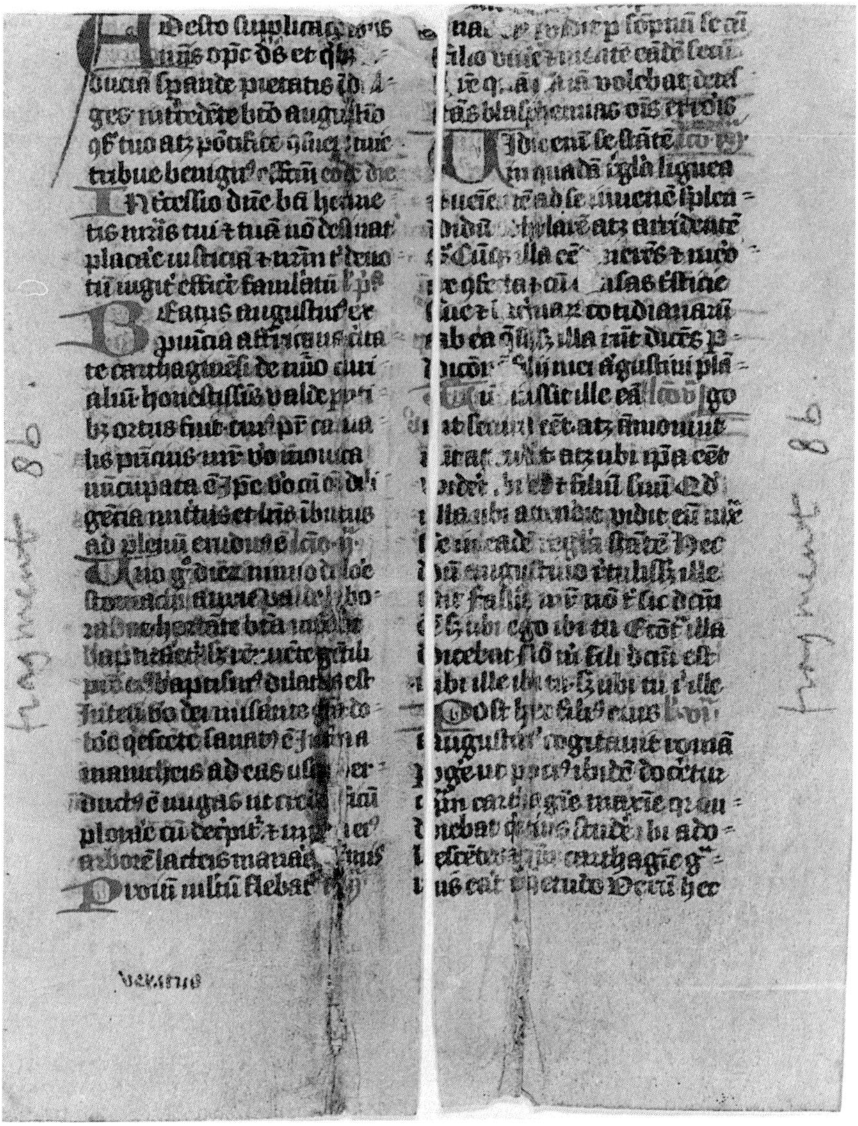

Afb. 37. – Tilburg, KUB, Bibliotheek, Fragment 8a-b.
(Copyright: B. Bergmans, AVC)

LITERATUUR. — a) Aangetekend in het notulenboek van de Maatschappij der Nederlandse Letterkunde (Leiden, UB, Archief MNL, nr. 660); verder in de HMNL, 1860, 47. Niet in *Bouwstoffen 1934*; niet gesignaleerd in DESCHAMPS 1972; niet in JANSEN-SIEBEN 1989.
b) Voor C.R. Hermans: lit. bij cat. I,8.
Zie ook fragment 3a-d.

2. VERSPREIDE FRAGMENTEN[69]

I,50 DEEL VAN EEN MISSALE OF BIJBEL — Fragment 5

Afb. 34

Kwart van een blad. Wellicht afkomstig uit een MISSALE of BIJBEL. Geïdentificeerde tekstdelen: Jer. 17,4-13 (1r^{0}a) en 18-21 (1v^{0}b). Latijn. Versneden tot omslagje. Perkament. Huidige afm.: 178x124 mm. Eerste helft van de vijftiende eeuw. Bladspiegel oorspronkelijk georganiseerd in twee kolommen. Liniëring en bladspiegel met inkt.
Littera gothica hybrida formata. Eén hand. Interpunctie.
Gerubriceerd. Aanstrepingen met rood.
Penneproefjes in de marge (vroeg zeventiende-eeuwse hand); o.m. met de naam: Joannes Matthei.

Omslagje van: *Dat Tafel Boek, vol goeder Leeringhen elcken bequame, die tot Eerbaerheden wijsen ionck ende out want een goede loflijcke deuchsame Fame is beter ter Werelt dan Silver oft Gout*, 's-Hertogenbosch 1609 (KOD 1609 's Hert 1); vgl. VAN DEN OORD 1984, 289, nr. 323.

I,51 FRAGMENT VAN EEN MISSALE — Fragment 6

Afb. 35

Eén los dubbelblad, afkomstig uit een MISSALE. Behelst een formulier voor de vrijdag en zaterdag voorafgaand aan de eerste week van de veertigdagentijd. In het Latijn. Perkament. Vijftiende eeuw. Huidige afm.: 273x221 mm. Mise-en-

[69] Een vroeg veertiende-eeuws fragment van Jacob van Maerlant's Rijmbijbel (deel 1, vs. 2823-3224) maakte eertijds, als omslagje van een cijnsregister, deel uit van de collectie van het PGNB (oud nummer: 221aa). Dit register werd in 1960 in bruikleen gegeven aan het RANB te 's-Hertogenbosch (Archieven van de raad en rentmeestergeneraal, inv.nr. 289a). Vgl. *Cat. PGNB Oorkonden/Handschriften 1915*, 348, nr. 221aa; VAN SYNGHEL 1992.

page in twee kolommen: 26<62>17<61>43 mm. Bladspiegel en aflijning aangebracht met inkt. Uit de bovenmarge van het eerste blad en de ondermarge van het eerste blad (deels) en het tweede blad is een reep perkament van c. 10 mm weggesneden.
Littera gothica textualis formata. Eén hand. De tekst loopt steeds net iets uit de kolom. Interpunctie.
Gerubriceerd. Rode opschriften. Rode aanstrepingen. Alternerend rode en blauwe initialen (2 rr. hoog). Twee rode J-initialen in margine. Correcties: doorhaling met rode inkt, toevoeging in margine, rasuur, bedekking met zwarte inkt.

I,52 FRAGMENT VAN EEN MISSALE — Fragment 7

Afb. 36

Enkelblad uit een MISSALE: misformulier uit het Proprium de Tempore: Paaszaterdag (zegening van wijwater, officie). Gebruikt als bekleding en scharnier op de binnenzijde van een achterplat. Versozijde van het fragment derhalve sterk bedorven door papierresten, verkleuringen aan de inslag van het leer. Het blad is in de marges fors verminkt door afsnijden. Boekband niet nader geïdentificeerd. Gereconstrueerde hoogte van de boekband: c. 271 mm. In het Latijn. Perkament. Vijftiende eeuw. Huidige afm.: 271x196-202 (248x154) mm. Mise-en-page in twee kolommen: 8<70>13<71>21 mm. Bladspiegel en liniëring met inkt.
Littera gothica textualis formata. Eén hand.
Gerubriceerd. Rode opschriften. Alternerend rode en blauwe hoofdletters (1 rr. hoog). Blauwe initiaaltjes (2 rr. hoog) met complementair eenvoudig rood penwerk (kleine bladmotiefjes, afkadering van het initiaalveld met kleine golflijnen). Blauwe initialen in margine, eveneens met aanvullend rood penwerk, driedubbele enkelvoudige lijnen, aan weerszijden aangevuld met getande randen. Het penwerk van de marginale initiaal tussen de beide kolommen op het verso van het blad loopt helemaal door tot in de boven- en ondermarge. (Gehistorieerde) initiaal (4 rr. hoog) uitgeknipt. Staafversiering (bruin, goudverf) aan de verloren initiaal langs de hele kolom eindigend in enkele aangehechte acanthusbladeren (bruin, hoging met blauw, wit, geel en goud) in de punt met decoratief penwerk (twijg met kleine gelobde blaadjes in groen, bruin, blauw, goud, gehoogd met wit) horizontaal uitlopend in de boven- en ondermarge. Representanten voor de initiaaltjes bewaard gebleven. Naar het penwerk te oordelen, werd het handschrift vervaardigd in Engeland (vriendelijke mededeling van mevrouw Dr. A.S. Korteweg).

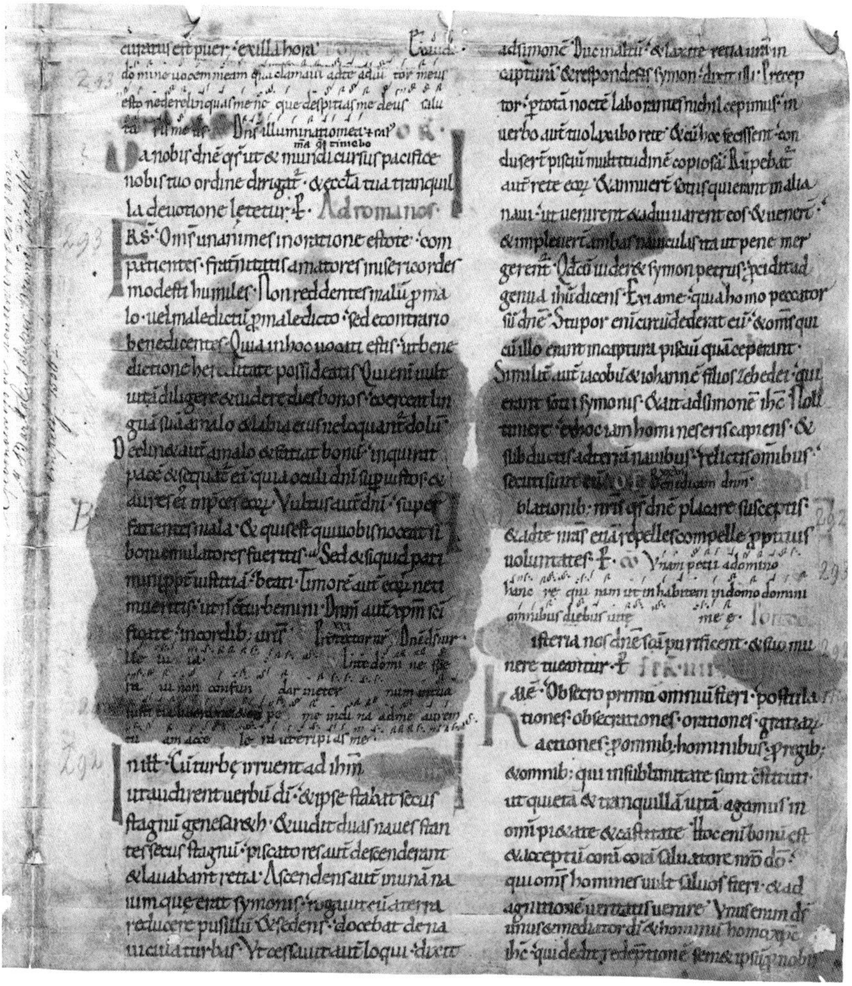

Afb. 38. – Tilburg, KUB, Bibliotheek, Fragment 9a-b, f. 2r°.

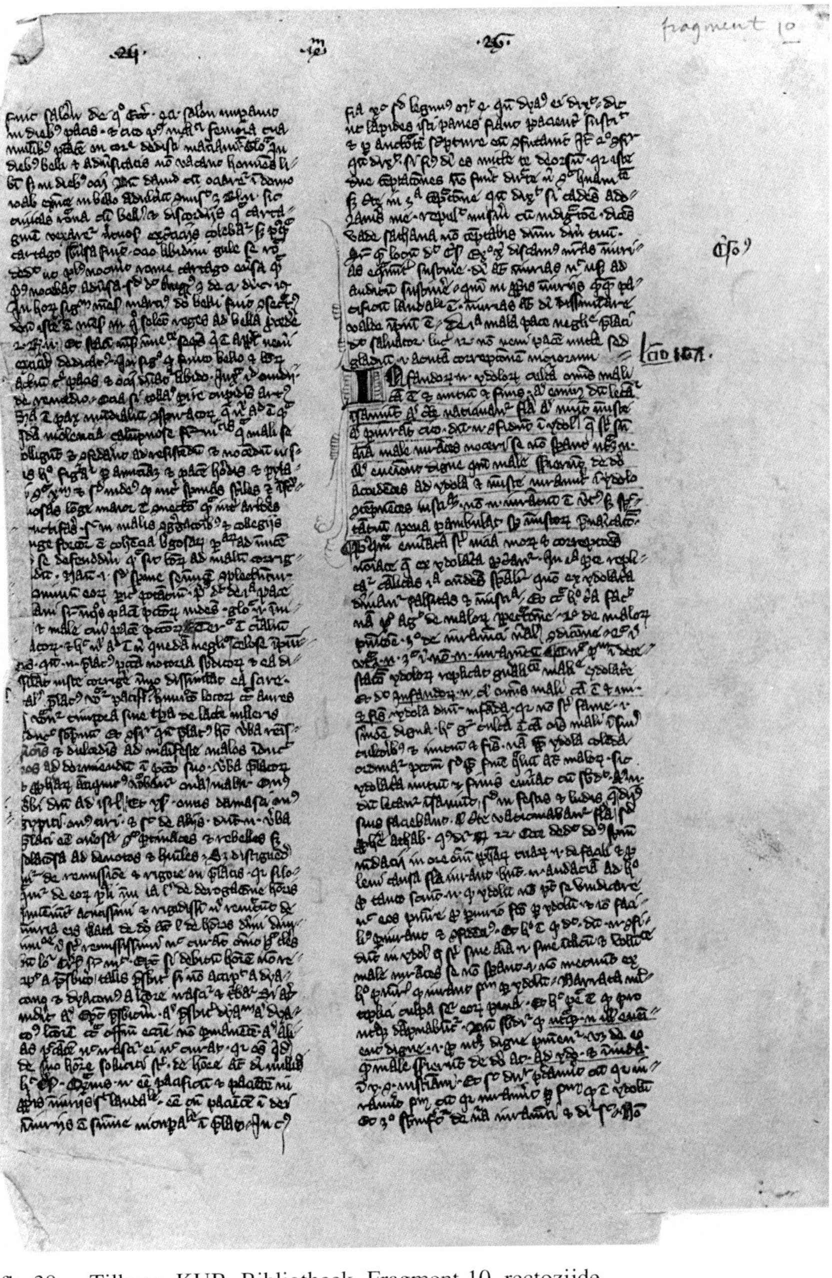

Afb. 39. – Tilburg, KUB, Bibliotheek, Fragment 10, rectozijde.
(Copyright: B. Bergmans, AVC)

Afb. 40. – Tilburg, KUB, Bibliotheek, Fragment 11, rectozijde.
(Copyright: B. Bergmans, AVC)

Venerabili viro domino Jacobo de ysenaco. Menard⁹ solo nomine monachus vtinā xpi seruus. Rogatus nuper a vobis in loco solitudinis mee q̄tenus aliquā generalem ꝛ ꝯpēdiosam librop̄ biblie ꝯscriberem noticiā. Jdcirco amore vr̄i cū adiutorio dei facilius. breuius. et melius. (ꝑut potui) ꝯscripsi q̄ amicabilit̄ postulastis. Non omnia tangendo generaliter: sed aliq̄ ꝯscribendo ꝑticulariter que tū ex corde ꝛ studiose (si inspexeris) magnū fructū sine dubio exhinc trahere poteris.

Quoniā sicut ait venerabilis pr̄ beatus Bernhardus in libro suap̄ ꝯtemplatōnum sic dicēs Sicut aīa rudis et carnalis de ml̄tis facit pauca: ita aīa ꝯtēplatiā et spūalis de paucis extrahit multa. Propterea ꝯmentator Auerrois in methaphisica sua dicit. q̄ ml̄tomelius ē scire de reb⁹ nobilib⁹ modicū q̄ de ignobilib⁹ multuȝ. Modo ita est q̄ sacra scriptura excedit oēm sciam mundi. Quia oēs alie scie sunt d̄ creaturis. Jsta aūt scia creatorē facit ꝯgnoscere. Et sola ista scia et nulla alia ducit hoiem ad vitā beatam que est sola vita simplicit̄ q̄ mortē nescit. Jdō dixit saluator ad legispitos Jo. v. scrutami scripturas: in quib⁹ putatis vos vitā eternā habere. Nec ē dubium quin ad vitā ꝑducat beatam cū sit quoddā instrumētū ꝑueniēdi ad eternā felicitatē. Et etiā finis huius sciētie beatitudo eterna ē: quaȝ sine dubio ꝯsequunt̄ oēs sane intelligētes eā. Et s̄m sanū ipius intellectū pie viuentes s̄m q̄ dicit̄ eccī. xxxiiij. Qui elucidant me vitā eternā hēbunt. Jtem Petrus de riga in aurora sua etiā sic dicit. q̄ oīs scriptura cuius deus auctor ē: ꝯtinet in se ꝑcepta et ꝓhibitōnes. ꝯminatōnib⁹ terret ꝛ allicit ꝓmissis. Precipit enī bonum. et prohibet malum. ꝯminatur penā. ꝛ ꝓmittit glīam. Etiā doctor egregius Aug⁹. sup genes̄ ad lr̄am dicit. q̄ maior ē huius scripture auctoritas q̄ omnis humani ingenij ꝑspicacitas. Propterea cū circa vtilia studere debemus: vt videamus quid sit vtile filijs hominū. sine dubio nihil vtilius in hac vita homib⁹ nisi scire et ꝯgnoscere illum a quo dependet celū et cūcta que visibiliter in eo subsistunt. immo s̄m apl'm. Ex quo oīa. Jn quo oīa. Jpsi laus et gloria in secula.

Hanc igitur scientiā docet scriptura in isto sacrosancto et catholico libro qui bibliotheca dr̄. Vnde Hiero. O studiosa aīa que scripturarum sacrap̄ inebriaris dulcedine. que ipi⁹ epularis delitijs. que illius irriguis oblectaris: cū ꝯspicis in ea ꝯtuberniū dei maiestatis. hec ille. Per scripturā sacrā hoīb⁹ diuinitus inspiratā que fidelib⁹ tradita est in libris noui et veteris testamenti: homo ꝯstitutus in hac tenebrap̄ ꝛ lacrimap̄ valle. ducit̄ in ꝯgnitōem dei. ꝑseruat̄ a mal'. informatur de bonis morib⁹. et dirigit̄ in viā salutis eterne. Scdm̄ illud apl̄i ad thimotheū in epl'a secūda ca. iij. Oīs scriptura diuinit⁹ inspirata vtilis ē ad docenduȝ. arguendū. corrigendū. et ad erudiendū in iustitia vt sit hō ꝑfectus ad oīe op⁹ bonū instruct⁹. Et ad Ro. ca. xv. Quecūq̄ scripta sūt ad nr̄am doctrinā scripta sūt. vt ꝑ patiāȝ ꝛ ꝯsolatōȝ scripturap̄ speȝ hēam⁹.

Hec ē ille diuinit⁹ et preciosu[...] de q̄ hr̄ Baruch c. iiij. hic li[...] mādatop̄ dei et lex que ī ineternū. oēs qui tenēt eā ꝑuenient ad vitam. Jdcirco ab oīb⁹ fidelib⁹ solicite vigilandū ē ꝛ integer insistendū ad hāc ꝑutilē et venerādā scripturā. ꝛ intelligendā. ꝛ memorie ꝯmēdandā. Nā vani sūt oēs homines ī quib⁹ n̄ subest scīa dei sicut scribit̄ in libro Sapiē. ca. xiij. Jdeo Josue. ca. j. dr̄ n̄ recedit volumē legis h⁹ de ore tuo sȝ meditaberis in eo dieb⁹ atq̄ noctib⁹ ꝛ custodias et facias oīa que scripta sunt in eo. Et puer. ca. iij. dr̄. Fili ne obliuiscaris legis mee et ꝑcepta mea cor tuuȝ custodiat lōgitudinē diep̄ ꝛ annos vite et pacē apponet tibi. Et in eodē ca. vij. Serua mādata mea ꝛ viues. Et legē meā q̄i pupillā oculi tui liga eā ī digitis tuis scribe illā in tabula cordis tui. Hic ē q̄ Hiero. ait ī ꝓlogo sup bibliā loq̄ns de scripturis diuinis. Oro te fr̄ carissime inter hec viuē ista meditare. Nil aliud nosce. nil aliud q̄re. Nōne tibi videt̄ iā hic in terris regni celestis hītaculū: Vnde q̄ hec scriptura scīa vl'is est: ꝛ multū diffusa. cū tractat de creatore et creaturis. de spūalib⁹ et corpalib⁹. de terrenis et celestib⁹: vt illa de q̄b⁹ t̄ctat meli⁹ intelligant̄

Afb. 41. – Tilburg, KUB, Bibliotheek, Fragment 12, f. 1r°.

(Copyright: B. Bergmans, AVC)

I,53 FRAGMENT VAN EEN BREVIARIUM Fragment 8a-b
Afb. 37

Twee smalle perkamenten stroken vormen verticaal aaneengepast tweederde van een enkelblad. Afkomstig uit een BREVIARIUM. Tekst geïdentificeerd als formulieren uit het Proprium Sanctorum voor Augustinus (28.8) en de Decollatio s. Johannis Baptista (29.8). De stroken zijn eertijds gebruikt als scharnieren in een boekband. Tekst beschadigd op de scharnierpunten. De boekband is niet nader geïdentificeerd. In het Latijn. Vijftiende eeuw. Afm. van de stroken: 140-141x59-60 mm (fragment 8a); 140-141x53-57 mm (fragment 8b). Mise-en-page in twee kolommen.
Littera gothica textualis formata. Eén hand.
Traditionele rubricatie. Aanstrepingen met rood. Rode onderstrepingen. Rode opschriften. Alternerend rode en blauwe hoofdletters (1 rr. hoog). Rode en blauwe initiaaltjes (2 rr. hoog). Representanten bewaard. Aangebracht met inkt.

Bij de stroken hoort een brief van P.J. van der Does de Bije d.d. 17 nov. 1870. Uit deze brief blijkt dat de fragmenten werden gevonden door W. Bezemer.

LITERATUUR. — a) In *Tent. Cat. Brabant te Boek 1992*, 16, cat. 28.

I,54 TWEE FRAGMENTEN VAN EEN 12E-EEUWS MISSALE Fragment 9a-b
Afb. 38

Twee perkamenten dubbelbladen zijn afkomstig uit een twaalfde-eeuwse MISSALE. Het betreft formulieren voor de weken na de eerste, tweede en vijfde zondag na de octaaf van Pinksteren. Waarschijnlijk afkomstig uit hetzelfde katern. De bladen zijn gebruikt ter bekleding van de binnenzijden van het voor- en achterplat van dezelfde boekband. Gereconstrueerde hoogte van deze boekband: c. 290 mm. Van beide bladen is de ondermarge fors besnoeid. Derhalve resteren in de kolom nog 35 regels. Ook het overgrote deel van de b-kolom van de bladen werd eveneens door de binder weggesneden. Alleen het eerste tekstdeel van de b-kolom is nog zichtbaar. De membra disiecta zijn in de negentiende eeuw onbehoorlijk bedorven door potloodnotities en een agressief reagens. Verkleuringen door bevestiging aan de inslag van het leer. Latijn. Afm.: 285-295x377-409 mm (fragment 9a); 266-c. 280x356-406 mm (fragment 9b). Mise-en-page in twee kolommen. Blinde liniëring. Muziekschrift in neumennotatie.

Gerubriceerd, deels bedorven en onleesbaar vanwege het gebruikte reagens. Oxydatie van het rubrum. Rode opschriften. Rode hoofdletters. Rode initialen (2-3 rr. hoog), deels staand in de (inter)marge. Rode initialen in margine. Getuige enkele onvoltooide werkaantekeningen en een bijgaand schrijven d.d. 30 dec. 1867 (waaronder een transcriptie) was Dr. C.R. Hermans van plan aan dit fragment een artikel te wijden.

Aangetroffen in het minderbroedersklooster te Megen (door pater A.F. Nieuwenhuizen O.F.M.?; vgl. fragmenten 1-4) ter bekleding van de borden en als scharnieren in: BARTOLUS (DE SAXOFERRATO?), *Super prima (secunda) Digesti veteris*, Baptistam de Tortis, Venetiis 16 feb. 1505-28 julii 1506? Vgl. *Cambridge Libr. 1501-1600*, vol. 1, 99, nr. 306. Nog niet in GGC.

I,55 FRAGMENT VAN EEN BIJBELCOMMENTAAR? Fragment 10

Afb. 39

Enkelblad. BIJBELCOMMENTAAR? In het Latijn. Perkament. Veertiende eeuw. 260x133 (212x135) mm. Mise-en-page in twee kolommen: 7<60>14<60>42-45 mm. 56 regels per kolom. Prikgaatjes voor de bladspiegel deels bewaard. Littera gothica cursiva. Eén hand. Enkele marginale notities van de kopiistenhand alsmede van een iets jongere hand.
Gerubriceerd. Rode paragraaftekens. Rode aan- en onderstrepingen. Een blauw penwerkinitiaaltje (2 rr. hoog), eenvoudig gedecoreerd met complementair uitlopend rood. Eén wijzend handje (versozijde), ingekleurd met rood. Kolomnummers, in Arabische cijfers: 25-26, 27-28. Rechts onderaan is uit het blad een klein stuk perkament weggeknipt.
In de Brabant-Collectie bedoeld als omslag voor hs. KHS D114 (vacat)?

LITERATUUR. — a) In *Tent. Cat. Brabant te Boek 1992*, 16, cat. 27.

I,56 DONATUS-FRAGMENT Fragment 11

Afb. 40

AELIUS DONATUS (c. 380): DE OCTO PARTIBUS ORATIONES; vgl. SCHWENKE 1903, 16,3-29 en 35-42. Gedrukt op perkament. Het fragment is zwaar gehavend (vouwen, forse gaten, gaatjes, één tekstzijde is bijna volledig afgesleten). Gebruikt als omslagje (fors tekstverlies door rasuur). Latijn. 28 regels. Afm.: 194x80-138 mm. Niet gerubriceerd. Datering: eind tachtiger, begin negentiger

jaren van de vijftiende eeuw. Hoogstwaarschijnlijk gedrukt in de Nederlanden. Het lettertype lijkt voorlopig dicht in de buurt te komen van GW, nr. 8971 (Pieter van Os, Zwolle, c. 1500, 28 rr.) en nr. 8837 (Richard Paffraet, Deventer, c. 1484, 28 rr.). Vgl. ook HTP, afb. 285.
Op de voorzijde van het als omslag gebruikte fragment staat het volgende (cursief): 'Anno [domini] xiiij^{c}.xcvij'.

Gevonden door J. Loke als schutblad om een oud register in het archief van de Bredase arrondissementsrechtsbank (c. 1864). In 1864 door Loke geschonken aan het PGNB. Vgl. de aantekening in HPGNB, jrg. 1864, 13-14.

Afkomstig uit: hs. KHS A18b. Vgl. *Over Brabant geschreven*, vol. 2 (Archivalische Bronnen), cat. II,408.

LITERATUUR. — a) In HPGNB, jrg. 1864, 13-14.
b) Voor Aelius Donatus (Romeins grammaticus): HERMANS 1978, 76, noot 6 (opgave van lit.).
Voor prototypografie en Donat-Forschung: HELLINGA 1972, m.n. 197-199 (List of further fragments); verder HERMANS 1978.
Bovenstaande identificatie kwam mede tot stand door de welwillende medewerking van mevrouw Dr. L. Hellinga (Londen, BL).

I,57 FRAGMENT VAN EEN GEDRUKTE BIJBEL Fragment 12
Afb. 41

Twee papieren enkelbladen. Afkomstig uit een in Duitsland gedrukte incunabel. Los ingestoken in hs. KHS D111. Geïdentificeerd als: *Biblia latina*, Antonius Koberger, Norimbergae 1478 (14 apr.); vgl. GW, vol. 4, 95-96, nr. 4232; nog niet in GGC. De fragmenten worden niet vermeld in IDL (vgl. nr. 826).
In de bovenmarge van één der bladen staat het volgende geschreven (in een vroeg negentiende-eeuwse hand): 'Anni incarnationis Dominice. Millesimo-quadringentesimo[septuagesimo]octavi. Mai verso kl. octavodecimo. Quod in-signe veteris novique testamenti opus. Cum canonibus evangelistarumque con-cordantiis. In laudem et gloriam sancte et individue trinitatis. Intemerate virginisque Marie impressum. In oppido Nurnbergn. per Antonium Coberger prefati oppidi incolam industria cuius quam diligentissime fabrefactum finit feliciter'. Daaronder: 'Lugd. Bat. 11 [mai] 1830 venditor'.
Verluchting met de hand aangebracht. Duits penwerk. Hoofdletters met rood aangestreept. Enkele rode onderstrepingen. Afwisselend rode en blauwe initialen (3 rr. hoog). Eén opengewerkte blauwe initiaal V (5 rr. hoog), initiaalveld

afgebiesd door een golfrand met knopjes, penwerk loopt vanuit de linkeronderhoek van de initiaal uit naar onderen, parelrand met knopjes. In het oog van de letter halfbladmotieven, schaduwwerking door arcering, uitsparingen opgevuld met geel.

LITERATUUR. — a) Vermeld in VAN DE VEN 1991, 21; *Tent. Cat. Brabant te Boek 1992*, 16, cat. 29.

GECITEERDE HANDSCHRIFTEN EN FRAGMENTEN

Onderstaande lijst bevat alle handschriften die in dit eerste catalogusdeel worden geciteerd en besproken. De huidige bewaarplaatsen zijn in 1992 gecontroleerd. De manuscripten die tot voor kort berustten te Damme (Maerlantmuseum, coll. Neuhuys) en Münster (Hauptstaatsarchiv Dep. Landsberg-Velen, Bibl. Jostes) zijn thans spoorloos.

AMSTERDAM, BPH
BPH 148

AMSTERDAM, UB
I G 10 (520)

ARNHEM, OGWB
287

BERLIJN, SPK
ms. germ. octav. 188

BRUSSEL, KB Albert I
3026-30
3057-58
4944
5066
5067
5069
15085
IV 202
IV 220
IV 269
IV 359
IV 442

CUIJK, Minderbroedersklooster
18

DAMME, Maerlant Museum,
coll. Neuhuys (olim)
Damme-fragment (z.s.): thans *spoorloos* (Versailles?)

DEVENTER, AB
98

DÜSSELDORF, UB
C23

GENT, UB
1052

's-GRAVENHAGE, KB
70 H 31
71 H 24
71 H 65
73 F 23
74 F 61
76 D 41,4
78 A 32
129 G 31
131 B 26
131 G 7
135 C 8

's-HEERENBERG, Huis Bergh
3
6

's-HERTOGENBOSCH, RANB
inv.nr. 09103, nr. 351

Archieven van de raad- en rentmeestergeneraal
Rijmbijbel-fragment (inv.nr. 289a)

LAREN, Privé-collectie
hs. 'Sinaï' (z.s.)

LEIDEN, UB
BPL 2836
MNL
Ltk. 303
Ltk. 311
Ltk. 500
Ltk. 1751-I
Ltk. 1964

archief MNL, nr. 660

LEIDEN, J.A.A.M. Biemans
Spiegel historiael-fragment (z.s.)

LEUVEN, UB
G218

LONDEN, BL
Add. 38123

MAASTRICHT, Minderbroedersklooster
2

MILAAN, Bibliotheca Nazionale di Brera
Gerli
60

MÜNSTER, Hauptstaatsarchiv Dep. Landsberg-Velen, Bibl. J. Jostes (olim)
15 (thans *spoorloos*)

NIJMEGEN, UB
310

OXFORD, Bodleian Library
Douce-scrapbook (nr. 44)

ROME, BAV
Cod. Otoboniani, Latini 2916

ST. PETERSBURG, OSB
holl. O.v. I, nr. 5

TILBURG, KUB, bibliotheek
aantekeningen en correspondentie pater Gerlach (z.s.)

UTRECHT, Rijksmuseum Het Catharijneconvent
19
96
101

VALENCIENNES, Stadsbibliotheek
131(134)

WENEN, ÖNB
2734

GEBRUIKTE AFKORTINGEN

ABD	Athenaeumbibliotheek (Deventer)
AR	Algemeen Rijksarchief (Brussel)
BAV	Biblioteca Apostolica Vaticana (Rome)
BL	British Library (London)
BNM	Bibliotheca Neerlandica Manuscripta (Bibliotheek van de Rijksuniversiteit te Leiden, afd. Westerse Handschriften)
BPH	Bibliotheca Philosophica Hermetica (J.R. Ritman Library)
GGC	Gemeenschappelijke Geautomatiseerde Catalogus (PICA)
KB	Koninklijke Bibliotheek
KUB	Katholieke Universiteit Brabant (Tilburg)
MNL	Maatschappij der Nederlandse Letterkunde (Leiden)
OGWB	Openbare en Gelderse Wetenschappelijke Bibliotheek (Arnhem)
ÖNB	Österreichische Nationalbibliothek (Wenen)
OSB	Openbare Staatsbibliotheek (St. Petersburg)
PGNB	Provinciaal Genootschap van Kunsten en Wetenschappen in Noord-Brabant
RANB	Rijksarchief in Noord-Brabant ('s-Hertogenbosch)
SPK	Staatsbibliothek Preussischer Kulturbesitz (Berlijn)
STCN	Short-Title Catalogue of the Netherlands
UB	Universiteitsbibliotheek

afb.	afbeelding	cf.	conform
afm.	afmetingen	contemp.	contemporain(e)
ant.	antiquariaat	d.d.	de dato
apr	april	dec.	december
aug.	augustus	diam.	diameter
a.w.	(het) aangehaald(e) werk	e.a.	en anderen
beschr.	beschrijving	ed.	editie
bibl.	bibliotheek	e.o.	en omgeving
c.	circa	etc.	etcetera
cap.	caput	evt.	eventueel
cat.	catalogus	expl.	explicit
cat.nr.	catalogusnummer	f./ff.	folio/folia

feb.	februari
fragm.	fragment
hs./hss.	handschrift(en)
i.e.	id est
inc.	incipit
inv.nr.	inventarisnummer
i.p.v.	in plaats van
jan.	januari
jr.	junior
jrg.	jaargang
k.	kolom
K.b.	Koninklijk besluit
lit.	literatuur
mm	millimeter
m.b.v.	met behulp van
m.n.	met name
mrt.	maart
ms./mss.	manuscript(en)
n.g.	niet geïdentificeerd
nov.	november
nr./nrs.	nummer(s)
o.a.	onder andere
okt.	oktober
o.m.	onder meer
ord.	ordonnantie(s)
p.	pagina('s)
pr.	priester
Ps.	Pseudo
ps.	psalm
r^0	recto
red.	redactie
rr.	regel(s)
resp.	respektievelijk
rubr.	rubriek
s.d.	sine dato
sep.	september
s.l.	sine loco
t.a.p.	ter aangehaalde plaatse
t.b.v.	ten behoeve van
Tent. Cat.	tentoonstellingscatalogus
t.z.t.	te zijner tijd
v^0	verso
vgl.	vergelijk
vol.	volumen
vs.	vers
z.g.n.	zogenaamd(e)
z.s.	zonder signatuur

BIBLIOGRAFIE

De bibliografie bevat publicaties verwerkt tot en met 1992. Handschriften en archivalia werden opgenomen in een aparte lijst (zie: GECITEERDE HANDSCHRIFTEN EN FRAGMENTEN). In de beschrijvingen wordt veelal verwezen naar een desbetreffende titel met behulp van auteursna(a)m(en), aangevuld met het jaar van verschijnen. In een aantal gevallen wordt een publikatie vermeld door middel van de in de literatuur gangbare afkorting of omschrijving, eventueel aangevuld met een jaartal. Afkortingen van tijdschriften, repertoria, reeksen en catalogi van tentoonstellingen zijn in onderstaande bibliografie verwerkt. Voor de overige afkortingen vergelijke men de lijst van GEBRUIKTE AFKORTINGEN.

ABB - *Archief- en Bibliotheekwezen in België. Driemaandelijks Tijdschrift van de Vereniging van Archivarissen en Bibliothecarissen (Archives et Bibliothèques de Belgique. Revue trimestrielle de l'Association des Archivistes et Bibliothécaires).*

VAN DER AA 1852-78.- AA, A.J. VAN DER, *Biographisch Woordenboek der Nederlanden*, 7 vol., Amsterdam 1852-78 (reprint: 1969).

ACQUOY 1875-80.- ACQUOY, J.K.G., *Het Klooster te Windesheim en zijn Invloed*, 3 vol., Utrecht 1875-80.

AMPE 1951.- AMPE, A., Kritische Kanttekeningen bij de 'Evangelische Peerle', in: OGE, vol. 25, 1951, 158-175.

AMPE 1954.- AMPE, A., Kanttekeningen bij de 'Evangelische Peerle'. II. Het Hofken van Devocie, in: OGE, vol. 28, 1954, 172-193.

AMPE 1962.- AMPE, A., Losse Aantekeningen bij de 'Heimelike passie'. § 2. Een onbekende Verspreiding van de 'Heimelike Passie' door de Druk, in: OGE, vol. 36, 1962, 352-371.

AMPE 1963.- AMPE, A., Bibliografisch Onderzoek en kritische Uitgave van 'Een soete Meditatie hoe die verloren Siele vanden Sone Gods vonden es', in: *De Gulden Passer. Driemaandelijks Bulletin van de 'Vereeniging der Antwerpsche Bibliophielen'*, vol. 41, 1963, 48-82.

AMPE 1964-1.- AMPE, A., Kanttekeningen bij de 'Evangelische Peerle'. V. Onbekende Teksten van de Schrijfster der Peerle in het Bossche Handschrift 647, in: OGE, vol. 38, 1964, 225-319.

AMPE 1964-2.- AMPE, A., Kritisch Onderzoek van enkele aan Ruusbroec toegeschreven Teksten, in: *Dr. L. Reypens-Album 1964*, 1-36.

AMPE 1984.- AMPE, A., Naar een Geschiedenis van de Passie-Beleving vanuit Marrow's Passie-Boek, in: OGE, vol. 58, 1984, 129-175 (boekbespreking).

Analecta Gysberti Coeverincx 1905-07.- *Analecta Gysberti Coeverincx*, ed. G. van den Elsen en W. Hoevenaars, 2 vol., 's-Hertogenbosch 1905-07.

AXTERS 1956.- AXTERS, St., *Geschiedenis van de Vroomheid in de Nederlanden*, 3 vol., Antwerpen 1956.

AXTERS 1966.- AXTERS, St., De zalige Heinrich Seuse in Nederlandse Handschriften, in: *Heinrich Seuse. Studien zum 600. Todestag 1366-1966*, onder red. van E. Filthaut, Köln 1966, 343-396.

AXTERS 1971.- AXTERS, St., *De Imitatione Christi. Een Handschrifteninventaris bij het vijfhonderste Verjaren van Thomas Hemerken van Kempen (overl. 1471)*, reeks *Schriftenreihe des Kreises Kempen-Krefeld* nr. 27, Kempen-Niederrhein 1971.

BB - *Bossche Bijdragen. Bouwstoffen voor de Geschiedenis van het Bisdom 's-Hertogenbosch.*

BCNI - *Bibliotheca Catholica Neerlandica Impressa 1500-1727*, Hagae Comitis 1954.

BE - *Brockhaus Enzyklopädie*, 20 vol., 5 vol. (Ergänzungen), Wiesbaden 1966-81.

BGZN - *Bijdragen tot de Geschiedenis van het Zuiden van Nederland.*

BAARDA 1993.- BAARDA, C., *Gerrit van Orden (1774-1854) en zijn Boeken*, Groningen 1993 (onuitgegeven doctoraalscriptie Rijksuniversiteit Groningen).

BAARDA/HERMANS 1992.- BAARDA, C. en J.M.M. HERMANS, *Brabantse Handschriften. Gerrit van Orden (1774-1854) en zijn Schenking van Handschriften aan het Provinciaal Genootschap van Noord-Brabant*, Tilburg 1992. Zie ook: *Tent. Cat. Brabant te Boek 1992.*

BAUERREISS 1931.- BAUERREISS, R., *Pie Jesu. Das Scherzensmann-Bild und sein Einfluss auf die mittelalterliche Frömmigkeit*, München 1931.

VAN BAVEL 1982.- BAVEL, T.J. VAN, *Augustinus van Hippo. Regel voor de Gemeenschap.* Vertaling en Commentaar, Averbode 1982.

Belgica Typographica 1541-1600.- COCKX-INDESTEGE, E. en G. GLORIEUX, *Belgica Typographica 1541-1600. Catalogus Librorum impressum ab Anno MDXLI ad Annum MDC in Regionibus quae nunc Regni Belgarum Partes sunt*, 2 vol., Nieuwkoop 1968, 1977-80.

BERLINER 1955.- BERLINER, R., Arma Christi, in: *Müncher Jahrbuch der bildenden Kunst*, vol. 6, afl. 3, München 1955, 35-152.

Bibliotheca Sussexiana 1827.- Bibliotheca Sussexiana. A descriptive Catalogue accompagnied by historical and biographical Notices, of the Manuscripts and Printed Books contained in the Library of His Royal Highness the Duke of Sussex, K.G., D.C.L., &c., &c., &c., &c., in Kensington Palace, onder red. van T.J. Pettigrew, 1 vol. in 2 parts, Glasgow-London 1827.

BIEMANS 1984.- BIEMANS, J.A.A.M., *Middelnederlandse Bijbelhandschriften*, reeks CSSN, Leiden 1984.

BIHLMEYER 1907.- BIHLMEYER, K., *Heinrich Seuse. Deutsche Schriften*, Stuttgart 1907.

BLOOMFIELD 1979.- BLOOMFIELD, M.W., GUYOT, B.-G., HOWARD, D.R. en Th.B. KABALEO, *Incipits of Latin Works on the Virtues and Vices, 1100-1500 A.D.*, Cambridge (Mass.) 1979.

BOEREN 1964.- BOEREN, P.C., Sint Bernardinus in de Nederlanden (15e Eeuw), in: *Dr. L. Reypens-Album 1964*, 93-104.

S. BONAVENTURA ed. 1866.- S. BONAVENTURA, *Opera omnia*, ed. A.C. Peltier, vol. 7, Paris 1866.

S. BONAVENTURA ed. 1882-1902.- S. BONAVENTURA, *Opera omnia*, ed. B. a Portu Romantino, 11 vol., Quaracchi 1882-1902.

VAN DEN BOSCH 1974.- BOSCH, P. VAN DEN, De Bibliotheken van de Kruisherenkloosters in de Nederlanden vóór 1550, in: *ABB*, extranr. 11: *Studies over het Boekenbezit en Boekengebruik in de Nederlanden vóór 1600*, Brussel 1974, 563-636.

Bossink 1978.- Bossink, H.J.H., Vanaf het Ontstaan van 's-Hertogenbosch tot het Midden van de veertiende Eeuw, in: *Bossche Bouwstenen*, vol. 1, 's-Hertogenbosch 1978, 19-39.

Bossink 1979.- Bossink, H.J.H., Het Wapen van 's-Hertogenbosch, in: VHB, vol. 8, 1979, 245-269.

Bouwstoffen 1934.- Middelnederlandsch Woordenboek, vol. 10, 's-Gravenhage 1934.

Brabantia.- Brabantia. Maandblad van het Provinciaal Genootschap van Kunsten en Wetenschappen in Noord-Brabant en de Stichting Brabantia nostra. Voortgezet als: *Brabantia. Brabants Tijdschrift voor Kunst en Cultuur.*

Ten Brink 1966.- Brink, E.A.B.J. Ten, Bossche Drukken 1541-1600. Een Bijdrage tot de Noordnederlandse Bibliografie, in: VHB, vol. 2, 1966, 95-152.

Ten Brink 1969.- Brink, E.A.B.J. Ten, Bossche Drukken 1600-1629. Een Bijdrage tot de Noordnederlandse Bibliografie, in: VHB, vol. 3, 1969, 133-185.

Briquet 1923.- Briquet, C.M., *Les Filigranes. Dictionnaire historique de Marques du Papier dès leur Apparition vers 1282 jusqu'en 1600*, 4 vol., Leipzig 1923 (reprint: Hildesheim-New York 1977).

De Bruin 1954.- Bruin, C.C. De, De Middelnederlandse Vertaling van De Imitatione Christi (Qui sequitur me) van Thomas a Kempis, in: *Hs. Leiden, Mij Ndl. Lett., 339*, Leiden 1954 (met hss. lijst).

De Bruin 1964.- Bruin, C.C. De, Het Bonaventura-Ludolphiaanse Leven van Jezus. Prolegomena voor een Uitgave, in: *Dr. L. Reypens-Album 1964*, 115-130.

CENB - *The Compact Edition of National Biography*, 2 vol., Oxford 1975.

CMD-NL 2 - Lieftinck, G.I. en J.P. Gumbert, *Manuscrits datés conservés dans les Pays-Bas.* Tôme II: *Les Manuscrits d'Origine Néerlandaise (XIVe-XVIe Siècle). Texte. Planches*, Leiden-New York-Kopenhagen-Köln 1988.

CSSN - *Corpus Sacrae Scripturae Neerlandicae Medii Aevi.*

Cambridge Libr. 1501-1600.- Catalogue of Books printed on the Continent of Europe, 1501-1600 in Cambridge Libraries, compiled by H.W. Adams, 2 vol., Cambridge 1967.

Camps 1953.- Camps, H.P.H., Twee Teksten van het Stadsrecht van Den Bosch, in: *Tijdschrift voor Rechtsgeschiedenis*, vol. 21, 1953, 459-476.

Carasso-Kok 1981.- Carasso-Kok, M., *Repertorium van verhalende historische Bronnen uit de Middeleeuwen. Heiligenlevens, Annalen, Kronieken en andere in Nederland geschreven verhalende Bronnen, Bibliografische Reeks van het Nederlands Historisch Genootschap* nr. 2, 's-Gravenhage 1981.

Ten Cate 1953-55.- Cate, J.A. Ten, Aanvullingen op de Geschiedenis der Tertiarissenkloosters achter de Tolbrug te 's-Hertogenbosch en Catharinenberg te Oisterwijk, in: BB, vol. 22, 1953-55, 145-153.

Cat. PGNB Oorkonden/Handschriften 1875.- Does de Bije, P.J. Van Der, *Analytische Catalogus der Oorkonden met Opgave der Handschriften berustende in de Boekerij van het Provinciaal Genootschap van Kunsten en Wetenschappen in Noord-Brabant*, 's-Hertogenbosch 1875.

Cat. PGNB Oorkonden/Handschriften 1900.- Sasse van Ysselt, A.F.O. Van, *Nieuwe Catalogus der Oorkonden en Hand-schriften berustende in de Boekerij van het Provinciaal Genootschap van Kunsten en Wetenschappen in Noord-Brabant*, 's-Hertogenbosch 1900. Doorschoten exemplaar (Tilburg, KUB, bibliotheek, handbibliotheek THA).

Cat. PGNB Oorkonden/Handschriften 1915.- SASSE VAN YSSELT, A.F.O. VAN, *Nieuwe Catalogus der Oorkonden en Handschriften, berustende in de Boekerij van het Provinciaal Genootschap van Kunsten en Wetenschappen in Noord-Brabant.* Eerste Supplement, 's-Hertogenbosch 1915. Met wit doorschoten exemplaar (Tilburg, KUB, bibliotheek, handbibliotheek THA).

Clairlieu.- *Clairlieu. Tijdschrift gewijd aan de Geschiedenis van de Kruisheren.*

COPPENS 1840-44.- COPPENS, J.A., *Nieuwe Beschrijving van het Bisdom 's-Hertogenbosch naar Aanleiding van het katholijk Meijerijsch Memorieboek van A. van Gils*, 5 vol., 's-Hertogenbosch 1840-44.

DESCHAMPS 1972.- DESCHAMPS, J., *Middelnederlandse Handschriften uit Europese en Amerikaanse Bibliotheken. Tentoonstelling ter Gelegenheid van het honderdjarig Bestaan van de Koninklijke Zuidnederlandse Maatschappij voor Taal- en Letterkunde en Geschiedenis. Brussel, Koninklijke Bibliotheek Albert I, 24 okt.-24 dec. 1970*, 2e druk, Leiden 1972.

DESCHAMPS 1985.- DESCHAMPS, J., Middelnederlandse Vertalingen en Bewerkingen van Werken van de Kartuizer Jacobus van Gruitrode, in: *Hulde-Album Dr. F. van Vinckeroye*, ed. Th. Coun, A. Vandenheede en G. Wellens, Hasselt 1985, 67-81.

DESCHAMPS 1990.- DESCHAMPS, J., De Middelnederlandse Vertalingen en Bewerkingen van de *Hundert Betrachtungen und Begehrungen* van Henricus Suso, in: *Spiritualia Neerlandica*, 1990, 309-369.

DISTELBRINK 1975.- DISTELBRINK, B., *Bonaventurae Scripta authentica dubia vel spuria critice recensita*, reeks *Subsidia Scientifica Franciscalia/Cura Instituti Capuccini* nr. 5, Roma 1975.

DOUMA 1971.- DOUMA, H., Inventaris van het Kloosterarchief van Sint Agatha en het Belang ervan voor de Geschiedenis van Oost-Brabant, Noord-Limburg en het Rijk van Nijmegen, in: *Het Land van Cuijk, kerkelijk en politiek Verleden. Verslagboek Historisch Congres Cuijk 1971*, Cuijk 1971, 10-25.

DOUMA 1972.- DOUMA, H., *Inventaris van het Archief van het Kruisherenklooster Sint-Agatha 1371-1887*, inventarisreeks RANB nr. 9, vol. 1, 's-Hertogenbosch 1972.

DOUTREPONT 1906.- DOUTREPONT, G., *Inventaire de la 'Librairie' de Philippe le Bon (1420)*, Bruxelles 1906.

VAN DIJCK 1973.- DIJCK, G.C.M. VAN, *De Bossche Optimaten. Geschiedenis van de Illustere Lieve Vrouwebroederschap te 's-Hertogenbosch, 1318-1973*, reeks BGZN, tweede reeks nr. 27, Tilburg 1973.

VAN DIJK 1990.- DIJK, R. VAN, Het Getijdenboek van Geert Grote: Terugblik en Vooruitzicht, in: *Spiritualia Neerlandica*, 156-194.

Dr. L. Reypens-Album 1964.- *Dr. L. Reypens-Album. Opstellen aangeboden aan Prof. Dr. L. Reypens ter Gelegenheid van zijn tachtigste Verjaardag op 26 februari 1964*, reeks *Studiën en Tekstuitgaven* van OGE nr. 16, Antwerpen 1964.

EBELL 1911.- EBELL, C.C.D., Het Rijksarchief in Noordbrabant, in: VROA, vol. 33, 1910, 86-132.

VAN EEGHEN 1941.- EEGHEN, I.H., *Vrouwenkloosters en Begijnhof in Amsterdam van de 14e tot het Einde der 16e Eeuw*, Amsterdam 1941.

FOGELMARK 1990.- FOGELMARK, St., *Flemish and related panel-stamped Bindings. Evidence and Principles*, New York 1990.

GW - *Gesamtkatalog der Wiegedrucke*, 8 vol., vol. 9 in 3 afl. verschenen, Leipzig 1925-89 (reprint van vol. 1-8: Stuttgart etc. 1968-78).

GERLACH 1935-1.- GERLACH, P., *De Minderbroeders-Capucijnen in 's-Hertogenbosch 1611-1935*, 's-Hertogenbosch 1935.

GERLACH 1935-2.- GERLACH, P., Een Bezoek aan Gelder, in: BB, vol. 18, 1935, 86-94, 358-362, 411-421, vol. 19, 1936, 327-336, 367-371.

GERLACH 1967.- GERLACH, P., De Bronnen voor het Leven en Werk van Jeroen Bosch, in: *Brabantia*, vol. 16, 1967, 58-65.

GERLACH 1972.- GERLACH, P., Noordbrabantse 'Scrivers' en 'Verluchters'. II. Het Getijdenboek van Coudewater, in: ABB, vol. 43, 1972, 588-597.

GERLACH 1974.- GERLACH, P., Twee Handschriften, in: *Brabantia*, vol, 23, 1974, 114-120.

GERLACH 1978.- GERLACH, P., Kroniekschrijvers van Den Bosch, in: MGT, vol. 28, 1978, 34-37.

GRÖBER 1941.- GRÖBER, C., *Der Mystiker Heinrich Seuse. Die Geschichte seines Lebens. Die Entstehung und Echtheit seiner Werke*, Freiburg i. Br. 1941.

GUMBERT 1974.- GUMBERT, J.P., Over Kartuizerbibliotheken in de Nederlanden, in: ABB, extranr. 11: *Studies over het Boekenbezit en Boekengebruik in de Nederlanden vóór 1600*, Brussel 1974, 159-186.

HMNL - *Handelingen Maatschappij der Nederlandse Letterkunde*.

HPGNB - *Handelingen van het Provinciaal Genootschap van Kunsten en Wetenschappen in Noord-Brabant*.

HTP - HELLINGA, L. en W., *The fifteenth-century printing Types of the Low Countries*, 2 vol., Amsterdam 1966.

VAN HAEGHEN 1979.- HAEGHEN, F. VAN, *Bibliotheca Belgica. Bibliographie générale des Pays-Bas*, 6 vol., Bruxelles 1979.

Heinrich Seuse. Studien zum 600. Todestag 1366-1966.- *Heinrich Seuse. Studien zum 600. Todestag 1366-1966*, onder red. van E. Filthaut, Köln 1966.

HELLINGA 1972.- HELLINGA, L., Further Fragments of Dutch Prototypography. A List of Findings since 1938, in: *Quaerendo*, vol. 2, 1972, 182-199.

HENRICUS SUSO ed. 1555.- *D. Henrici Susonis, Viri sanctitate, eruditione, et miraculis Opera (...)*, ed. L. Surius, Köln 1555, 624-636.

HENS/VAN BAVEL/VAN DIJCK/FRANTZEN 1978.- HENS, A., BAVEL, H. VAN, DIJCK, G.C.M. VAN en J.H.M. FRANTZEN, *Mirakelen van Onze Lieve Vrouw te 's-Hertogenbosch 1381-1603*, reeks BGZN nr. 42, Tilburg 1978.

HERMANS 1846-48.- HERMANS, C.R., *Verzameling van Kronyken, Charters en Oorkonden betrekkelijk de Stad en Meijerij van 's-Hertogenbosch*, 3 vol., 's-Hertogenbosch 1846-48.

HERMANS 1855.- HERMANS, C.R., Vlugtig Overzicht der Verzamelingen van het Provinciaal Genootschap van Kunsten en Wetenschappen in Noordbrabant, in: HPGNB, jrg. 1855, 25-54.

HERMANS 1858.- HERMANS, C.R., *Annales Canonicorum Regularium s. Augustini Ordinis s. Crucis. Ex Monumentis authenticis, reverendissimo Patre Magistro generali Fr. Henrico van den Wijmelenberg*, 2 vol., Silvae-Ducis 1858.

HERMANS 1978.- HERMANS, J.M.M., Notes on some Donats of fourteen, fifteen and sixteen Leaves of twenty-seven Lines, printed in the Saliceto Fount, in: *Quaerendo*, vol. 8, 1978, 75-98.

HERMANS 1989.- HERMANS, J.M.M., Laatmiddeleeuwse Boekdecoratie en penwerk in Noordnederland. Methodologische Overwegingen bij een 'Atlas' van Groningse Boekversiering alsmede een beknopte Bibliografie, in: *Middeleeuwse Handschriftenkunde in de Nederlanden 1988. Verslag van de Groningse Codicologendagen 28-29 april 1988*, onder red. van J.M.M. Hermans, reeks *Nijmeegse Codicologische Cahiers* nr. 10-12, Grave 1989, 41-44.

VAN HERWAARDEN 1983.- HERWAARDEN, J. VAN, Geloof en Geloofsuitingen in de late Middeleeuwen in de Nederlanden: Jerusalembedevaarten, Lijdensdevotie en Kruiswegverering, in: *Bijdragen en Mededelingen betreffende de Geschiedenis der Nederlanden*, vol. 98, afl. 3, 1983, 400-429.

VAN HEST 1989.- HEST, A. VAN, Middelnederlandse medische Recepten, in: *Chronologie, Astrologie en Gezondheid in een Handschrift van een zestiende-eeuwse Haagse Non*, onder red. van A.G. Weiler, reeks *Middeleeuwse Studies* nr. 4, Nijmegen 1989, 102-131.

HEZENMANS 1876.- HEZENMANS, J.C.A., Dagverhaal van een Kruisvaarder, uit de XIIIe Eeuw, in: *De Dietsche Warande. Tijdschrift voor aesthetische Beschaving*, nieuwe reeks, vol. 1, 1876, 351-368.

HÖVELMANN 1968.- HÖVELMANN, G., Die Handschriften der Klosterbibliothek Gaesdonck. Ein Versuch, den ursprünglichen Bestand zu rekonstruieren, mit einem Anhang über die Schreibtätigkeit des Gaesdoncker Konvents, in: *Gaesdoncker Blätter*, vol. 21, 1968, 44-49.

IDL - *Incunabula in Dutch Libraries. A Census of fifteenth century printed Books in Dutch public Collections*, 2 vol., Nieuwkoop 1983.

IMDC - *Illuminated Manuscripts in Dutch Collections. An Inventory compiled by the Alexander Willem Byvanck Foundation*. Preliminary precursor, part I, The Hague 1991.

In Buscoducis 1450-1629.- KOLDEWEIJ, A.M., *In Buscoducis 1450-1629. Kunst uit de Bourgondische Tijd te 's-Hertogenbosch. De Cultuur van late Middeleeuwen en Renaissance*. Tentoonstellingscatalogus en bijdragen, 2 vol., Maarssen-'s-Hertogenbosch 1990.

JAN PASCHA 1576.- JAN PASCHA, *Een devote Maniere, om geestelick Pelgrimagie te trecke, tot den H. Lande, als te Ierusalem, Bethlehem, ter Iordanen &c. Met drie rechte Gelegenheyt der h. Plaetsen so bescheydelijck beschreven al oft Men die voor Oogen sage*, Loven 1576.

JANSEN-SIEBEN 1989.- JANSEN-SIEBEN, R., *Repertorium van de Middelnederlandse Artes-Literatuur*, Utrecht 1989.

KAPPELHOF 1986.- KAPPELHOF, A.C.M., *De Belastingheffing in de Meierij van Den Bosch gedurende de Generaliteitsperiode 1648-1730*, reeks BGZN nr. 69, Tilburg 1986.

KERN 1895.- KERN, J.H., *De Limburgsche Sermoenen*, reeks *Bibliotheek van Middelnederlandsche Letterkunde* nrs. 46-48, 50-53, Groningen 1895.

KLEINHEYER/VON SEVERUS/KACZYNSKI 1984.- KLEINHEYER, B., E. VON SEVERUS en R. KACZYNSKI, *Sakramentliche Feiern II. Ordinationen und Beauftragungen-Riten um Ehe und Familie-Feiern geistlicher Gemeinschaften-Die Sterbe- und Begräbnisliturgie-Die Benediktionen-Der Exorzismus*, reeks *Gottesdienst der Kirche. Handbuch der Liturgiewissenschaft* nr. 8, Regensburg 1984.

KORTEWEG 1986.- KORTEWEG, A.S., Delftse, Noordhollandse en Groningse Randjes. Een Bijdrage tot een Atlas van Randversiering in Noordnederlandse verluchte Handschriften der Vijftiende Eeuw, in: *Opstellen over de Koninklijke Bibliotheek en andere Studies. Bundel samengesteld door Medewerkers van Dr. C. Reedijk ter gelegenheid van zijn Aftreden als Bibliothecaris van de Koninklijke Bibliotheek te 's-Gravenhage*, Hilversum 1986, 237-246.

KRONENBURG 1904-11.- KRONENBURG, J.A.F., *Maria's Heerlijkheid in Nederland. Geschiedkundige Schets van de Vereering van de H. Maagd in ons Vaderland, van de eerste Tijden tot op onze Dagen*, 7 vol., Amsterdam 1904-11.

KRUITWAGEN 1913.- KRUITWAGEN, B., *Catalogus van de Handschriften en Boeken van het Bisschoppelijk Museum te Haarlem*, Amsterdam 1913.

KRIJBOLDER 1989.- KRIJBOLDER, W.M.J., C.R. Hermans en het Provinciaal Genootschap in Noord-Brabant 1830-1840, in: NBHJ, vol. 6, 1989, 79-104.

KUYER 1969.- KUYER, Th.J., Enige Beschouwingen met Betrekking tot het oudste Stadsrecht van 's-Hertogenbosch, in: VHB, vol. 3, 1969, 13-34.

LAMBERMONT 1980.- LAMBERMONT, H., Enige Proeven van de Tekstkritiek van een middelnederlandse Tekst, in: *De Letter doet de Geest leven. Bundel Opstellen aangeboden aan Max de Haan bij zijn afscheid van de Rijksuniversiteit te Leiden*, reeks *Publikaties van de Vakgroep Nederlandse Taal- en Letterkunde* nr. 9, Leiden 1980, 62-72.

LANDWEHR 1988.- LANDWEHR, J., *Emblem and Fable Books printed in the Low Countries 1542-1813. A Bibliography*, 3e druk, Utrecht 1988.

LELOUX 1980.- LELOUX, H.J., Laatmiddeleeuwse Getijden- en Gebedenboeken in het Middelnederlands uit het Bezit van het Huis Bergh, in: OGE, 54, 1980, 183-232.

LELOUX 1987.- LELOUX, H.J., Maria's Zeven Vreugden in laatmiddeleeuwse geschreven Gebedenboeken in de Nederlanden en het aangrenzende Duitse Gebied, in: *Miscellanea Neerlandica. Opstellen voor Dr. Jan Deschamps ter Gelegenheid van zijn zeventigste Verjaardag*, onder red. van E. Cockx-Indestege en F. Hendrickx, vol. 3, Leuven 1987, 161-171.

LINGIER 1990.- LINGIER, C., Over de Verspreiding van Sint-Bernardus' liturgische Sermoenen in het Middelnederlands, in: *Spiritualia Neerlandica*, 318-340.

MGT- *Met Gansen Trou. Orgaan van de Heemkundekring 'Onsenoort'.*

MW - *Monasticon Windeshemense*, 4 vol., Brussel 1976-84.

MALHERBE 1951.- MALHERBE, G., Les Rituels Liégeois, in: *Bulletin de la Société d'Art et d'Histoire du Diocèse de Liège*, vol. 37, 1951.

MARROW 1979.- MARROW, J.H., *Passion Iconography in Northern European Art of the late Middle Ages and early Renaissance. A Study of the Transformation of sacred Metaphor into descriptive Narrative*, reeks *Ars Neerlandica* nr. 1, Kortrijk 1979.

MEERTENS 1930-34.- MEERTENS, M., *De Godsvrucht in de Nederlanden. Naar Handschriften der XVe Eeuw*, 6 vol., Utrecht 1930-34.

MEYBOOM 1855.- MEYBOOM, H.U., Suso's honderd Artikelen in Nederland, in: *Archief voor Nederlandsche Kerkgeschiedenis*, vol. 1, 1885, 173-207.

MOMMERS 1953.- MOMMERS, A.R.M., *Brabant van Generaliteitsland tot Gewest. Bestuursinrichting en Gezagsuitoefening in en over de Landen en Steden van Staats-Brabant en Bataafs-Braband. 14 september 1629-1 maart 1796*, 2 vol., Utrecht-Nijmegen 1953.

Monasticon Batavum 1941-42.- SCHOENGEN, M., *Monasticon Batavum*, reeks *Verhandelingen der Nederlandsche Akademie van Wetenschappen, afdeeling Letterkunde*, nieuwe reeks nr. 45, 3 vol., Amsterdam 1941-42.

Monasticon Batavum Suppl. 1942.- KOK, D. DE, Supplement bij *Monasticon Batavum*, reeks *Verhandelingen der Nederlandsche Akademie van Wetenschappen, afdeeling Letterkunde*, nieuwe reeks nr. 45, suppl., Amsterdam 1942.

NBHJ - *Noordbrabants Historisch Jaarboek*. Voortzetting van: *Varia Historica Brabantica* (VHB).

NK - NIJHOFF, W. en M.E. KRONENBERG, *Nederlandsche Bibliographie van 1500 tot 1540*, 3 vol. in 3 bdn., 's-Gravenhage 1965.

NNBW - *Nieuw Nederlandsch Biografisch Woordenboek*, onder red. van P.C. Molhuysen, P.J. Blok e.a., 10 vol., Leiden 1911-37 (reprint: Amsterdam 1974).

NAUWELAERTS 1942.- NAUWELAERTS, M.A., De Broeders van het Gemeene Leven. Ter Aanvulling op het *Monasticon Batavum*, in: *Studia Catholica*. Nieuwe Reeks van *De Katholiek*, vol. 18, 1942, 228-232.

NAUWELAERTS 1974.- NAUWELAERTS, M.A., *Latijnse School en Onderwijs te 's-Hertogenbosch*, reeks BGZN, nr. 30, Tilburg 1974.

OGE - *Ons Geestelijk Erf. Driemaandelijks Tijdschrift gewijd aan de Studie der Nederlandse Vroomheid vanaf de Bekering tot circa 1750.*

OBBEMA 1978.- OBBEMA, P.F.J., Writing on uncut Sheets, in: *Quaerendo*, vol. 8, 1978, 337-354.

OBBEMA 1991.- OBBEMA, P.F.J., Kalenders geven meer dan Heiligendagen alleen, in: *Een School Spierinkjes. Kleine Opstellen over Middelnederlandse Artes-Literatuur*, onder red. van W.P. Gerritsen, A. van Gijsen en O.S.H. Lie, reeks *Middeleeuwse Studies en Bronnen* nr. 26, Hilversum 1991, 131-133.

OLSEN 1977.- OLSEN, U.S., *Et Klosterbibliothek Marienwater fra ca. 1434-1713. Forsøg på en Rekonstruktion*, København 1977 (typoscript).

VAN DEN OORD 1984.- OORD, C.J.A. VAN DEN, *Twee Eeuwen Bosch' Boekbedrijf 1450-1650. Een Onderzoek naar de Betekenis van Bossche Boekdrukkers, Uitgevers en Librariërs voor het regionale socio-culturele Leven*, reeks BGZN nr. 62, Tilburg 1984.

PL - MIGNE, J.P., *Patrologiae Cursus completus*, series latina, 217 vol., 4 index vol., Paris 1841-55.

DE PAUW 1903.- PAUW, N. DE, *Middelnederlandsche Gedichten en Fragmenten*. II: *Wereldlijke Gedichten*, Gent 1903.

POST 1968.- POST, R.R., *The Modern Devotion. Confrontation with Reformation and Humanism*, reeks *Studies in medieval and reformation Thought* nr. 3, Leiden 1968.

Quaerendo.- *Quaerendo. A quarterly Journal from the Low Countries devoted to Manuscripts and printed Books*. Voortzetting van: *Het Boek*.

RH - CHEVALIER, U., *Repertorium hymnologicum. Catalogue des Chants, Hymnes, Proses, Séquences, Tropes en Usage dans l'Église latine depuis les Origines jusqu'a nos Jours*, 6 vol., Louvain 1892-1912.

RICHSTÄTTER 1929.- RICHSTÄTTER, C., *Beati Henrici Susonis Ordinis Praedicatorum Horologium Sapientiae, accedunt Tractatus et Notae quaedam de Theologia mystica ex Operibus Henrici Denifle*, Turijn 1929.

SANDERS 1992.- SANDERS, J.G.M., Peter van Os (?-1542) stadssecretaris van 's-Hertogenbosch en kroniekschrijver, in: *Brabantse Biografieën*, onder red. van J. van Oudheusden e.a., vol. 1, Meppel-Amsterdam-'s-Hertogenbosch 1992, 124-127.

VAN SASSE VAN YSSELT 1937.- SASSE VAN YSSELT, A.F.O. VAN, Het Provinciaal Genootschap van Kunsten en Wetenschappen in Noord-Brabant 1837-1937, in: *Tax.*, vol. 44, 1937, 57-80.

SCHOLTEN 1906.- SCHOLTEN, R., *Gaesdonck. Geschichte des Klosters der regulierten Chorherren des Hilfspriesterseminars oder Priesterhauses und des Collegiums Augustinianum bis 1873*, Münster 1906.

SCHOLTENS 1938-39.- SCHOLTENS, H.J.J., De Kartuizers buiten 's-Hertogenbosch, in: BB, vol. 16, 1938-39, 24-82, 143-185.

SCHUPISSER 1991.- SCHUPISSER, F.O., Copper Engraving of the 'Mass Production' illustrating Netherlandish Prayer Manuscripts, in: *Master and Miniatures. Proceedings of the Congress on medieval Manuscript Illumination in the Northern Netherlands (Utrecht, 10-13 december 1989)*, reeks *Studies and Facsimiles of Netherlandish Illuminated Manuscripts* nr. 3, 389-400.

SCHUTJES 1870-76.- SCHUTJES, L., *Geschiedenis van het Bisdom 's-Hertogenbosch*, 5 vol. met register, St. Michielsgestel 1870-76.

SCHWENKE 1903.- SCHWENKE, P., *Die Donat- und Kalendertype. Nachtrag und Übersicht. Mit einem Abdruck des Donattextes nach den ältesten Ausgaben*, reeks *Veröffentlichungen der Gutenberg-Gesellschaft* facs. 2, Mainz 1903.

Selecta pro instruendis Fratribus 1942.- *Selecta pro instruendis Fratribus Ord. Min. scripta s. Bonaventurae, una cum Libello Speculum Disciplinae*, Quaracchi 1942.

SMULDERS 1956-57.- SMULDERS, F.W., De Kartuizers van Vucht. De Goederen in Olland, Zon, Gemonde, Poeldonk, Eikendonk, en Vucht, in: BB, vol. 23, 1956-57, 216-228.

SORGELOOS 1990.- SORGELOOS, Cl., *1589-1989 Labore et Constantia. A Collection of 510 Editions issued by Christopher Plantin from 1555 till 1589*, Brussels 1990.

SPAAPEN 1961.- SPAAPEN, B., Middeleeuwse Passiemystiek. I. *Der mynnender Sielen Boegaert*, in: OGE, vol. 35, 1961, 167-185.

Spiritualia Neerlandica.- *Spiritualia Neerlandica. Opstellen voor Dr. Albert Ampe SJ hem door Vakgenoten en Vrienden aangeboden uit Waardering voor zijn wetenschappelijk Werk*, onder red. van E. Cockx-Indestege, J. Deschamps, F. Hendrickx en P. Verdeyen, (=OGE, vol. 63-64), Antwerpen 1990.

STRACKE 1937.- STRACKE, D.A., Een Brokstuk uit de Passie des Heeren, in: OGE, vol. 11, 1937, 121-190.

VAN SYNGHEL 1992.- SYNGHEL, G. VAN, Een onbekend Fragment van de Scolastica of Rijmbijbel van Jacob van Maerlant, in: NBHJ, vol. 9, 120-132.

Supplement II-1959.- KORVEZEE, E., *Supplement II*, supplement op: *Cat. PGNB Oorkonden/Handschriften 1915*, 1959 (typoscript).

Tax.- *Taxandria. Tijdschrift voor Noordbrabantsche Geschiedenis en Volkskunde.*

Tent. Cat. Boekbanden 1930.- Catalogus van de Wereldtentoonstelling voor Koloniën, Zeevaart en Oud-Vlaamsche Kunst. Afdeling: Oud-Vlaamsche Kunst (juniseptember), vol. 5: *Boekbanden*, beschreven door Prosper Verheyden, Brussel 1930. Tentoonstellingscatalogus.

Tent. Cat. Birgitta van Zweden 1303-73.- Birgitta van Zweden 1303-1373. 600 Jaar Kunst en Cultuur van haar Kloosterorde. Tentoonstelling Museum voor Religieuze Kunst Uden, 22 mrt. t/m 25 mei 1986, Uden 1986.

Tent. Cat. Figuren en Facetten 1984.- Moderne Devotie. Figuren en Facetten. Tentoonstelling ter Herdenking van het Sterfjaar van Geert Grote 1384-1984. Catalogus van de tentoonstelling in het Nijmeegs Volkenkundig Museum 28 sep. t/m 23 nov. 1984, Nijmegen 1984.

Tent. Cat. Kartuizers 1084-1984.- De Kartuizers en hun Klooster te Zelem. Tentoonstelling ter Gelegenheid van het negende Eeuwfeest van de Orde 1084-1984, onder red. van F. Hendrickx, reeks *Dietsche Cronycke* nr. 7, Diest 1984. Catalogus van de tentoonstelling in het Stedelijk Museum te Diest 30 juni-30 sep. 1984.

Tent. Cat. Middeleeuwse Miniaturen Noordelijke Nederlanden 1989.- The Golden Age of Dutch Manuscript Painting. Onder red. van H.L.M. Defoer, A.S. Korteweg en W.C.M. Wüstefeld, met een inl. van J.H. Marrow. Catalogus van de tentoonstelling *Middeleeuwse Miniaturen uit de Noordelijke Nederlanden*, Utrecht, Rijksmuseum Het Catharijneconvent, 10 dec. 1989-feb. 1990/*The Golden Age of Dutch Manuscript Painting*, New York, The Pierpont Morgan Library, March 1, 1990-May 6, 1990, Stuttgart 1989.

Tent. Cat. Brabant te Boek 1992.- Brabant te Boek. Bijzondere Handschriften en Drukken in de Bibliotheek van de Katholieke Universiteit Brabant. Catalogus van de tentoonstelling in de Tiburgse Universiteitsbibliotheek 22 mei t/m 3 juli 1992, samengesteld door J.M.M. van de Ven, Tilburg 1992. Aanvullende voorwerpenlijst; behoort bij: BAARDA/HERMANS 1992.

Tent. Cat. Noordnederlandse Randversiering 1992.- Kriezels, Aubergines en Takkenbossen. Randversiering in Noordnederlandse Handschriften uit de vijftiende Eeuw, onder red. van Anne S. Korteweg. Catalogus van de tentoonstelling in het Rijksmuseum Meermanno-Westreenianum/Museum van het Boek 30 okt. 1992-2 jan. 1993, Zutphen 1992.

THIECKE 1941.- THIECKE, J.G.J., *De Werken van Geert Groote*, Nijmegen 1941.

VHB - *Varia Historica Brabantica* (11 vol.). Voortgezet als: *Noordbrabants Historisch Jaarboek* (NBHJ).

VROA - *Verslagen omtrent 's Rijks Oude Archieven.*

VAN VEENENDAAL 1990.- VEENENDAAL, A. VAN, Gedecoreerde Handschriften van Mariënwater, in: *In Buscoducis 1450-1629*, vol. 2: *Bijdragen*, 1990, 497-500.

VAN DE VEN 1958.- VEN, F.J.M. VAN DE, Dr. C.R. Hermans. Leven en Werk van de Pionier van de Noordbrabantse Geschiedschrijving in de 19e Eeuw, in: *Brabantia*, vol. 7, 1958, 184-206 en 210-234.

VAN DE VEN 1962.- VEN, F.J.M. VAN DE, 125 Jaar Provinciaal Genootschap van Kunsten en Wetenschappen in Noord-Brabant 1837-1962, in: VHB, vol. 1, 1962, 13-45.

VAN DE VEN 1991.- VEN, J.M.M. VAN DE, Catalogus van Handschriften, in: *Brabantia*, vol. 40, 1991, 20-21.

VERHEYDEN 1933.- VERHEYDEN, Pr., Boekbanden uit 's-Hertogenbosch, in: *Het Boek*, vol. 21, 1933, 209-239.

VERHEYDEN 1940-42.- VERHEYDEN, Pr., Het Sint Jans-Paneel van de Boekbinderij der Bossche Fraters, in: *Het Boek*, vol. 26, 41-48.

VERHEYDEN 1954.- VERHEYDEN, Pr., Noord-Hollandse Boekbanden, in: *Het Boek*, vol. 31, 1952-54, 197-239.

VERHEIJEN 1967.- VERHEIJEN, L., *La Règle de Saint Agustin*, 2 vol., Paris 1967.

VERSCHUEREN 1935-36.- VERSCHUEREN, L., De Bibliotheek-Cataloog der Kartuize s. Sophia te Vught, in: *Historisch Tijdschrift*, vol. 14-15, 1935-36, resp. 372-402 en 7-58.

VOET 1981-83.- VOET, L., *The Plantin Press (1555-89). A Bibliography of the Works printed and published by Christopher Plantin at Antwerp and Leiden*, 6 vol., Amsterdam 1981-83.

VORSTERMAN VAN OIJEN 1875.- VORSTERMAN VAN OIJEN, A.A., Nécrologie de Mre. J. v. Dam van Noordeloos, de R. Baron van Breugel Douglas et de jhr. Mre. Montanus de Haan Hettema, in: *Annuaire généalogique des Pays-Bas*, vol. 2, 1875, 193-199.

DE VREESE 1962.- VREESE, W. DE, *Over Handschriften en Handschriftenkunde. Tien codicologische Studiën, Zwolse Reeks van taal- en letterkundige Studies* nr. 11, Zwolle 1962.

DE VRIES 1964.- VRIES, K.Chr.J.W. DE, *De Mariaklachten*, reeks *Zwolse Drukken en Herdrukken voor de Maatschappij der Nederlandse Letterkunde te Leiden* nr. 48, Zwolle 1964.

DE VRIES 1844-48.- VRIES, M. DE, *Der Leken Spieghel, Leerdicht van den Jare 1330, toegekend aan Jan Deckers, Klerk der Stad Antwerpen*, 4 vol., Leiden 1844-48.

DE VRIES/VERWIJS 1863.- VRIES, M. DE, en E. VERWIJS, *Jacob van Maerlant's Spiegel Historiael, met de Fragmenten der later toegevoegde Gedeelten, bewerkt door Philip Utenbroeke en Lodewijc van Velthem*, Maatschappij der Nederlandsche Letterkunde, 3 vol., Leiden 1863 (reprint: Utrecht 1982).

DE VRIES/VERWIJS/VON HELLWALD 1879.- VRIES, M. DE, E. VERWIJS en F. VON HELLWALD, *Jacob van Maerlant's Spiegel historiael. Tweede Partie, bewerkt door Philip Utenbroeke*, Maatschappij der Nederlandsche Letterkunde, Leiden 1879 (reprint: Utrecht 1982).

WASSER 1991.- WASSER, B.A.J., Die Peregrinatie van Iherusalem: Pelgrimsverslagen van Nederlandse Jerusalemgangers in de 15e, 16e en 17e Eeuw; Ontstaan en Ontwikkeling, in: *De Gulden Passer. Bulletin van de 'Vereeniging der Antwerpsche Bibliophielen'*, vol. 69, 1991, 5-72.

WEALE 1894-98.- WEALE, W.H.J., *Bookbindings and Rubbings of Bindings in the National Art Library, South Kensington Museum*, 2 vol., London 1894-98.

WEBBER 1976.- WEBBER, Ph.E., Medieval Netherlandic Manuscripts in greater Philadelphia Libraries, in: ABB, vol. 47, 459-513.

WEILER 1984.- WEILER, A.G., *Getijden van de Eeuwige Wijsheid naar de Vertaling van Geert Grote*, Baarn 1984.

WESTFEHLING 1982.- WESTFEHLING, U., *Die Messe Gregors des grossen Vision, Kunst und Realität*, Köln 1982.

WILLEUMIER-SCHALIJ 1983.- WILLEUMIER-SCHALIJ, J.M., Willem Moll en zijn Handschriften (1812-1879), in: *Boeken verzamelen. Opstellen aangeboden aan Mr. J.R. de Groot bij zijn Afscheid als Bibliothecaris der Rijksuniversiteit Leiden*, Leiden 1983, 332-344.

WÜSTEFELD 1989.- WÜSTEFELD, W.C.M., *De Boeken van de Grote of Sint Bavokerk. Een Bijdrage tot de Geschiedenis van het middeleeuwse Boek in Haarlem*, reeks *Hollandse Studiën* nr. 24, Hilversum 1989.

VAN WIJK 1940.- WIJK, N. VAN (ed.), *Het Getijdenboek van Geert Grote. Naar het Haagse Handschrift 133E21*, Leiden 1940.

REGISTERS

In onderstaande registers wordt verwezen naar het desbetreffende nummer in de catalogus. De registers hebben geen betrekking op de algemene inleiding en de twee inleidende hoofdstukken.

Gebruikte afkortingen in de registers:

abb.	abbas, abbatissa	kop.	kopiist(e)
ap.	apostolus	m.	martyr
bb.	boekbinders	p.	pape
conf.	confessor	presb.	presbiter
dr.	drukker	v.	virgo
ep.	episcopus	vid.	vidua

Incipits

Ghegruet systu myn salycheit... I,4
Ghi sijt te mael scoen vriendinne des conincks der engelen... I,5
Ghi sult u soe hebben in al uwen gedachten woerden ende werken I,14
Ghij moegende Soene wart begerdt... I,20
Glorij loeff eer cracht benedijenge sij u... I,20
God gruet u Maria moeder der ontfermherticheit I,11
God ontfermt u mijns na dijn grote ontfermherticheit I,17
God wilt (alleluia) I,8
Guede menschen ende devote herten werden seer getogen totter mynnen Christi... I,15
Gij weet wal hoe groete blijtschap datter is... I,20

Heden is gheworden salicheit desen huysen I,19
Heer Jhesu Christi alre mynlicste verloesser... I,9
Heer ontfermt dij onser I,17
Here lof ende danckbaerheit sidi o hoge coninck der engelen... I,21
Het is te mercken dat die gloriose maghet sante Katherina wonderliken is in vijf punten I,3
Het was een brueder die hadde sunderlynge mynne... I,11
Het was een groet philosopus in Gryeken die van oetmoedicheit synen naem hie[r] niet ghescreven en hevet I,3
Het was een helich bisscop van Melanen Sabynus ghenaemt I,3
Hier na volget hoe hij hem hebben sal die becort wort... I,15
Hier om gemynde merct dat die poert die totten ewighen leven leyt... I,15
Hier om ghemynde doet van u alle vleischelijcke myn uwer vrienden ende maghen... I,15
Hier om lieve gemynde die dyngen die gij in u selven... I,15
Ho ontsienlick is dese stede... I,9
Hoe gloriose is dat rijck o coninc ende Heer... I,9
Hoe heilich dat dese gloriose maghet was... I,3
Hoert ghij hemelen wat ic spreken sal... I,15
Hoevaerdie die der oetmodicheit contrarie is... I,15
Huijden hebben Marija ende Joseph gedragen... I,20

Ic bin die verdiente des verdoemens I,8
Ic byn die coni[n]g[i]ne des hemels ende een moeder Gods I,15
Ic ghebenedie dy Here Ihesu Christe een geboren soen Godes I,11
Ic neyge my totti lieve suete cleyne kyndekyn... I,11
Ick arme ellendijge sundijge mensche bekenne foer Gade... I,20
Ick ben dat levende broet dat vanden hemel gedaelt bent, sprect Iesus I,19
Ick gelove in God den Vader almechtich scepper hemelrijck ende aertrijck... I,4
Ick ontfange dijn H. Licham ons lief Heren IJesu Christij... I,20
Ick roep tot dij o mijn Godt ijck roep tot dij I,20
Iesus Christus is ten derden daghe verresen vander doot I,19
Ihesu van Nazareth. Coninck der Ioden I,13
Ihesus Christus ons lief Heer heeft hem veroetmoedicht... I,19
Ihesus die gebenedide Gods soen I,11
Ihesus genc uut myt sijnen discipelen over dat reuverken Cedron I,11
Ihesus ghinck mit sinen iongheren over dat revyerken Cedron... I,14
In allen dyngen die ghij doet denct dat God tegenwoerdich is... I,15
In den hemelen verbliden die zielen... I,8
In desen boeke is met ordenancyen te bescryven een gheestelike croen I,3
In dien tijden doen Philippus hertoge van Zweden die keyser Henricus brueder was I,26
Inden begynne vander missen suldy belien Gade... I,11
Inden iersten is h[ie]r te wetene die gelegentheit slants van Brabant... I,2
Inder eren alle der heiliger voetstappe... I,11

AUTEURS

Overige Teksten

PLAATSNAMEN

PERSOONSNAMEN

BEZITTERS EN VERKOPERS

Kopiisten, Drukkers, Boekbinders

Dit boek werd gezet uit de letter Times New Roman
en gedrukt op de persen van de
drukkerij Orientaliste te Winksele (Leuven)
in maart 1994